21世纪普通高等学校信息素质教育系列规划教材

现代信息检索与利用

主　编　樊　瑜
副主编　武宗锋　魏现辉　闫晓妍

华中科技大学出版社
http://www.hustp.com

中国·武汉

内 容 提 要

本书注重数据库和网络信息的检索,满足了在校生和专业技术人员的需求,详细论述了信息资源各个类型的检索方法和途径,叙述清晰,条理性和逻辑性强,便于读者阅读和自学;同时,本书具有较强的系统性、实用性和可操作性,读者按照书中的操作实例,对照操作,便可以完成检索步骤,得到所需的检索结果。

本书共分十五章。全书基本按照文献出版类型进行编排,注重数据库和网络信息的检索。第一章至第三章为原理篇;第四章为网络检索工具原理篇;第五章至第七章为图书类型文献的检索;第八章为连续出版物类型文献的检索;第九章至第十一章为特种文献类型的检索;第十二章为外文文献的检索;第十三章为高校在校学生常用辅助学习资源的检索和使用;第十四章为解决本单位资源不足而通过资源共享联合又能实现的文献传递的使用;第十五章为信息检索的应用篇,指导在校学生毕业论文的写作和科研工作者专业论文的写作。

本书可供高等院校在校师生教学使用,也可供科研人员参考,对使用信息资源数据库和网络信息检索有较高的参考价值。

图书在版编目(CIP)数据

现代信息检索与利用/樊瑜主编.—武汉:华中科技大学出版社,2018.2(2023.7重印)
ISBN 978-7-5680-3811-9

Ⅰ.①现… Ⅱ.①樊… Ⅲ.①信息检索 Ⅳ.①G254.9

中国版本图书馆 CIP 数据核字(2018)第 027892 号

现代信息检索与利用
Xiandai Xinxi Jiansuo yu Liyong

樊 瑜 主编

策划编辑:	袁 冲
责任编辑:	沈 萌
封面设计:	原色设计
责任监印:	朱 玢
出版发行:	华中科技大学出版社(中国·武汉) 电话:(027)81321913
	武汉市东湖新技术开发区华工科技园 邮编:430223
录 排:	华中科技大学惠友文印中心
印 刷:	广东虎彩云印刷有限公司
开 本:	787mm×1092mm 1/16
印 张:	17.75
字 数:	439 千字
版 次:	2023 年 7 月第 1 版第 5 次印刷
定 价:	39.00 元

本书若有印装质量问题,请向出版社营销中心调换
全国免费服务热线:400-6679-118 竭诚为您服务
版权所有 侵权必究

前　言

我们已迈入知识经济时代，信息资源作为一种取之不尽、用之不竭、通过加工处理可再生的资源，是继材料、能源之后出现的第三种重要资源，已经成为支撑当今社会发展的三大支柱之一。一个国家的科技进步和社会发展，越来越多地取决于对信息的利用与开发。谁能充分、有效地利用信息资源，谁就能抢占科学技术发展的制高点。如何获取和利用信息资源成为信息社会人们学习的前提和基础。信息素养已成为国民综合素养的一项重要指标，为了提高大学生的综合素养，国内外高校纷纷将信息素养教育作为培养人才的重要内容。

信息检索是信息素养教育的主体，是实施信息素养教育的必修课程，是培养学生信息意识、独立学习和终身学习能力，使其掌握从海量信息中获取所需文献信息的方法和工具，目标是增强学生的信息利用和知识创新能力。

本书编者在总结近20年教学经验的基础上，将理论与实践紧密结合，根据具体数据库的检索，强化了信息检索技术方面的内容，突出了实用性。全书按照文献类型进行组织排序，突出实用性、直观性和新颖性，特别是将文献传递、随书光盘和行业信息的检索和利用等内容增加在里面，丰富了传统信息检索的内容，适合不同专业在校学生和技术人员使用。

本书由樊瑜任主编，负责策划、定稿工作。全书共分为十五章。第一章、第二章、第五章、第七章由魏现辉编写；第三章、第六章、第九章、第十章、第十一章、第十四章由樊瑜编写；第八章、第十三章、第十五章由武宗锋编写；第四章、第十二章由闫晓妍编写。全书由吴少杰负责主审。

本书在编写过程中，参考了许多专家、学者和同行们的研究成果、论著、论文及相关材料，有的已经在参考文献中列出，谨在此表示深深的敬意和感谢。本书的编写还得到了崔慕岳、张怀涛等前辈的指导和帮助，在此一并表示衷心的感谢。

由于编者水平有限，加之时间仓促，书中疏漏和不妥之处在所难免，敬请学术界同仁和读者批评指正，以便进一步修改和完善。

樊　瑜

2017年12月

目 录

第1章 绪论 (1)
1.1 信息素养与信息意识 (1)
1.2 信息检索的意义与大学生信息素质教育 (3)
1.3 信息及相关术语 (4)
1.4 信息资源概述 (6)

第2章 信息检索基本知识 (10)
2.1 信息检索的概念和类型 (10)
2.2 信息检索工具 (11)
2.3 信息检索语言 (15)
2.4 信息检索的一般方法和途径 (22)

第3章 计算机信息检索 (25)
3.1 计算机信息检索的基本原理 (25)
3.2 计算机信息检索系统 (28)
3.3 计算机信息检索基本技术 (29)
3.4 计算机信息检索的策略与技巧 (33)
3.5 计算机信息检索效果的评价 (38)

第4章 网络信息检索 (41)
4.1 网络信息检索概述 (41)
4.2 搜索引擎 (42)
4.3 百度搜索引擎 (44)
4.4 百度地图搜索 (48)

第5章 OPAC检索 (54)
5.1 OPAC简介 (54)
5.2 馆藏目录检索 (56)
5.3 联合目录检索 (63)

第6章 随书光盘数据库检索 (67)
6.1 博云非书资料管理系统 (67)
6.2 OPAC光盘检索 (72)
6.3 畅想之星光盘中心 (73)

第7章 电子图书检索 (80)
7.1 电子图书概述 (80)
7.2 超星数字图书馆 (82)
7.3 方正Apabi数字图书馆 (88)
7.4 读秀中文学术搜索 (91)

第 8 章　中文连续出版物检索 (95)
8.1　中国知网中国学术期刊(网络版) (95)
8.2　维普资讯中文期刊服务平台 7.0 (98)
8.3　万方中国学术期刊数据库(新版) (101)

第 9 章　标准文献检索 (105)
9.1　标准文献概述 (105)
9.2　中国标准文献检索 (109)
9.3　国际标准及其检索 (128)
9.4　国外先进标准及其检索 (135)

第 10 章　专利文献检索 (141)
10.1　专利概述 (141)
10.2　专利文献 (144)
10.3　专利文献分类 (150)
10.4　专利文献编号 (152)
10.5　专利文献检索概述 (160)
10.6　专利文献的网络检索 (161)

第 11 章　会议文献、学位论文和科技报告检索 (172)
11.1　会议文献检索 (172)
11.2　学位论文检索 (181)
11.3　科技报告检索 (191)

第 12 章　国外文献信息检索 (200)
12.1　《工程索引》及其数据库 (200)
12.2　《科学引文索引》及其数据库 (206)
12.3　SpringerLink 数据库 (210)
12.4　CALIS 外文期刊目次数据库 (215)

第 13 章　高校在校学生常用数据库检索 (220)
13.1　银符考试题库 B12 数据库 (220)
13.2　新东方多媒体学习库 (234)
13.3　新东方掌学平台 (236)
13.4　爱迪科森网上报告厅 (238)
13.5　超星名师讲坛 (241)

第 14 章　文献传递 (243)
14.1　中国高等教育文献保障系统文献传递 (243)
14.2　开世览文文献传递 (246)
14.3　超星读秀学术搜索文献传递 (250)
14.4　"百链"文献传递 (257)

第 15 章　学术论文写作 (261)
15.1　学术论文概述 (261)
15.2　高校师生常见学术论文类型简述 (262)
15.3　学术论文的写作方法 (265)

参考文献 (276)

第1章 绪 论

1.1 信息素养与信息意识

1.1.1 信息素养

信息素养(也称信息素质或信息文化)的本质是全球信息化需要人们具备的一种基本能力,即能有效地选择、寻找及评估传统或网上资源的技巧。信息素养这一概念最早是由美国信息产业协会主席保罗·泽考斯基(Paul Zurkowski)于1974年提出的,即"人们利用多种信息工具使问题得到解答的技术和技能"。简单的定义来自1989年美国图书馆学会,包括:能够判断什么时候需要信息,并且懂得如何去获取信息,如何去评价和有效利用信息。

信息素养是一种基本能力。信息素养是一种对信息社会的适应能力。美国教育技术CEO论坛2001年第4季度报告提出21世纪的能力素质,包括基本学习技能(读、写、算)、信息素养、创新思维能力、人际交往与合作精神、实践能力。信息素养是其中一个方面,它涉及信息的意识、信息的能力和信息的应用。

信息素养是一种综合能力。信息素养涉及各方面的知识,是一个特殊的、涵盖面很宽的能力,它包含人文的、技术的、经济的、法律的诸多因素,和许多学科有着紧密的联系。信息技术支持信息素养,通晓信息技术强调对技术的理解、认识和使用技能;而信息素养的重点是内容、传播、分析,包括信息检索以及评价,涉及更宽的方面。它是一种了解、搜集、评估和利用信息的知识结构,需要通过熟练的信息技术和完善的调查方法以鉴别和推理来完成。信息素养是一种信息能力,信息技术是它的一种工具。

1998年,美国图书馆协会和教育传播协会制定了学生学习的九大信息素养标准,概括了信息素养的具体内容。

(1)具有信息素养的学生能够有效地和高效地获取信息。
(2)具有信息素养的学生能够熟练地和批判地评价信息。
(3)具有信息素养的学生能够精确地、创造性地使用信息。
(4)作为一个独立学习者的学生具有信息素养,并能探求与个人兴趣有关的信息。
(5)作为一个独立学习者的学生具有信息素养,并能欣赏作品和其他对信息进行创造性表达的内容。
(6)作为一个独立学习者的学生具有信息素养,并能力争在信息查询和知识创新中做得最好。
(7)对学习社区和社会有积极贡献的学生具有信息素养,并能认识信息对民主化社会的重要性。

(8) 对学习社区和社会有积极贡献的学生具有信息素养,并能实行与信息和信息技术相关的符合伦理道德的行为。

(9) 对学习社区和社会有积极贡献的学生具有信息素养,并能积极参与小组的活动探求和创建信息。

参考上述标准,结合国内高等教育的实际情况,大学生的信息素养培养主要针对以下五个方面的内容。

(1) 热爱生活,有获取新信息的意愿,能够主动地从生活实践中不断地查找、探究新信息。

(2) 具有基本的科学和文化常识,能够较为自如地对获得的信息进行辨别和分析,正确地加以评估。

(3) 可灵活地支配信息,较好地掌握选择信息、拒绝信息的技能。

(4) 能够有效地利用信息、表达个人的思想和观念,并乐意与他人分享不同的见解或信息。

(5) 无论面对何种情境,能够充满自信地运用各类信息解决问题,有较强的创新意识和进取精神。

1.1.2 信息意识

信息意识是信息素养的前提,是人对信息的敏感程度,是人对信息敏锐的感受力、持久的注意力和对信息价值的洞察力、判断力等。它决定着人们获取、判断和利用信息的自觉程度。人们对自己感兴趣或与自身利益相关的信息,感受力通常非常敏锐,注意力也相对持久,对信息价值的判断力和洞察力也更为强烈,这样才能够从大量的事物和社会现象中敏锐地发现并获取有价值的信息。反之,对与自身无关或相关性弱的信息则缺乏相应的感知和获取能力。

信息意识包括信息主体意识、信息获取意识、信息传播意识、信息更新意识、信息安全意识等。

当今社会,随着计算机技术和通信技术的飞速发展以及互联网的出现和广泛普及,信息已经无处不在。针对这一状况,要想快速、准确地获取信息,必须提高信息意识。

提高信息意识是提高掌握知识能力的要求。当代社会学家和经济学家一致认为,在知识经济社会,人类面临的主要问题就是知识问题,只有知识才是唯一可持续发展的资源,其他资源都是依附于知识的配置资源,而知识问题的解决,最终落脚点在提高社会整体信息交流的效率与效用上。我们生活在由数据、信息、知识构成的信息流中,面临的主要任务是如何实现由数据到信息再到知识的转换。因此,在信息时代,知识就是利用信息的能力。

提高信息意识是开放性学习和终身教育的要求。知识的快速增长使人们掌握和利用所需要的信息和知识变得越来越困难。因此,开放性学习、终身学习就显得至关重要。对于大学生来说,提高学习的能力比学习知识本身更为重要。学生们要学会怎样获取专业信息、怎样对获得的大量信息进行筛选、如何去选择相关的信息及运用这些信息去构筑自己的知识体系,培养从记忆信息到应用信息和创新信息的能力。

提高信息意识是进入社会的要求。随着人类社会步入全新的信息时代,科技的进步和社会经济的发展对信息资源、信息技术的依赖性越来越大。在这样的社会大环境中,如果一个人没有一定的信息意识,不具备信息获取、分析和利用的基本能力,那么他就不具有竞争力,必将被社会所淘汰。

因此,提高人们的信息意识日益成为社会高度关注的重要问题,同时也是当今国内外高等教育中十分重视的热点问题。信息时代呼唤科学的信息素质教育,已成为全球教育界的共识。培养现代信息意识、提高自身的信息素养已经成为当代每一位大学生的当务之急。

1.2　信息检索的意义与大学生信息素质教育

1.2.1　信息检索的意义

在计算机、网络快速发展,互联网日益普及的今天,我们置身于信息与知识的海洋中,要想及时准备、全面地查找所需的信息资源,不学习和掌握信息检索的知识和方法是行不通的。只有随时随地发现和获取身边无处不在的信息,获得新知识,才不会被瞬息万变的社会所淘汰。而要想高效、快速地掌握最新信息,获取最新知识,信息检索就成为满足信息需求的必要途径。概括来说,信息检索的重要意义与作用主要体现在以下几个方面。

(1) 信息检索是获取知识的有效途径。

在当今文献知识急剧增长的信息时代,人类获取信息面临三大挑战:一是知识信息的无限性对人们有限的阅读时间的挑战;二是迅速增长的信息量对人类接受能力的挑战;三是大量新知识对人们理解能力的挑战。据测算,人类知识总量在19世纪每50年增加一倍,20世纪初每10年增加一倍,20世纪70年代每5年增加一倍,20世纪80年代几乎每3年增加一倍,进入21世纪,知识总量更是以指数级递增。这就要求人们必须通过不断学习,获取和积累新知识才能适应社会发展的需求。因此,如何以最少的精力、最短的时间充分占有文献信息,成为人们亟待解决的实际问题,而信息检索正是解决这一问题的最好途径,它可以帮助人们快速、准确、全面地获取所需信息,最大限度地节省查找时间,使文献信息得以充分利用。因此,掌握信息检索的方法和技巧,是获取知识和更新知识的重要手段,是做到无师自通、不断进取的主要途径。

(2) 信息检索能提高科研效率,避免重复劳动。

科学发展的历史证明,积累、继承和借鉴前人或他人的研究成果是科学发展的重要前提。在当代科学研究和技术开发过程中,一个研究人员查找资料和了解同行工作进展信息的时间占研究工作时间的一半以上。据美国国家基金会在化学工业部的调查统计表明,研究人员的全部工作时间分配是:计划与思考占7.7%,信息收集占50.9%,试验研究占32.1%,数据处理占9.3%。正如牛顿所说:"假如说我比前人看得远一点,那是因为我站在巨人肩膀上的缘故。"科学研究具有继承和创造两重性,这就要求科研人员在探索未知或从事研究工作之前,尽可能地占有与之相关的信息,即利用信息检索的方法充分了解国内外相关研究的成果及研究现状和发展动向,选择研究的最佳切入点。只有这样才能正确地制订研究方案,避免重复研究,尽可能降低获取信息和知识的成本。因此,信息检索是科学研究活动中提高效率、避免重复劳动必不可少的前期工作。

(3) 提供科学方法,为管理者提供决策参考。

科技与经济发展的管理决策同样离不开信息。任何个人、企业乃至国家,要想在竞争中立足,都必须掌握足够、准确的信息,并利用它们进行科学决策。信息获取成功的基础则是通过科学合理的信息检索方法获取大量有用的信息。信息检索为人们提供了一套完整的开发、利用信息资源的方法,包括信息检索工具的选择、信息检索策略的制订、信息检索手段的选择等。在激烈的市场竞争中,管理者必须时刻关注竞争对手的动向,力求扬长避短,确立自己的竞争优势。"优胜劣汰、适者生存"是市场竞争的自然规律。要想在激烈的市场竞争中立于不败之地,首先要有科学的决策。企业在市场中要不断开发新产品,选择投资项目,确定营销策略,这一切都离不开准确及时的市场信息。因此可以说,信息竞争是企业成败的关键,它是市场导向的风向标,是现代企业生存发展的战略武器和重要保障。

1.2.2 大学生信息素质教育

近年来,我国已逐步认识到在高校开展信息素质教育的重要性。2002年1月,教育部高校图书情报工作指导委员会召开了"全国高校信息素质教育学术研讨会",这次会议被认为是我国高校图书馆从用户教育阶段过渡到信息素质教育阶段的标志。从2004年起,在我国图书馆界召开的多个学术会议中,信息素质教育都是其中的一个重要议题。

信息素质教育主要包含以下三个方面。

(1)信息认知能力的培养。

通过充分了解信息、信息资源、信息技术、信息产业等基本概念,认清信息化的发展趋势和影响;理解信息的社会功能,理解信息资源、信息技术对社会变革、经济增长、文化发展所起到的作用;充分认识到信息在当今社会的重要性。从而在实际工作、学习和生活中充分认识到自身的信息需求,及时地获取信息,并利用相关信息来解决实际问题。

(2)信息知识及能力的提高。

信息知识包含对信息的分布、组织加工、传播、检索利用等各个环节的原理、现状、规律的认识。只有不断更新信息知识、积极尝试利用检索技能解决实际问题,才可能具备现代社会所要求的信息能力,包括信息检索能力、信息识别能力、信息处理能力、信息组织能力、信息评价能力等。

(3)信息道德及法制的教育。

信息道德是指在整个信息活动中的道德规范,它是调节信息创造者、信息服务者、信息使用者之间相互关系的规范。每个社会成员在信息活动中都应该遵守法律法规,尊重他人的学术成果,尊重知识产权,合理利用信息,自觉抵制信息违法行为。

1.3 信息及相关术语

当今时代,信息无处不在,网络、电视、广播、报纸等各种媒体每天都向公众传播着各种各样的信息。处在这样的环境中,我们每个人都能接收到各种类型的信息,并自觉或不自觉地参与信息的传递。那么,究竟什么是信息?信息、知识、情报之间的关系怎样?这就是我们本节要学习的问题。

1.3.1 信息(Information)

"信息"是一个既古老又年轻的概念。早在两千多年前的我国西汉时期,即有"信"字的出现。唐朝诗人杜牧在《寄远》一诗中喟叹"塞外音书无信息,道傍车马起尘埃";南唐诗人李中在《暮春怀故人》中也写下"梦断美人沉信息,目穿长路倚楼台"的佳句。很明显,信息在此处指"音讯""消息"等。

信息作为一个科学术语被提出和使用,可追溯到1928年哈特莱(Hartly R. V.)在《信息传输》一文中的描述。他认为:"信息是指有新内容、新知识的消息。"1948年,美国数学家、信息论创始人申农(Shannon C. E.)在《通信的数学理论》一文中指出:"信息是用以消除随机不确定性的东西。"也就是说,信息接收方在未收到信息前不知道信息产生方发出什么信息,只有在收到消息后才能消除信源的不确定性。控制论的创始人维纳(Wiener N.)在其专著《控制论——动物和机器中的通信和控制问题》中,阐述信息是"我们在适应外部世界、控制外部世界的过程中,同外部世界交换内容的名称"。显然,他把人与外部环境交换信息的过程看成一种广义的通信过程。1956年,英国学者 Ashby E. 提出:"信息是集合的变异度,信息的本质在于事物本身具有变异度。"1975年,意大利学者 Longo G. 在《信息论:心得趋势与未决问题》中指出:"信息是反映事物构成、关系和差别的东西,它包含在事物的差异之中,而不在事物的本身。"2011年又出现了"信息是反映事件的现象、确定性、属性、构成、关系和差别等的内容"的说法。

可见,随着人们对信息本质认识的逐步加深,信息的概念也在不断地拓展和丰富。迄今为止,信息仍然没有权威的、统一的定义。本书从信息检索与利用的角度出发,给信息一个比较广泛的、容易理解的定义:信息是一切事物存在方式和运动状态的客观反映。

1.3.2 知识(Knowledge)

知识是人们在改造客观世界的实践中所获得的认识和经验的总结,即人类对客观世界的认识。人们在认识世界和改造世界的过程中,获得了大量事物运动变化的规律,即感性认识和经验,然后通过大脑的组织和加工处理,形成理性认识,即知识。因此,人类不仅要通过信息感知世界,还要对获得的信息进行整理和加工,形成知识并进一步认识和改造世界。知识可以分为两种,即主观知识和客观知识。主观知识主要指人们头脑中的经验、观点、思想等。在文字出现以前,知识主要以主观知识的形式出现。随着人类文明的发展,文字出现以后,才产生了以文字、图形为记录载体的客观知识,从而实现了知识信息的跨时空交流、传递与利用。可见,知识是信息的一部分。

1.3.3 情报(Intelligence)

情报是在人类社会传递中可以发挥效益的关于特定事实的信息和知识。情报一般由内容、符号、载体构成。根据所属的范围可以分为专业情报、管理情报、军事情报等;根据情报的重要性可分为重要情报、一般情报等。情报的概念在不同历史时期有着不同的含义:起初,情报是特指战时关于敌情的报告;20世纪70年代,情报是指决策、部署、规划、行动所需要的能指引方向的知识和智慧;20世纪80年代,情报又被认为是获得其他方的有关情况以及对其分析研究的结果。无论情报的内容与形式如何变化,情报都具有知识性、传递性、效用性。

1.3.4 文献(Document)

中华人民共和国国家标准 GB 3792.1—1983《文献著录总则》中对文献的定义是:"记录

有知识的一切载体。"国际标准化组织《文献情报术语国际标准》(ISO/DIS 5217)对文献的定义是:"存贮、检索、利用或传递记录信息过程中,可作为一个单元处理的、在载体上或依附载体而存贮有信息或数据的载体。"

从上述定义可以看出,构成文献,必须具备四个要素,即文献信息、文献载体、符号系统和记录方式。文献信息是文献的内容,它属于信息,具有信息的一切性质和功能;文献载体是文献的外部形式,即材质,它在人类文明进程中一直不断地演变,从早期的石块、兽骨、金属、纸张到现代的胶片、磁带、光盘等;符号系统是信息的携带者,包括图形、文字、公式、图表、编码等;记录方式是代表文献的符号通过特定的人工记录方式进入载体的方法和过程。

文献对人类文明的进步具有重要意义,主要体现在两个方面:一是知识的积累、传播和创造;二是对研究成果的确认和评价。文献是重要的信息资源,它能帮助人们克服时间与空间的限制,记录、贮存和传递人类已有的知识与经验,所载信息可供无数人同时异地反复使用,还可以通过复制广泛传播,从而给人类社会带来巨大的社会效益和经济效益,推动人类社会不断发展和进步。

1.3.5 知识、情报、文献与信息的关系

知识、情报、文献和信息之间存在着内在的必然联系。信息是物质的属性,是物质的一种存在形式,它以物质的属性或运动状态为内容,并且总是借助于一定的物质载体存储和传递。知识的产生离不开信息和信息的传递,知识包含在信息之中。情报是特殊的信息,是在一定时间内为达到一定目的而传递给特定对象的、有用的知识或信息。在人类漫长的生产实践、科学试验以及社会实践过程中,各种现象及经验等相关知识信息不断地积累,为了便于记忆、交流和传播,于是产生了文献。

综上所述,信息是起源和基础,它包含了知识和情报。文献则是信息、知识、情报的存储载体和传播工具,是重要的知识源。信息可以成为情报,但是一般要经过选择、分析、研究等加工过程。知识是经过总结、提炼和系统化后的信息。信息、知识、情报的主要部分被包含在文献之中,但远非全部。目前,学术界比较一致的看法是:信息>知识>情报,文献和情报的关系非常密切,并且有所交叉。信息、知识、情报和文献之间的关系如图1-1所示。

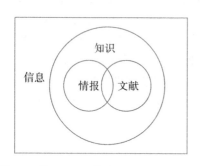

图1-1 信息、知识、情报和文献之间的关系

1.4 信息资源概述

信息资源是信息与资源两个概念整合衍生出的新概念。要想了解信息资源,我们先从信息资源的概念入手。

1.4.1 信息资源的概念

信息资源的概念有狭义和广义之分。

狭义上认为信息资源是指人类社会经济活动中经过加工处理有序化并大量积累起来的

有用信息的集合。

广义上认为信息资源是指人类社会信息活动中积累起来的信息、信息生产者、信息技术等信息活动要素的集合。信息资源包括下述几个部分：①人类社会经济活动中经过加工处理有序化并大量积累起来的信息、信息生产者；②为某种目的而生产信息的信息生产者的集合；③加工、处理和传递信息的信息技术的集合；④其他信息活动要素（如信息设备、设施、信息活动经费等）的集合。

一般情况下，我们从狭义上来理解信息资源，即信息资源是指人们通过一系列的认识和创造过程，采用符号形式储存在一定载体（包括人的大脑）之上的、可供利用的全部信息。

信息是普遍存在的，但并非所有的信息都是信息资源，只有经过人类开发与重新组织后有利用价值的信息才称为信息资源，即信息资源是信息世界中对人类有价值的那一部分信息，是附加了人类劳动、可供人们利用的信息。因此，构成信息资源的基本要素是信息、人、符号、载体。信息是组成信息资源的原料，人是信息资源的生产者和利用者，符号是记录和描述信息资源的手段，载体是存储和利用信息资源的物质形式。信息资源与其他资源相比，具有可再生性和可共享性的特点。可再生性是指它不同于普通的自然资源，它可以被反复使用而不失去其利用价值。对它的开发利用越深入，它的内容越丰富，利用价值越高。可共享性是指它能被不同用户分享而不失去其原有信息量。

随着信息社会的到来，人们越来越清晰地认识到信息资源的重要性。当前，人们从事的一切社会活动都必须从利用信息资源入手，在未来的竞争中，那些占有较多信息资源的国家、机构和个人将具有更大的竞争优势。信息资源地位的不断上升，促进了以计算机和网络为核心的信息技术的进步，先进的信息技术又反过来推动了信息资源的开发和利用。

1.4.2 信息资源的类型

要开发和利用信息资源，就必须首先了解信息资源的类型。按照不同的分类标准，信息资源类型的划分方法也不同。

按信息资源的存在状态可将其分为潜在信息资源和现实信息资源。潜在信息资源是指人类在认识和思维创造过程中，存储在大脑中的信息，只能为本人或有限的人所利用，是一种有限再生的信息资源。现实信息资源是指人脑中的信息通过特定的符号和载体表述后，可以在特定条件下广泛地传递并连续往复地为人类所使用，是一种无限再生的信息资源。

显然，现实信息资源是我们当前研究、开发和利用的重点。现实信息资源依据其载体可分为体载信息资源、实物信息资源、文献信息资源和网络信息资源。

(1)体载信息资源。体载信息资源是指以人体为载体并能被他人识别的信息资源，包括口语信息资源和体语信息资源，如讲话、授课、讨论、表情、姿态等都属于体载信息资源的范畴。

(2)实物信息资源。实物信息资源是指以实物为载体的信息资源，即人类通过创造性劳动以实物形式表述的信息资源，通常以样品、模型、雕塑等实物进行展示与交流。

(3)文献信息资源。文献信息资源是指以文献为载体的信息资源。它又可以根据载体、出版形式和信息加工程度进行划分。

①按照载体划分。

a.印刷型信息资源。这是一种传统的最为常见的信息资源，是指通过油印、铅印、胶印等各种印刷手段将信息记录在纸张或其他类纸材质上的信息资源。其特点是便于阅读和传播，但占用空间大，不易整理和保存。

b. 缩微型信息资源。通过利用光学技术将信息记录在感光材料上的信息资源，包括缩微胶卷和缩微平片。其特点是存储密度高、易保存，但需要专门的设备才可使用。

c. 声像型信息资源。通过专门的设备，使用声、光、电技术将信息以声音、图像等形式记录下来的信息资源，包括唱片、录音带、幻灯片等。其特点是直观生动，但需要专门的设备。

d. 电子型信息资源。通过编码技术将信息转换为计算机可识别的代码，并存储在磁盘、光盘上的信息资源。它具有存储量大、存取速度快、占用空间小、远距离瞬时传输等特点。这也是目前发展速度最快、使用最广泛的一种信息资源。

② 按照出版形式划分。

a. 图书。图书是指将文字、图形或其他符号书写或印刷于纸张上的、具有完整装帧形式的非连续出版物。图书一般内容系统全面、主题突出、观点成熟，但编辑出版周期较长，报道速度相对较慢。按用途可分为阅读型图书和工具型图书，按版本形式可分为单卷书、丛书、专著、参考书等。图书是传播知识、教育和培养人才的主要工具。

b. 期刊。期刊是一种有比较固定的名称、有固定出版规律的连续出版物。它出版周期短、报道速度快、内容新颖丰富，能及时反映当代社会生活和科技的发展水平与动向。

c. 报纸。报纸是以刊载新闻和时事评论为主的定期向公众发行的连续出版物，通常每天或定期以散页形式出版。它报道的内容非常广泛，和人们的生活息息相关，是人们生活中经常接触到的信息资源。主要特点：出版周期很短，能以最快的速度报道国内外发生的新事件和科技的最新研究成果。报纸的信息具有很强的实效性，信息量大，但查找不够方便。

d. 专利说明书。也称专利文献，是特指专利申请人向专利主管部门呈交的有关发明创造的详细技术说明书，是具有自是产权特性的信息资源，主要包括经审批授权的专利说明书和未经审批的专利申请公开说明书，一般由专利主管部门出版发行。专利说明书涉及的技术内容广泛，从国防尖端技术到普通的工程技术以及日常生活用品，无所不包，具有融技术信息、经济信息、法律信息于一体的特点。根据世界知识产权组织的统计，全世界每年的发明创造成果信息90%～95%都能在专利说明书中查到，并且大部分发明创造只通过专利说明书公开。

e. 科技报告。科技报告是描述一项研究的进展或取得的成果，或一项技术研制试验和评价结果的一种文本。科技报告每份单独成册，有专门编号，用以识别报告类型及其主持机构。其特点是反映新技术、新学科较快，内容比较专深、新颖，数据比较可靠，并且有一定的保密性，相当一部分科技报告不公开发行，是获取最新技术研究成果信息的重要信息资源。世界上比较著名的科技报告是美国的四大报告：AD（军用工程）、PB（民用工程）、DOE（能源工程）、NASA（航空航天工程）。

f. 技术标准。也称标准文献，是描述有关产品的工程质量、规格、工艺流程及其测试方法等的技术文件。它是一种经权威机构批准的规章性文献。技术标准有单行本和汇编本两种出版发行方式。它具有计划性、协调性、法律约束性等特点。在一定区域内施行统一的标准可促使产品规格化、系列化和通用化，对提高生产水平、产品质量，推广应用研究成果，推动科技发展等有着十分重要的作用。

g. 政府出版物。政府出版物是各国政府部门及其所属机构编辑出版的具有官方性质的文献。大致可分为两类：一类是行政性文件，包括会议记录、司法资料、条约、决议、规章制度以及调查统计资料等；另一类是科技性文献，包括研究报告、科普资料、技术政策文件等。政府出版物数量巨大、内容广泛、出版迅速、资料可靠，是重要的信息源。政府出版物在出版前后，往往以其他形式发表，内容有时与其他类型的文献（如科技报告）有所重复。它是政府用以发布政令和体现其思想、意志、行为的物质载体，同时也是使政府的思想、意志、行为产生社会效应的主要传播媒介。

③按照信息加工程度划分。

a. 零次文献信息资源。未经正式出版发行的最原始的记录，如书信、手稿、笔记、实验记录等。其特点是内容新颖、具有原始性，但不成熟、分散，难于检索。

b. 一次文献信息资源。以作者本人的研究工作成果为依据撰写的，已公开发行的专著、学术论文、专利说明书、科技报告等。因此，一次文献信息资源包含了新观点、新技术、新发明、新成果，具有创造性的特点，有直接参考、借鉴和使用的价值，是人们检索和利用的主要对象。

c. 二次文献信息资源。对一次文献信息进行加工、整理后的产品，即把大量的、分散的、无序的一次文献信息资源收集起来，按照一定的方法进行加工整理，使之系统化而形成的目录、索引和文摘等。因此，二次文献信息资源仅是对一次文献信息资源进行系统化和压缩，具有汇集性、检索性等特点。它的重要性在于提供了一次文献信息资源的线索，通过它可以节省查找一次文献信息资源的时间。

d. 三次文献信息资源。根据一定的目的和需求，对大量一次、二次文献信息资源进行筛选、分析、提炼、重组并再度出版的各种述评、手册、年鉴、百科全书等，具有参考性强、使用价值高等特点。

可以看出，从零次文献信息资源到一次、二次、三次信息资源，是一个从分散到集中，从无序到有序的对知识信息进行不同层次加工的过程。每一过程所包含的知识信息的质和量都不同，对人们查找信息所起的作用也各不相同。

(4) 网络信息资源。网络信息资源是指通过计算机网络可以利用的各种信息资源的总和。具体来说是指所有以电子数据形式把文字、图像、声音、动画等多种形式的信息存储在光、磁等非纸介质的载体中，并通过网络通信、计算机终端等方式再现出来的信息资源。

信息资源由纸张上的文字变为磁性介质上的电磁信号或者光介质上的光信息，使信息的存储、传递、查询更加方便。网络空间存储的信息密度高、容量大，既可以在计算机内高速处理，又可以通过信息网络进行远距离传输。并且，网络信息的传递和反馈更加快速灵敏，具有动态性和实时性等特点。上传到网上的任何信息，瞬时就能传递到世界各地的每一个角落。同时，网络的共享性与开放性又使得每个人都可以在互联网上自由获取和存放信息，由于缺少质量控制和管理机制，这些信息没有经过严格的编辑和整理，参差不齐，形成了一个纷繁复杂的信息世界，给用户选择、利用信息带来了障碍。

第 2 章　信息检索基本知识

2.1　信息检索的概念和类型

2.1.1　信息检索的概念

信息检索(information retrieval)是指将信息按照一定的方式组织起来,并根据信息用户的需求查找出有关信息的过程。它的全称是"信息存储与检索",这是广义的信息检索的概念。狭义的信息检索仅指该过程的后半部分,即从信息集合中找出所需信息的过程,相当于通常我们所说的信息查询。

信息的存储指对一定范围或特定专业的信息进行选择、提取、综合、特征描述等加工使其序化,即建立有序性的信息集合。检索是指借助于一定的设备与工具,采用一系列方法与策略从信息集合中查找出所需信息。存储是检索的基础,检索是存储的逆过程。传统的信息检索主要根据文献的内、外部特征,用手工方式实现,费时费力。现代以计算机为核心的信息检索技术,开辟了信息处理与信息检索的新时代。从单一处理文本信息发展到处理各种类型的超文本信息,这一过程不断拓展着信息检索的领域,丰富着信息检索的内容,大大提高了检索的效率。从本质上来说,信息检索就是指人们通过制订检索策略,利用一定的检索技巧和检索方法,从特定信息集合中迅速、准确地查找到自己所需要的信息,而不论它的类型和表现形式。

2.1.2　信息检索的类型

根据不同的标准,信息检索可划分为不同的类型。下面介绍两种目前比较普遍的划分方法。

(1)根据检索对象的不同,信息检索可分为文献检索、数据检索和事实检索。其中,文献检索是最基本、最主要的方式。

①文献检索(document retrieval)是以文献为检索对象的信息检索,即利用相应的方法和手段,在存储文献资源的检索工具或数据库中,查询用户在特定时间和条件下所需文献的过程。凡是查找某一主题、时代、地区、著者、文种的有关文献,以及回答这些文献的出处和收藏地点等,都属于文献检索的范畴。它为用户提供的是与用户需求相关的文献信息。例如,查找某一研究课题一定年限内的有关文献,或对一项发明进行查新,或从事新产品开发时查找有关最新研究动态等,均属于文献检索。文献检索是一种相关性检索,检索结果是文献线索,一般要查阅全文后才能决定取舍,与数据检索、事实检索相比,文献检索产生较早,检索系统也相对比较完备。

②数据检索(data retrieval)是指以数值或图表形式表示的数据为检索对象的信息检索,也称数值检索。例如查找某一数据、公式、图表、价格、化学物质的分子式、设备型号与参数等,都属于数据检索。数据检索是一种确定性检索,检索的结果通常是准确、可靠的数值或数据,可直接使用。比如查找世界上最高的山峰的准确高度、TNT(三硝基甲苯,一种烈性炸药)的结构式(见图2-1)等。完成数据检索主要借助于各种手册、数值数据库、统计数据库等。

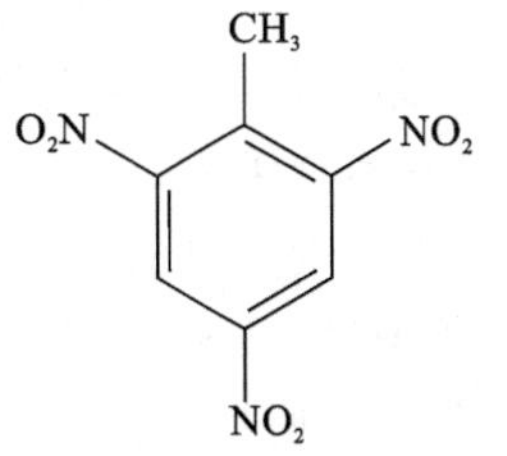

图 2-1 三硝基甲苯结构式

③事实检索(fact retrieval)是指对特定事件或事实的检索,包括事物的性质、定义、原理,以及发生的地点、时间、前因后果等。其检索对象既包括事实、概念、思想等非数值信息,也包括一些数据信息,但要针对查询要求,由检索系统进行分析、处理后再输出最终结果。事实检索是信息检索中最复杂的一种,要求检索系统必须有一定的逻辑推理能力和自然语言理解功能。目前,许多事实检索课题仍需要靠人工完成,但已有一些实验性的计算机事实检索系统。事实检索也属于一种确定性检索。

(2)根据检索方式划分,信息检索可分为手工检索和计算机检索。

①手工检索(hand retrieval)是指用人工来处理和查找所需信息的检索方式。它依靠检索者手翻、眼看、大脑判断进行,不需要借助复杂的检索设备。例如传统图书馆在实现数字化管理之前,主要靠目录柜等存储馆藏文献信息,读者要想查找自己所需的图书,必须通过手工检索来实现。手工检索的优点是直观、方便、灵活,可随时修改检索策略,查准率较高;缺点是检索速度慢,查全率低,不便于进行复杂概念课题的检索。

②计算机检索(computer retrieval)是利用计算机和一定通信设备查找所需信息的检索方式。它需要计算机、通信硬件设施和相应的应用软件。利用这种方式能对大量的信息进行存储,并可以根据用户要求从已存储的信息中迅速抽取特定信息。它的特点是速度快、效率高。不足之处是对软硬件和技术的要求较高,查准率较低。目前广泛使用的计算机检索系统包括光盘检索系统、联机检索系统和互联网上的搜索引擎。

2.2 信息检索工具

2.2.1 检索工具概述

为了从大量信息中及时获取特定需要的信息,必须借助于一定的检索工具。检索工具正是在人们解决庞大的信息和对信息的特定需求之间的矛盾中应运而生的,并且随着这种矛盾的逐步加深,检索工具的功能不断完善,应用领域不断拓展。

(1)检索工具的概念。

检索工具是指人们用来存储、报道和查找信息的工具;具体地说,就是汇集各种信息并按照特定方法编排,以供查考的工具或系统。

作为检索工具,它具有存储和检索两方面的基本功能。存储功能,指检索工具把汇集的有关信息按照其特征记录下来,使之成为一条条信息线索,并将它们序化,这就是所谓的信息存储过程。检索功能,指检索工具提供一定的检索入口,使人们能够按照一定的检索方法,查找出所需信息或信息线索,这就是信息的检索过程。

检索工具与普通文献的最大区别在于:检索工具是一种工具书,虽然具备一定的可读性,但它不是供人们系统阅读的,而是专供人们查找特定信息的工具。

(2)检索工具的特点。

①编排特殊。检索工具是为了便于人们查检而按照某种体例编排的专供查考特定信息的工具书。所以,特殊的编排体例是检索工具最明显的特征。

②概括性强,信息密度大。人们对信息的需求是多种多样的,从尽可能满足人们查找特定信息这一基本目的出发,要求检索工具内容丰富、材料充实,能够比较全面完整地汇集某一领域的信息,使人们查有所得。既要求检索工具的信息量要大,同时又要求其内容准确,易于查检,也就是说要求在有限的载体上容纳尽可能多的信息量,因此,信息的密度很大。

(3)检索工具的职能。

信息检索工具主要有以下三种职能。

①存储与整序职能。检索工具能对某一学科或专业的有关文献信息的特征,包括外部特征和内部特征进行著录,形成一条条信息记录,并按照一定的规则编排,形成有序的信息集合,以便于查找有关文献信息。

②揭示与报道职能。检索工具可以揭示某一时期、某一范围内的科技文献的发展状况。通过检索工具对科技文献信息的报道,可以了解学科的发展历史、现有技术水平和未来的发展趋势等。

③检索职能。检索工具提供一定的检索手段,使用户按照一定的检索途径和方法,方便、及时、准确地查找到所需信息。

2.2.2 检索工具的类型

关于检索工具的类型,有多种划分方法。

(1)按照载体形式可分为书本式检索工具、卡片式检索工具、缩微型检索工具、机读型检索工具等。

(2)按照对收录文献的揭示方式可分为目录、题录、文摘、索引、辞典、年鉴、百科全书等。

①目录。它也叫书目,是揭示和报道单位出版物外部特征的检索工具,是有序的文献清单目录。通常以一个完整出版单位或收藏单位为著录对象,即以文献的本或件来报道,描述较为简单,条目有著者、文献名、出版项、收藏项等。比较著名的目录有国家书目、再版目录、期刊目录、联合目录和专题书目等。

②题录。它是以单篇文献作为报道单位,揭示文献外部特征的检索工具。题录出版周期较短,著录较为简单,著录项目通常有文献号(题录号)、篇名、作者及工作单位、原文出处(包括刊名、出版年、卷号、期次、起止页码)等,但没有内容摘要。它对信息的报道深度比目录大,检索功能比目录更强。

③文摘。它是除描述文献外部特征之外,还用简练的语言揭示文献的主要内容,向读者报道最新研究成果的一种检索工具。由于具有题录和报道文献内容的双重功能,所以其检索功能强于题录。它是检索工具的主体,二次文献的核心。根据对文献内容的揭示和报道详细程度,文摘可分为指示性文摘和报道性文摘。指示性文摘,主要是将文献的主题范围概略地指示给读者,一般不涉及原文献的具体事实、结论等内容,其字数一般在 100 字左右。

报道性文摘,是对文献原文信息的主要内容进行浓缩,介绍文献信息的内容既高度概括,又更加有针对性,信息量更大,参考价值更高,一般为200~300字。

④索引。它是指将特定范围内的某些重要文献中的有关各种事物的名称,如书名、刊名、人名、地名、篇名、字、词等有价值的知识单元分别摘录,注明页码,为读者提供文献线索的检索工具。兼有目录和题录的特点,可单独出版,也可以附录形式出版。一般不提供信息和知识内容本身,只提供一种指示系统。索引主要由索引款目和参照系统两部分组成。索引款目是索引的主要部分,每条索引款目通常由文献特征标识、说明语、地址三项组成。标识是识别特定款目的主要标志,用户利用它可以迅速找到有关款目,并可准确找到所需文献的线索。说明语用来细分同一标识下所汇集的不同文献。地址则指明索引中各款条目所涉及的文献线索,如页码、题录或文摘的顺序号等。参照系统主要包括各种参照和标识注解。索引常附于检索工具的后部,是检索工具的主要组成部分,它为查找文献提供了多种检索途径。有的检索工具本身全由索引组成,如SCI(美国的《科学引文索引》)。

⑤辞典。它是字典、词典的总称。字典是解释字的音、形、义及其用法的工具书,如《汉语大字典》《康熙字典》《新华字典》等都是著名的汉语字典。词典是说明词语的意义和用法的工具书。字典与词典之间有一定联系,即字典对某些复音词也附带进行解释,而词典则以单字为词头,对字的音、形、义也稍做说明。我国古代无字典、词典之分,通称为字书,如东汉许慎的《说文解字》,开启了部首检字的先河。他根据文字的形体创立了540个部首,将9353个字分别归入540个部,这些部又归并为14个大类。字典、词典都是重要的语言工具,是语言文字信息检索的重要工具书。

⑥年鉴。它是以全面、系统、准确地记述上年度事物运动、发展状况为主要内容的资料性工具书;汇辑一年内的重要时事、文献和统计资料,按年度连续出版的工具书。具有资料权威、反应及时、连续出版、功能齐全的特点,属信息密集型工具书。利用年鉴可以了解国内外学科发展的最新信息、发生的重要事件,可以获得各行业的最新统计信息。总之,年鉴是非常重要的信息资源,对时事动态信息及统计信息的检索具有非常重要的作用,同时它还具有很强的可读性。

⑦百科全书。它是概要记述人类一切知识门类或某一知识门类的工具书。百科全书在规模和内容上均超过了其他类型的工具书。百科全书的主要作用是供人们查检必要的知识和事实资料,其完备性在于它几乎包容了各种工具书的成分,囊括了各方面的知识。高质量的百科全书的编纂成为衡量一个国家科学文化发展水平的标志之一。百科全书是记载人类一切门类或某一门类的知识,以词典形式编纂的系统完备的检索工具。它的最大特征是规模大,目前世界上的大型百科全书一般超过30卷,也有超过100卷的超大型百科全书。比较著名的百科全书有《大不列颠百科全书》《美国百科全书》《中国大百科全书》等。

除以上几种外,常见的工具书还有手册、名录、表谱、图谱、类书、政书等,此处不再一一介绍。

2.2.3 检索工具的排检方法

检索工具之所以可以作为查检的对象使用,很大程度上取决于其结构和编排。从检索工具的编制来看,首先必须解决的问题是如何将庞大而各自独立的信息单元有序化,使之便于从不同的角度查询;从检索工具的使用来看,了解检索工具的编排结构将是有效使用检索工具的前提。

检索工具的排检法是指各类检索工具的编排与检索方法,对使用者来说是检索方法,对编者来说是编排方法。检索工具的排检方法很多,但归纳起来,大致可以分成两大体系,即按字顺编排和按内容性质编排。所谓按字顺编排,是指根据字词的形体或读音来编排检索工具中的条目,当然不同语言的检索工具,其字顺编排具有差异性,汉语本身的字顺编排也比较复杂;所谓按内容性质编排,即根据信息的内容性质来编排检索工具中的条目,主要指分类编排和主题编排。

2.2.3.1 字顺编排

检索工具的作用在于查找特定的信息。使用字顺方法编排检索工具,有利于快速查检,所以字顺排检法在各类检索工具中最常用。

1. 拉丁文字顺排检法

拉丁文字顺排检法比较简单,它无须考虑笔画、笔形及读音等问题,纯粹按字母的固定顺序排检即可。拉丁文字顺排检法有两种不同的形式,逐词排列法和逐字母排列法,即 word by word 和 letter by letter。逐词排列法是以检索工具条目中的词为单位逐词相比,凡第一个词相同比第二个词,第二个相同比第三个词,依此类推;逐字母排列法,是以字母为单位,逐个相比,也被称之为"彻底字顺排列法"。这两种排列法不能在同一检索工具中同时使用。在实际应用中,逐词排列法用得较广,国外很多传统检索工具都采用这种排列法,它的优点是把首词相同的条目集中在一起,能起到一定的族性检索的作用,如在人物传记类检索工具中,同姓氏的被传者将集中在一起,但逐词排列法也有其不便之处,如它对复合词、带前缀姓氏及其他特殊语言现象难以处理,需要辅之以具体的排列细则加以限定。纯粹的逐个字母机械地排列,这种排列方法的应用范围越来越广,它一般无须详细的排列细则,特别适用于计算机排检系统。

2. 中文字顺排检法

由于汉字历史悠久,字形复杂,因此中文字顺排检法比外文复杂得多,它可分为音序法、形序法及号码法三大类。

2.2.3.2 分类编排

分类排检法是按信息内容的学科属性和逻辑次序编排检索工具的一种方法。分类排检法大致可分为两类:一是按分类法编排,二是按自编的分类体系编排。按分类法编排检索工具,中外使用的分类法主要有《中国图书馆分类法》《国际十进分类法》《国际专利分类法》等。按自编的分类体系编排检索工具,往往根据条目的内容及实际需要自行编制,这种分类体系往往划分得更细、更为严密。例如,《中国大百科全书》是按学科分卷出版的,其每一卷都有分类索引,这些索引是按学科的体系及知识的系统性编排的;又如,《不列颠百科全书》的"百科类目",其类目的设置也是经过精心研究而自成体系的。其他检索工具也多采用自编分类法编制。使用分类编排的检索工具,首先应了解分类体系,然后才能选择恰当的类目。使用分类排检法便于按类检索信息,并且能够较全面地获取同类的相关信息,有利于族性检索。

2.2.3.3 主题编排

主题排检法是以主题词来揭示、标引和排列信息的一种方法。用主题法编排检索工具和参考工具,其过程分两步:一是用能够描述、表达信息内容的主题词作为条目的标识,二是将所有条目的标识按字顺组织起来。由于主题排检法是按字顺组织主题词的,所以有人认为应将主题编排归入字顺系统的编排方法,但本书认为,主题排检法主要还是根据信息的内容来编排检索工具的条目,只是主题排检法需要借助于字顺排检法来编排、组织主题词的顺序,所以主题排检法在本质上是属于内容排检法。主题排检法能够把不同学科、不同知识体系中的同一主题的信息汇集到一起,有利于人们按主题检索。但使用主题编排的检索工具必须正确选定主题词。

主题编排与分类编排的区别:主题法直接用主题词来描述、标引和组织信息,强调"直观性";分类法则按知识体系分类归并信息,强调"系统性"。在主题排检法中,主题词既揭示信息的内容,又用来标引和检索词汇;而在分类排检法中,类目只是对信息条目学科属性的概括,而不是标引、检索的词汇。主题排检法需要借助于字顺排检法来编排组织主题词的顺序;而分类排检法本身不需要借助其他方法,它是按信息内容逐级分类知识内容的。

此外,检索工具还可按时间顺序、地区顺序编排,这两种方法比较简单,并且也可视为分类编排的一种,在此不再赘述。

2.3　信息检索语言

语言是人类最重要的交流工具,人与人之间要传递和交流信息,要借助于一定的语言来实现。同样,信息检索语言是信息标引人员和检索人员沟通的桥梁。这种信息交流既可以通过自然语言来实现,也可以通过人工语言来实现。

2.3.1　检索语言的概念

检索语言是应文献信息的加工、存储和检索的共同需要而编制的专门语言,是表达一系列概括文献信息内容和检索课题内容的概念及其相互关系的一种概念标识系统。简言之,检索语言是用来描述信息源特征和进行检索的人工语言,可分为规范化语言和非规范化语言(自然语言)两类。

规范化信息检索语言是用来描述文献信息特征和表达信息提问,沟通信息存储人员和信息检索者双方思想的一种人工语言。它是在自然语言的基础上发展完善的,它在信息的存储过程中用来描述信息的内容特征或外部特征,从而形成检索标识;在信息的检索过程中用来描述检索提问,从而形成提问标识。当提问标识与检索标识完全匹配或部分匹配时,即可查找到所需信息。

信息检索语言,特别是规范化的检索语言在信息存储加工和检索过程中能够保证不同标引人员对信息内容表达的最大一致性,保证对信息的标引加工所采用的标识语言与信息提问时的语言保持最大的一致性。

2.3.2　检索语言的特点

检索语言作为一种专门的人工语言,具有其他语言不具备的特点。

1. 严密性

检索语言作为一种标引语言,是用来表达信息特征的,而信息本身则是形式多样、内容复杂、数量庞大,要准确地表达、系统地组织,必须要有严格的规定,力争避免或减少自然语言中多义、同义、异义等现象,使标识与信息内容之间能够一一对应,这样才有利于信息的标引与检索。

2. 可控性

自然语言虽然具有一定的语法法规,但出于语言的同化、约定俗成的简化,加上动作、手势等形体语言的介入,以及其他多种因素的影响,自然语言很难做到语言的唯一性、专指性。因此,检索语言不能依赖于自然语言,必须在自然语言的基础上,利用其部分符号、规则,加上其他符号和规则,按照学科的逻辑特征和论题的语言特征及信息的其他特征共同组成。检索语言是一种人工语言,是由人来操作和使用的,是可控的。在实际使用过程中,针对不断出现的新问题,检索语言应及时调整、修订,以适应新的变化和反映新的理论、新的事物。

3. 系统性

检索语言不仅要表达信息,更重要的是组织信息,通过某种标识系统把各种信息组成一个有序的体系,标识的组织排序应具有系统性、连续性。

严密性、系统性和可控性是检索语言的三大特点,它是相对于检索语言总体而言的,具体到各种检索语言,并不一定都同时强调这三个特点,可能某种检索语言更强调其中一点。从总体上看,一种完善和规范的检索语言必须具备以上三大特点。

2.3.3 检索语言的功能

检索语言是依据信息检索需要而专门设计的一种专门的人工语言,这种人工语言是在自然语言基础上形成的,能够描述和组织信息特征的一种语言。它作为表达信息和组织信息的工具,是进行检索和编制检索工具的共同依据,是沟通信息存储与检索的桥梁,是标引人员和检索人员共同使用的语言,是检索系统的核心。

作为信息检索系统的核心和桥梁,信息检索语言必须具备两个基本功能。

(1)表达信息。表达信息必须利用信息特征来表达,检索信息也必须从信息特征入手。而信息内容广泛复杂、长短各异、载体多种多样,所以检索语言必须能够表达信息的多种特征,而且必须要准确、简明。

(2)组织信息。表达信息不是目的,把众多的信息按其特征组织成一个有序的系统才是真正目的。组织信息是通过组织信息特征来实现的。所以,检索语言不但要能够表达信息特征,使其具有专指性,而且要能够准确地组织信息,使其具有系统性。

2.3.4 检索语言的类型

根据不同的特征,可以将信息检索语言进行分类。

(1)根据所描述的文献特征可分为描述外部特征的检索语言和描述内容特征的检索语言。

①描述外部特征的检索语言。以文献信息上标明的、显而易见的外部特征,如题名、责任者、文献号、出版社、开本尺寸等作为文献标识和检索依据的信息检索语言,包括题名语言、著者语言等。

②描述内容特征的检索语言。以揭示文献信息所反映的实质内容为依据而形成的一类检索语言,包括分类语言和主题语言。它在揭示文献特征与表达信息提问方面,比描述外部特征的检索语言具有更大的深度,在用来标引与检索信息时,更需要依赖标引人员与检索人

员的信息检索知识。

（2）按标识组配方式可分为先组式检索语言和后组式检索语言。

①先组式检索语言。先组式检索语言是指在检索前检索词已被事先用固定关系组配好，并编制在词表中。检索时，用户只能根据词表去查找信息而不能任意组配检索词。它有较好的直接性和专指性，但灵活性差。如分类语言体系中的各级分类款目、标题词语言体系中的各种标题词，只能按照体系中的固定关系查找，而不能随意变更次序。

②后组式检索语言。后组式检索语言是指在检索前，检索词在词表中没有被预先组配，检索时，用户可根据不同的检索需求对某些词进行自由组配。单元词语言、叙词语言、关键词语言均属于后组式检索语言。后组式检索语言提供了灵活的组配方式，在计算机检索中得到了广泛的应用。

信息检索语言由词表和语法两部分组成。词表是用于描述文献信息特征标识的集合，一个标识是检索语言的一个规范词。语法是运用一个或多个标识来正确表达文献主题或提问概念的一套规则。

在信息检索语言中，主题语言与分类语言是常用且主要的检索语言，是构成信息检索语言的主体，以下将分类语言和主题语言分别做重点介绍。

2.3.5　分类语言

分类语言是一种用分类号和相应款目来表达各种主题概念的检索语言。它以学科体系为基础，将各种概念按学科性质和逻辑层次进行分类和系统排序。它能集中体现学科的系统性，反映事物的从属、派生关系，自上至下，从整体到局部，构成一个完整的类目表。

分类语言包括体系分类语言和分面分类语言。目前，最常用的是体系分类语言。

体系分类语言是一种传统的分类语言，其主要特点是按学科、专业集中文献，并从知识分类角度揭示各类文献信息在内容上的区别与联系，提供从学科分类检索文献信息的途径。建立体系分类语言的基础是概念的划分。所谓"类"，是指具有某种（或某些）共同属性的事物的结合。在一类事物中，每一事物除具有某种（或某些）共同属性外，还有与之相关的不同属性。因此，可将其不同的属性作为进一步划分的标准。经一次划分所形成的一系列概念称为子类或下位类。被划分的类，称为母类或上位类。各个子类互称同位类。经过一次划分所得各子类还可用别的属性再次划分。这样逐级细分，就形成某一知识门类的分类体系。由于在编制体系分类表时已列举了所有类目，并加以固定组配，因此体系分类语言属于先组式检索语言。

分面分类语言是在体系分类语言的基础上发展起来的一种检索语言。它克服了体系分类法中不能容纳主题概念发展的局限性及直线性序列造成的集中与分散的矛盾。分面分类语言按照学科范畴分为若干分面，每个分面包含若干类目，每个类目标识一个简单的主题概念，用分类符号作为分面和类目的标记。在标引文献信息时，按文献信息的主题概念，选择相应的类目进行组配，组配后分类号所表达的概念与文献信息的主题概念基本一致。分面分类语言是在标引文献的时候进行组配的，因此它也是一种后组式检索语言。

由于体系分类语言的应用比较广泛，下面着重介绍体系分类语言。

体系分类语言的具体体现形式是体系分类法。体系分类法的分类体系通常以分类表的形式表现出来。所以，分类法和分类表一般不做严格区分。

1. 体系分类表的结构及功能

体系分类表中的各级类目都由类号和类名组成。各种分类表所采用的编号方法各不相同,如有的分类号使用单一符号,即全由数字或拉丁字母组成,有的使用混合号码,即用数字和拉丁字母混排;在编号制度上,有的采用顺序制,有的采用层累制,有的则为层累顺序相结合的混合制。但总的来看大致有以下几个部分组成。

①编制说明:包括列类原则、体系结构、标记方法等。

②基本大类:用户据此可对某一分类体系进行总体把握。

③简表:体系分类表的骨架,起承上启下的作用。对文献进行分类或检索时可用简表做向导,然后到详表中查找确切的类目。

④详表:也称主表,是分类表的正文部分。

⑤辅助表:也称复分表,一般附于详表之后。用以细分详表中的某些功能属性,减少主表的篇幅,且有一定的助记性。

⑥类目索引:将各个类名按字顺编排,并指出相应的分类号,有助于确定分类号和便于按照某个主题查找有关类目。

体系分类表在文献信息存储和检索过程中的功能主要表现在以下两个方面:一是作为标引文献信息的工具和文献资料分类排架的依据;二是便于检索者从学科、专业角度检索文献信息。

目前,我国图书情报机构普遍采用的体系分类法主要是《中国图书馆分类法》(简称《中图法》)、《中国科学院图书馆图书分类法》(简称《科图法》)、《中国人民大学图书馆图书分类法》(简称《人大法》)。国外采用的主要是《杜威十进分类法》《国际十进分类法》《美国国会图书馆分类法》等。一些著名的信息机构也有其自编的分类法。此外,一些检索工具往往也有自己独特的分类体系,但结构通常比较简单。

2.《中国图书馆分类法》(第五版)简介

《中国图书馆分类法》(原名《中国图书馆图书分类法》)是我国使用最广泛也最具权威的一部综合性体系分类法。它是为适应我国各类型图书情报机构对文献进行整序和分类检索的需要,为统一全国文献分类编目创造条件而编制和发展的。《中图法》自问世后迅速在全国推广应用,成为我国应用最广泛的分类法,不仅可供图书情报部门类分文献使用,而且在图书发行、各类数据库乃至互联网中也得到了应用。

随着科学的发展,同时为满足用户的需求,《中图法》不断被修订,自问世以来共出了五版:1975年10月第一版,1980年6月第二版,1990年2月第三版,1999年3月第四版,2010年9月第五版。它把人类知识划分为五个基本部类:①马列主义、毛泽东思想、邓小平理论;②哲学、宗教;③社会科学;④自然科学;⑤综合性图书。在基本部类的基础上,又划分出22个基本大类,作为分类法的一级类目。既考虑了学科知识的独立性,又考虑到了学科的相关性和发展性,为学科发展划分了一定的界限和空间范围,有利于人们从学科角度去查找文献资料,有利于从学科范畴来进行学术研究。同时,《中图法》采用了汉语拼音字母和阿拉伯数字相结合的混合制号码,编号制度采用基本的层累制,这样不但能满足类目纵深扩展的需要,同时也能满足类目横向扩充的需要。《中图法》还专门成立了编委会,负责它的管理、研究、交流、修订和推广应用。

基本大类如下:

A 马克思主义、列宁主义、毛泽东思想、邓小平理论

B 哲学、宗教

C 社会科学总论

D 政治、法律

E 军事

F 经济

G 文化、科学、教育、体育

H 语言、文字

I 文学

J 艺术

K 历史、地理

N 自然科学总论

O 数理科学和化学

P 天文学、地球科学

Q 生物科学

R 医药、卫生

S 农业科学

T 工业技术

U 交通运输

V 航空、航天

X 环境科学、安全科学

Z 综合性图书

在《中国图书馆分类法》中,以一个大写字母表示一级类目,用字母顺序反映大类的序列,以字母加数字表示大类下的子类目,数字的位置尽可能使号码的级数代表类目的级数。这样层层类分,便形成了一个系统性很强的、逐级展开的类目表。由于 T（工业技术）大类的内容复杂,所以专门设计了双字母的二级类目。如下：

TB 一般工业技术

TD 矿业工程

TE 石油、天然气工业

TF 冶金工业

TG 金属学与金属工艺

TH 机械、仪表工业

TJ 武器工业

TK 能源与动力工程

TL 原子能技术

TM 电工技术

TN 电子技术、通信技术

TP 自动化技术、计算机技术

TQ 化学工业

TS 轻工业、手工业、生活服务业
TU 建筑科学
TV 水利工程

《中国图书馆分类法》的体系结构如下所示(以 P 大类为例)：

P 天文学、地球科学
  P1 天文学
  P2 测绘学 P20 一般性问题
  P3 地球物理学 P21 普通测量学、地形测量学
  …   P22 大地测量学
  P5 地质学 P229 海洋测量学
  P7 海洋学 P23 摄影测量学与测绘遥感
  P9 自然地理学 [P24] 测绘仪器
       …
     P28 地图制图学(地图学) P281 地名学
            P282 数学制图学 P282.1 地图投影
            P283 地图编制 …
            P284 地形图编制 P282.4 制图用表
            …   …

一级类目 二级类目 三级类目   四级类目 五级类目

除应用字母和数字对类目进行标识外，为了进一步增强标记符号的表达能力，适应类号灵活组合的需要，《中国图书馆分类法》还采用了其他一些特殊符号，以作为辅助标记符号。

 . 间隔符号   如：I247.57
 - 总论复分符号   如：T-652
 ( ) 国家、地区区分符号   如：S688.1(53)
 = 时代区分符号   如：TH711=2
 " " 民族、种族区分符号   如：TU-882"214"
 〈 〉 通用时间、地点和环境、人员区分符号 如：P457.13〈114〉
 : 组配符号   如：C939:F27

关于《中国图书馆分类法》的分类体系及其标记制度，本书简单介绍到这里。具体到如何利用该分类法对文献进行分类，还涉及很多复杂的专业知识，这是从事图书情报工作的专业标引人员才需要掌握的知识。

2.3.6 主题语言

2.3.6.1 主题语言的概念和特点

主题语言又称主题词语言，是指以自然语言为基础，用规范化的、能直接表达文献内容特征和科学概念的词语作为检索标识，并按其字顺排列组织起来的一种检索语言，通常将指代特定概念与事物的语词称为主题词。

所谓规范，就是对具有语义关系的词语，按主题法的要求进行优选并限定其内容意义，即一个主题词表达某种概念具有唯一性，不能出现一词多义或多词一义的现象。

与其他语言相比,主题语言更接近自然语言,主要有以下特点。

①直观性。主题语言来源于自然语言,用主题词作为标识比较直观,用户查找文献时,只要根据课题研究对象,直接用能表征、描述文献内容的主题词去查检即可,符合人们的认知习惯,便于接受和使用。

②专指性。作为主题语言的检索标识,主题词经过了全面严格的规范化处理,一个标识与一个概念严格对应,标识和所表达的概念的唯一性,使语词对概念的描述具有专指性。

③灵活性。主题语言能够对同一篇文献用多个主题词来标引,并能实现主题词的组配检索,便于人们根据需要自由组织检索标识,扩大或缩小检索范围,因而检索也更具灵活性。

2.3.6.2 主题语言的分类

目前,比较常用的主题语言有标题词语言、单元词语言、关键词语言和叙词语言。

(1)标题词语言。标题词是指用以描述文献内容的经过规范化处理并具有固定组配关系的名词性术语(包括词组和短语)。以标题词为标识来存储和检索文献的信息标识系统称为标题词语言。这是最早出现的一种按主题来标引和检索文献的主题词语言,与体系分类语言同属先组式检索语言,但它不用分类号而改用语词作为文献标识。

标题词的结构通常由主、副标题词组配构成,通常称为两级标题。两级标题按"事物—事物的方面"的原则组成,即以"事物"为主体,作为主标题词;以"事物的方面"为辅,作为副标题词,副标题词进一步限定、修饰、细分主题词。标题词的排列顺序,首先按主标题词的字顺排列,统一主题的文献必然集中在一起,然后再按照副标题词字顺排列,这样使存储在检索工具中的文献形成了按"事物—事物的各方面"的排检系统,如美国工程信息公司编制的《工程主题词表》就是其主要代表之一。

由于使用标题词语言编制的标题词中的主、副标题词已事先固定组配,标引和检索时,只能选用已定型的标题词作为标引词和检索词,所反映的主题概念必然受到限制。尤其是现代科技主题的内涵与外延越来越复杂,几乎不可能用一对主、副标题词完全、准确地表达出来,就需要补充其他主、副标题词,结果不仅增加了标引和检索的工作量,而且还降低了标引和检索的准确性,直接影响到检索系统存储和检索结果的质量及检索效率。因此,标题词语言已很难适应现代信息检索系统的发展,《工程主题词表》(SHE)已于1993年被《工程索引叙词表》(Ei Thesaurus)取代。

(2)单元词语言。单元词语言是在标题词语言的基础上发展起来的一种规范化检索语言。单元词又称元词,是指能表达主题最小、最基本的,字面上不能再切分的词汇单元(如"计算机""软件"),作为主题概念标识。单元词具有相对的独立性,词与词之间没有隶属关系和固定组合关系,检索时根据需要进行组配。单元词语言多用于机械检索,适于查找用简单的标识和检索手段(如穿孔卡片)来标识的信息。由于单元词的专指度较低,词间无语义关系,对检准率有较大的影响,目前已基本被叙词语言取代。

(3)关键词语言。关键词语言是指从文献的篇名、文摘和正文中抽出的对表达文献主题有实质意义并在揭示和描述文献主题内容上起关键作用的词和词组。关键词属于自然语言,它不经过规范化处理或仅受极少量的规范化处理,因此不像其他主题语言那样编有词表,关键词的等级关系和相关关系也无从体现。

关键词语言的最大优点是适用于计算机自动抽取词汇进行标引,编制各种类型的关键词索引。随着科学技术的飞速发展,新理论、新观点、新技术层出不穷,检索词的控制已面临很多困难,而关键词语言则可以避免这些困难。此外,关键词是大众习惯使用且易于接受的自然语言中的语词,用户易于掌握。但由于关键词未经规范化处理,既不能表达词间关系,也不显示属种和相关关系,易造成标引与检索之间的歧义和误差。

关键词语言采用轮排方式编制索引,它将文献种的一些主要关键词抽出,然后将每个关键词分别作为检索标识,以字顺排列而形成检索工具。一篇文献抽取的关键词越多(一般为2～5个),标引的准确性越高,检索入口也越多,查到该篇文献的概率就越大。

(4)叙词语言。它是以自然语言为基础,以概念组配为基本原理,并经过规范化处理,表达主题的最小概念单元,作为信息存储和检索依据的一种检索语言。叙词语言吸收了其他检索语言的优点,并加以改进。例如:叙词语言吸收了体系分类语言的等级关系,编制了词族表;吸收了标题词语言的规范化处理方法和参照系统,做到了一词一义,发展了词与词之间的逻辑关系,编制了叙词表;吸收了单元词语言的组配原理,并取代了单元词语言;吸收了关键词语言的轮排方法,编制了各种叙词索引。因此,叙词语言在直观性、专指性、组配性、语义关联性、手检与机检的兼容性等方面,都较其他检索语言更加完善和优越。

国内用叙词语言编制的叙词表很多,最常用的有《汉语主题词表》《化工汉语主题词表》《电子技术汉语主题词表》《国防科学技术叙词表》等。常见的国外叙词表有《INSPEC叙词表》《工程索引叙词表》《工程与科学叙词表》等。下面以《汉语主题词表》为例,简单介绍其词表结构和功能。

《汉语主题词表》是我国第一部大型的多学科的综合性叙词表,由中国科技信息研究所和北京图书馆负责编写,1975年开始编制,在研究和借鉴国外叙词表编制技术的基础上,根据国际标准 ISO 2788—1973《单语种叙词表编制规则》,于1980年编成问世。词表分为社会科学、自然科学两个部分。共3卷,10个分册,第一卷(2册)为社会科学部分,第二卷(7册)为自然科学部分,两部分均包括字顺主表、范畴索引、词族索引和英汉对照索引,第三卷为附表,包括世界各国政区名称、自然地理区划名称、组织机构名称及人物名称。全表收录主题词108 568个,其中正式主题词91 158个,非正式主题词17 410个,词族数3707个,一级范畴数58个,二级范畴数674个,三级范畴数1080个。《汉语主题词表》涵盖各个学科专业,收词量大,编制体例规范,对推动中国主题标引工作的开展和促进专业叙词表的编制起到了重要作用。

2.4 信息检索的一般方法和途径

2.4.1 检索方法

信息检索的方法很多,归纳起来主要有以下几种。

1. 浏览法

这是科技人员平时获取信息的重要方法。具体地说,就是科技人员对本专业或学科的核心期刊每到一期便浏览阅读的方法。该法的优点是:能最快地获得最新信息;能直接阅读原文内容;基本上能获取本学科发展的动态和水平。缺点是:科技人员必须事先知道本学科的核心期刊;检索的范围不是很宽,因而漏检率较大。

2. 追溯法

这是一种传统的查找文献的方法。就是当查到一篇参考价值较大的新文献后，以文献后面附的参考文献为线索，由近及远，进行逐一追踪的查找方法。此法的优点是不需要利用检索系统，查找方法简单；缺点是检索效率不高，漏检率较大。

3. 常用法

也叫检索系统法，是使用检索系统查找文献的方法。这种方法又可分为顺查法、倒查法、抽查法、引文法等四种。

（1）顺查法。由远及近的查找法。如果已知某创造发明或研究成果最初产生的年代，现在需要了解它的全面发展情况，即可从最初年代开始，按时间的先后顺序，一年一年地往近期查找。此法的优点是查全率较高，缺点是费时费力，工作量较大。

（2）倒查法。由近而远的查找法。此法多用于查找新课题或有新内容的老课题。在查找中一般注重查阅近期资料，不必一年一年地往前查到底，只需查到所需资料够用时为止，可节省不少时间，但漏检率较高。

（3）抽查法。利用学科发展波浪式的特点进行查找的方法。当该学科处在兴旺发展时期时，科技成果和发表的文献一般也很多。因此，只要针对发展高潮期进行抽查，就能查获较多的文献资料。

4. 综合法

又称循环法，是交替使用"追溯法"和"常用法"来进行检索的综合检索方法，即利用检索系统查到一批文献资料，又利用这些文献资料所附的参考文献追溯查找，这样分期分段地交替进行，循环下去，直到满足检索要求为止。综合法的优点在于，当检索系统缺期、缺卷时，也能连续获得所需年限以内的文献资料。

2.4.2 检索途径

信息检索的途径一般有两大类：内在途径和外在途径。内在途径有了两种，分类途径和主题途径；外在途径主要分为著者途径和其他途径。

2.4.2.1 内在途径

1. 分类途径

这是按照学科分类体系查找文献的途径。使用的检索语言是分类语言。使用的检索系统有"分类目录""分类索引"等。用分类途径检索的优点是能把同一学科的文献集中在一起，便于族性检索；缺点是新兴学科、边缘学科在分类时往往难以处理，查找不便。另外，从分类途径检索必须了解学科分类体系，否则在将概念变换为分类号的过程中容易发生差错，造成漏检或误检。

2. 主题途径

这是按照文献的主题内容查找文献的途径。使用的检索语言是主题语言，使用的检索系统是"主题索引""关键词索引""叙词索引"等。这种途径以文字作为检索标识，索引按照主题词或关键词的字顺排列，检索时就像查字典一样，不必考虑学科体系。用主题途径检索的优点是，它以文字作为检索标识，表达概念准确、灵活，能把同一主题内容的文献集中在一起，便于特性检索。

2.4.2.2 外在途径

1. 著者途径

这是根据已知著者名称来查找文献的途径。使用的检索系统有"著者目录""著者索引"等。由于从事科学技术研究的科技人员多有所专长,发表的文献一般有连贯性和系统性,所以通过著者索引可检索到某著者对某一专题研究的主要文献;但是必须预先知道著者姓名,必须配合主题途径或分类途径使用,才能取得较好的检索效果。

2. 其他途径

其他途径包括篇名途径、序号途径、分子式途径等。

(1)篇名途径。篇名途径包括书名、刊名和篇名等途径。这是根据书刊名称或文章的篇名所编成的索引或目录查找文献的途径。使用的检索系统有"图书书名目录""期刊刊名目录""会议资料索引"等。这类检索系统一般都按图书、期刊、资料的名称字顺编排,多用于查找馆藏图书、期刊和论文。

(2)序号途径。序号途径包括书号、报告号、标准号、专利号、登记号等途径。这是根据特定号码符号等来查找文献的途径。使用的检索系统有"书号系统""报告号索引""标准号索引""专利号索引""登记号索引"等。

(3)分子式途径。这是以化学物质的分子式作为检索标识来查找文献的途径。使用的检索系统是"分子式索引"。从分子式索引中查出化学物质的准确名称,然后转查"化学物质索引"。该途径主要在美国《化学文摘》中使用。

其他途径还包括出版社途径、文献载体形态途径等。

第 3 章　计算机信息检索

3.1　计算机信息检索的基本原理

在 20 世纪 70 年代,国外就有人预言,电子计算机和光纤通信技术的问世及其结合将引起信息检索技术的革命。到 20 世纪 80 年代,光存储技术的应用促进了传统信息检索系统的改观。至 20 世纪 90 年代,Internet 和 Intranet 的广泛使用彻底改变了人们的生活与工作方式,也使信息检索领域发生了根本的变革,网络数据库大量涌现,减弱了传统检索的代理服务,成千上万的信息用户成了网络系统的最终用户。网络数据库除原有的二次信息外,出现了越来越多的全文本数据库、事实数据库、数值数据库、图像数据库和其他多媒体数据库等信息资源。因此,传统的手工信息检索技术已远远不能适应现代科学技术发展的需要,用户快、准、全的信息需求需要通过现代信息检索技术来实现,网络系统中的全文检索、多媒体检索、超媒体检索、超文本检索、光盘技术、联机检索和网络检索等先进的计算机检索技术得以迅猛地发展起来。

3.1.1　计算机信息检索的基本概念

所谓计算机信息检索,是指人们在计算机或计算机检索网络的终端机上,使用特定的检索指令、检索词和检索策略,从计算机检索系统的数据库中检索出所需的信息,继而再由终端设备显示或打印的过程,即利用计算机,根据用户的提问,在一定时间内从经过加工处理并已存贮在计算机存贮介质内的信息集合中查出所需信息的一种检索方式,简称为机检。计算机检索拓扑图如图 3-1 所示。

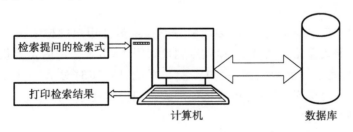

图 3-1　计算机检索拓扑图

为了实现计算机信息检索,必须事先将大量的原始信息加工处理,以数据库的形式存储在计算机介质中,所以,计算机信息检索广义上讲包括信息的存储和检索两个方面。计算机存储与检索过程示意图如图 3-2 所示。

1. 计算机信息存储过程

具体做法是采用手工或者自动方式,将大量的原始信息进行加工,将收集到的原始文献

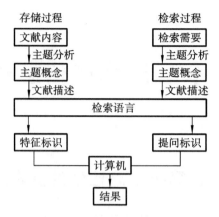

图 3-2 计算机存储与检索过程示意图

进行主题概念分析,根据一定的检索语言抽取出主题词、分类号及文献的其他特征进行标识或者写出文献的内容摘要。然后再把这些经过"前处理"的数据按一定格式输入计算机存储起来,计算机在程序指令的控制下对数据进行处理,形成机读数据库,存储在存储介质(如磁盘、磁带、光盘或者网络空间)中,完成信息的加工存储过程。

2. 计算机信息检索过程

用户对检索课题加以分析,明确检索范围,弄清主题概念,然后用系统检索语言来表示主题概念,形成检索标识及检索策略,输入到计算机进行检索。计算机按照用户的要求将检索策略转换成一系列提问,在专用程序的控制下进行高速逻辑运算,选出符合要求的信息输出。计算机检索的过程实际上是一个比较、匹配的过程,检索提问只要与数据库中的信息的特征标识及其逻辑组配关系一致,则属"命中",即找到符合要求的信息。

3.1.2 计算机信息检索的发展过程

计算机信息检索的发展经历了四个阶段。

1. 脱机信息检索阶段

第一台计算机诞生于 1946 年美国的宾夕法尼亚州。最早的脱机检索系统是 1954 年美国海军兵器中心图书馆建成的。

检索方法:用户提出检索要求后,必须由专职检索员把用户的检索要求编制成"检索提问式"并以文档的形式存储在磁带上,提供定题检索服务,由于采用的是单机独立进行,所以叫脱机检索。其只能进行批量检索,用户不能与系统进行实时对话,不能及时修正检索策略,检索结果不能及时得到,必须等待成批处理或定期检索处理。

2. 联机信息检索阶段

1963—1964 年间,美国洛克德导弹与空间公司的情报实验室建立了"人-机"对话的联机情报检索系统(DIALOG 的前身),此后(20 世纪 60 年代末到 20 世纪 70 年代初),联机检索系统得以快速发展。国际著名的 DIALOG 系统、ORBIT 系统、MEDLINE 系统都是从这个时期发展起来的。

联机检索是指通过通信网络远程连接多个计算机终端的联机信息检索系统,使多个远程终端用户能同时与主机进行"对话",并进行实时联机检索。

由于这个阶段的计算机网络主要是通过电话线连接,因而联机检索受到地区的限制。

3. 光盘信息检索阶段

光盘信息检索阶段分为单机光盘检索和光盘网络检索。

光盘是在计算机技术、激光技术等现代最新科技成果的基础上发展起来的新型电子出版物。光盘信息检索系统的结构比较简单,任何一台安装了光驱的计算机,只要放上光盘数据库即可进行光盘检索。

20世纪90年代又开发了光盘塔和光盘网络软件,使光盘数据库检索系统实现了局域网范围内共享。今天将光盘数据库的内容放置在网上,为Internet用户提供更多的检索途径。

4. 网络信息检索阶段

随着网络技术的发展,尤其是互联网的发展,计算机检索进入一个崭新的时期,检索方法更简单,检索结果更全面。通过网络进行检索成为信息检索的主导力量和发展方向。

3.1.3 计算机信息检索的特点

计算机信息检索服务始于20世纪50年代,随着计算机技术、通信技术和网络技术的迅猛发展,计算机信息检索服务已成为信息检索服务中最重要的方式,目前国内较大的卫生信息服务机构提供的服务方式多为计算机检索。与传统的手工信息检索相比,计算机信息检索具有以下特点(见表3-1)。

表3-1 计算机检索与手工检索的比较

项目	手检	机检
总体特征	手翻、眼看、大脑判断策略、查寻	机器匹配
标引及索引特点	检索点较少	检索点较多
检索时间	较慢	较快
检索要求	专业知识、外语知识、检索工具知识	专业知识、外语知识、机检系统知识
查全查准率	查准率较高	查全率较高
综合效率	较低	较高

(1)检索速度快:手工检索需要数日甚至数周的课题,机检只需要数小时甚至数分钟。

(2)检索途径多:除手工检索工具提供的题名、分类、主题、著者等检索途径外,还能提供更多的检索途径,如摘要途径等。

(3)更新快:尤其是国外的计算机检索工具,光盘多为月更新、周更新,网络信息甚至为日更新。

(4)资源共享:通过网络,用户可以不受时空限制,共享服务器上的检索数据库。

(5)检索更方便灵活:可以用逻辑组配符将多个检索词组配起来进行检索,也可以用通配符、截词符等进行模糊检索。

(6)检索结果可以直接输出:可以选择性打印、存盘或e-mail检索结果,有的还可以在线直接订购原文。有的计算机检索工具甚至可以直接检索出全文。

3.2 计算机信息检索系统

计算机信息检索系统从物理构成上说,包括计算机硬件、软件、数据库、通信线路和检索终端五个部分。

硬件和软件是必备条件;数据库是检索的对象;通信线路是联系检索终端与计算机的桥梁,主要起到确保信息传递畅通的作用。

一般而言,软件由计算机信息检索系统的开发商制作,通信线路、硬件和检索终端只要满足计算机信息检索系统的要求都不需要检索者多加考虑。对检索者来说,他们必须了解的是数据库的结构和类型,以便根据不同的检索要求选择合适的数据库和检索途径。

3.2.1 数据库的概念

数据库是指计算机存储设备上存放的相互关联的数据的有序集合,是计算机信息检索的重要组成部分。数据库通常由若干个文档组成,每个文档又由若干个记录组成,每条记录则包含若干字段。

字段(field)是比记录更小的单位,是组成记录的数据项目。反映信息内外特征的每个项目,在数据库中叫字段,这些字段分别给一个字段名,如论文的题目字段,其字段名为 TI,著者字段名为 AU。

记录(record)是由若干字段组成的信息单元,每条记录均有一个记录号,与手工检索工具的文摘号类似。一条记录描述了一个原始信息的相关信息,记录越多,数据库的容量就越大。

文档(file)是数据库中一部分记录的有序集合,在一些大型联机检索系统中称作文档,在检索中只需输入相应的文档号就能进行不同数据库的检索,如 DIALOG 系统中 399 文档是美国化学文摘(CA),211 文档是世界专利索引(WPI)。

例如,某个检索数据库将不同年限收录的文献归入不同的文档,文档中每篇文献是一条记录,而篇名、著者、出处、摘要等外部和内部特征就是一个个字段。

在此介绍几个概念。

1. 顺排文档和倒排文档

顺排文档相当于手工检索工具中的文摘正文部分,全面记录信息的各种特征。

倒排文档相当于手工检索工具的索引,是将记录信息特征的字段抽出,再按一定的规律排列而成的文档。数据库中倒排档字段越多,其检索途径越多,检索效率越高。

2. 数据库的索引

数据库的索引一般分为基本索引和辅助索引。

基本索引指数据库默认字段所编制的倒排文档,大多数数据库都采用基本索引这一方法,如输入的检索词不含字段名,数据库检索就自动进入基本索引。基本索引默认的字段主要有论文题目、主题词、关键词、文摘等。

辅助索引指相当于基本索引的一些建有倒排文档的字段,在检索时必须在检索词字段前加字段名,否则会误入基本索引,造成检索错误,如检索作者 BROD 写的论文,其检索式应为 AU=BORD。

3.2.2 数据库的类型

(1) 书目数据库(bibliographic database),是机读的目录、索引和文摘检索工具,检索结果是文献的线索而非原文,如许多图书馆提供的基于网络的联机公共检索目录(web-based online public access catalogue)等。

(2) 数值数据库(numeric database),主要包含的是数值数据,如美国国立医学图书馆编制的化学物质毒性数据库 RTECS,包含了 10 万多种化学物质的急慢性毒理实验数据。

(3) 全文数据库(full text database),存储的是原始文献的全文,有的是印刷版的电子版,有的则是纯电子出版物,如中国学术期刊(光盘版)。

(4) 事实数据库(fact database),存储指南、名录、大事记等参考工具书的信息,如中国科技名人数据库。

(5) 超文本型数据库(hypertext database),存储声音、图像和文字等多种信息,如美国的蛋白质结构数据库 PDB,该数据库可以检索和观看蛋白质大分子的三维结构。

3.3 计算机信息检索基本技术

在实际的检索过程中,许多时候并不是简单的计算机操作就能够完成所需信息的检索,特别是在检索较为复杂的信息时,没有经验的用户会因为一些技术问题而耽误许多的时间,这就需要掌握检索的基本技术。根据需要,选择最适合自己的和符合所检数据库特点的检索技术,能帮助提高检索效率。检索基本技术主要有以下几种。

3.3.1 布尔逻辑检索

布尔逻辑检索(Boolean searching)是一种比较成熟的、较为流行的检索技术。检索信息时,利用布尔逻辑算符进行检索词的逻辑组配,是常用的一种检索技术,故称布尔算符。布尔逻辑符有三种,即逻辑"与"(AND)、逻辑"或"(OR)和逻辑"非"(NOT)。布尔逻辑算符在检索表达式中,能把一些具有简单概念的检索单元组配成为一个具有复杂概念的检索式,更加准确地表达用户的信息需求。

1. 逻辑"与"

逻辑"与"用"*"或"AND"算符表示,是一种具有概念交叉或概念限定关系的组配。其表示它所连接的两个检索词必须同时出现在检索结果中。增强了检索的专指性,使检索范围缩小了(见图 3-3)。

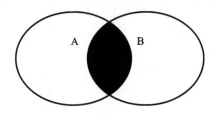

图 3-3 逻辑"与"的示意图

如要检索"大气污染控制"方面的有关信息,它包含了"大气污染"和"控制"两个主要的独立概念。检索词"大气污染"(air pollution)、"控制"(control)可用逻辑"与"组配,即"air pollution AND control"表示两个概念应同时包含在一条记录中。A 圆代表只包含"air pollution"的命中记录条数,B 圆只包含"control"的命中记录条数,A、B 两圆相交部分为"air pollution""control"同时包含在一条记录中的命中条数。由图 3-3 可知,使用逻辑"与"组配技术,缩小了检索范围,增强了检索的专指性,可提高检索信息的查准率。

2. 逻辑"或"

逻辑"或"用"+"或"OR"算符表示,是一种具有概念并列关系的组配。其表示它所连接的两个检索词中,在检索结果里出现任意一个即可。逻辑"或"可使检索范围扩大,使它相当于增加检索主题的同义词,同时还能起到去重的作用。

例如,要检索"聚氯乙烯"方面的信息,检索词"聚氯乙烯"这个概念可用"PVC"和"Polyvinyl chloride"两个同义词来表达,采用逻辑"或"组配,即"PVC OR Polyvinyl chloride",表示这两个并列的同义概念分别在一条记录中出现或同时在一条记录中出现。A、B 两圆及其两圆相交部分均为检索命中数。由图 3-4 可知,使用逻辑"或"检索技术,扩大了检索范围,能提高检索信息的查全率。

3. 逻辑"非"

逻辑"非"用"−"或"NOT"算符表示,是一种具有概念排除关系的组配。其表示它所连接的两个检索词应从第一个概念中排除第二个概念。逻辑"非"用于排除不希望出现的检索词,它和逻辑"与"的作用类似,能够缩小检索范围,增强检索的准确性。

例如,检索"不包括核能的能源"方面的信息,其检索词"Energy""Nuclear"采用逻辑"非"组配,即"Energy NOT Nuclear",表示从"Energy"检索出的记录中排除含有"Nuclear"的记录。A 圆代表"Energy"的命中数,B 圆代表"Nuclear"的命中数,A、B 两圆之差为命中记录数。由图 3-5 可知,使用逻辑"非"可排除不需要的概念,提高检索信息的查准率,但也易将相关的信息剔除,影响检索信息的查全率。因此,使用逻辑"非"检索技术时要慎重。

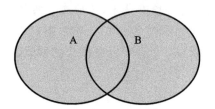

图 3-4 逻辑"或"的示意图

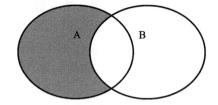

图 3-5 逻辑"非"的示意图

布尔逻辑算符的运算次序如下。

对于一个复杂的逻辑检索式,检索系统的处理是从左向右进行的。在有括号的情况下,先执行括号内的逻辑运算;有多层括号时,先执行最内层括号中的运算,再逐层向外进行。在没有括号的情况下,AND、OR、NOT 的运算顺序,在不同的系统中有不同的规定。

例如,DIALOG 系统中依次为 NOT>AND>OR,即先算括号内的逻辑关系,再依次算"非""与""或"关系。"−"优先级最高,"*"次之,"+"最低。例如,要查找研究唐宋诗歌的文献,可以用"(唐+宋)*诗"、"唐*诗+宋*诗",而不能用"唐+宋*诗"。"唐+宋*诗"查找的是含有"唐"的文献或者同时含有"宋"和"诗"的文献,这样就把涉及的唐代、唐姓的文献都找出来了。检索时应注意了解各机检系统的规定,避免因逻辑运算次序处理不当而造成错误的检索结果。

3.3.2 位置算符

位置算符也称词位检索、邻近检索,表示两个或多个检索词之间的位置邻近关系。常用的有以下几种。

1. (W)与(nW)算符

W 是 with 的缩写,(W)表示在此算符两侧的检索词必须按照输入时的前后顺序排列,而且所连接的词与词之间除可以有一个空格、一个标点符号、一个连接字符之外,不得夹有任何其他单词或字母。(nW)由(W)引申而来,表示在两个检索词之间可以插入 n 个单元词,但两个检索词的位置关系不可颠倒。

例如,输入"computer (1W) retrieval"可检索到含有"computer information retrieval""computer document retrieval"等的信息。

2. (N)与(nN)

(N)算符表示在此算符两侧的检索词必须紧密相连,但词序可颠倒。(nN)由(N)引申而来,区别在于两个检索词之间可以插入 n 个单元词。

3. (S)算符

S 是 subfield 的缩写,(S)表示其两侧的检索词必须出现在同一子字段中,即一个句子或短语中,词序不限。

4. (F)算符

F 是 field 的缩写,(F)表示其两侧的检索词必须出现在同一字段中,如篇名字段、文摘字段等,词序不限,并且夹在其中间的词量不限。

5. (L)算符

L 是 link 的缩写,(L)表示其两侧的检索词之间有主从关系,可用来连接主、副标题词。该算符常用于 1993 年前的 Compendex 数据库中。

6. (C)算符

C 是 citation 的缩写,(C)表示其两侧的检索词只要出现在同一条记录中,且对它们的相对位置或次序没有任何限制,其作用与布尔逻辑算符 AND 完全相同。

上述算符中,(W)、(N)、(S)、(F)、(C)从左到右,对其两侧检索词的限制逐渐放宽,从右到左,则限制愈加严格。其执行顺序是词间关系越紧密的越先执行,需要先执行的部分可用括号标出。

3.3.3 截词检索

截词检索是一种常用的检索技术,在外文检索中使用最为广泛。外文虽然彼此间有差别,但是它们存在着一个共同特点,即构词灵活,在词干上加上不同性质的前缀或后缀,就可以派生出很多新的词汇。例如,library、libraries、librarian、librarianship 等。如果检索时将这些词全部输入进去,不仅费时费力,而且费钱。

由于词干相同,派生出来的词在基本含义上是一致的,形态上的差别多半只具有语法上的意义。正是由于这些原因,用户如果在检索式中只列出一个词的派生形式,在检索时就容易出现漏检,截词检索是防止这种类型漏检的有效方法。大多数外文检索系统都提供有截词检索的功能。采用截词检索能省时省力。

所谓截词,是指在检索词的合适位置进行截断。截词检索,则是用截断的词的一个局部进行的检索,并认为满足这个词局部中的所有字符(串)的文献都为命中文献。

截词方式有多种。按截断的位置来分,有后截词、前截词、中截词三种类型;按截断的字符数量来分,可分为有限截词和无限截词两种类型。这里有限截词是指明确截去字符的数量,而无限截词是指不说明具体截去多少个字符。

不同的检索系统对截词符有不同的规定,有的用"?",也有的用"﹡""！""♯""＄"等。

如"?"出现在词中,"?"或"??"分别表示该处可填入 1 个或 2 个任意字符。"?"出现在词尾,若有"???",表示允许该处可填入 0~3 个任意字符。在中文数据库中,截词一般在词尾;在英文数据库中,截词不但可在词尾,还可用在词头或中间。

1. 前截词

前截词即后方一致,就是将截词符放在检索词需截词的前边,表示前边截断了一些字符,只要检索与截词符后面一致的信息。例如,输入"?ware",就可以查找到"software""hardware"等同根为"ware"的信息。

2. 中截词

中截词即前后一致,也就是将截词符放在检索词需截词的中间,表示中间截断了一些字符,要求检索和截词符前后一致的信息。例如,输入"colo?r",就可以查找到"colour""color"等信息。

3. 后截词

后截词即前方一致,就是将截词符放在检索词需截词的后边,表示后边截断了一些字符,只要检索和截词符前面一致的信息。例如,输入"com?",就可以查找到"computer""computerized"等以"com"开头的词。

在扩大中文检索范围时,也可采用截词技术。比如只知道作者的姓氏而忘了名字时,可在姓氏后面加"?"做姓氏截词,如输入"徐?",表示检索所有"徐"姓作者的文献。

从以上各例可知,使用截词检索具有隐含的布尔逻辑或(OR)运算的功能,可简化检索过程。

3.3.4 字段限制检索

字段限制检索是限定检索词在数据库记录中某个字段范围内的一种检索方法。它是提高检索效率的措施之一。

不同的检索系统有不同的限制检索方法。例如,DLALOG 系统基本索引字段的限定由"/"与一个基本索引字段符组成,又称为后缀限制。辅助索引字段由字段符"="组成。

基本索引字段常用的有:/TI(篇名),/AB(文摘),/DE(叙词),/ID(自由词)。如 information ( ) retrieval /TI,表示仅在 TI 字段中检索 information ( ) retrieval。

辅助字段索引常用的有:AU＝(著者),BN＝(ISBN 号),CC＝(分类号或类目名称),JN＝(刊名),JA＝(刊号),LA＝(语种),DT＝(文献类型)、PY＝(年代)等。"＝"又称为前缀限制。

3.3.5 自然语言检索

自然语言检索是一种直接采用自然语言中的字、词、句进行提问式的检索,同一般口语一样,不需要很高的专业检索水平,如"怎样医治牙疼?""什么是信息?"这种基于自然语言的检索方式,又称为"智能检索"。这种检索适用于不太熟悉检索技术的用户。比如我们常用的网络搜索引擎百度、谷歌等,就支持自然语言检索。

3.3.6　模糊检索

模糊检索也称概念检索,是指检索系统不仅能检索出包含指定的检索词的信息,还能将与检索词主题概念相同的信息检索出来。只需输入一个表达所要查检信息的检索词或词语,系统就可反馈一串与此内容相近的词或词语。

如输入"上海大学",不仅能检索出上海大学,还能检索出所有在上海的大学。

再如,输入"英语听力",不仅能检索出题名为英语听力的文献,还能检索出英语四、六级听力方面所有的文献。

3.3.7　加权检索

加权检索是某些检索系统中提供的一种定量检索技术。加权检索同布尔检索、截词检索等一样,也是文献检索的一个基本检索手段,但与它们不同的是,加权检索的侧重点不在于判定检索词或字符串是不是在数据库中存在、与别的检索词或字符串是什么关系,而在于判定检索词或字符串在满足检索逻辑后对文献命中与否的影响程度。

加权检索是指根据检索词对检索课题的重要程度,事先指定不同的权值,检索时,系统先查找这些检索词在数据库记录中是否存在,并对存在的检索词计算它们的权值总和,凡是在用户指定的临界值(称阀值)之上者作为命中记录被收集。临界值可视命中记录的多寡灵活地进行调整,临界值越高,命中记录越少。

3.4　计算机信息检索的策略与技巧

广义上的检索策略是为实现检索目标而制订的全盘计划或方案,指导整个检索过程。因此,检索策略几乎包括了与检索相关的全部基本知识的应用。所以,制定检索策略,首先要在分析课题的基础上,确定检索内容的学科范围、文献类型、检索年限。

根据学科范围选择检索工具,根据课题要求和特点选择检索方法、检索年限,并列出检索词,按逻辑关系进行组配,构造检索式,制定查找程序。这里要特别注意的是确定提问逻辑和检索词之间的组配方式,即检索式,它是检索策略的重要部分,关系到检索课题的查全率和查准率。

在实际检索过程中,仅需一个检索词就能满足检索要求的情况并不很多。通常我们需要使用多个检索词组成一个检索式,以满足由多概念组配而成的较为复杂的课题的要求。由于检索式在整个检索策略上具有重要作用,所以,人们狭义上所指的检索策略即指检索式。检索式是用来表达用户提问的逻辑表达式,是对多个检索词之间的相互关系和检索顺序做出的某种安排,是整个检索策略的综合体现。检索式通常由检索词和各种逻辑运算符、位置运算符及检索系统中规定的其他连接符号构成。

在计算机检索中,检索策略直接关系到检索结果的成败,要想构造高水平的检索策略,不仅要求用户对检索系统十分了解,还需要对检索课题进行深入的分析并能灵活运用各种检索方法和技巧。

3.4.1 信息需求的分析

明确检索的要求和目的,是制订检索策略的前提,第一步如果搞错了,就谈不上最后检索结果的正确性。由于用户对自己的需求,特别是潜在的、模糊的需求并不总是非常明确,因此需要进行分析,以求得一个完整而明确的表达。信息需求受社会因素和个人因素的制约,是各不相同的。因此,在着手进行信息检索前,必须全面地了解清楚信息需求和检索目的、检索的学科内容、主题范畴。

1. 了解学科发展动态的要求

这类信息需求的特点是一个"新"字,即要求及时获得学科前沿研究的最新动态、最新研究进展和研究成果。针对检索要求,在选择数据库时,除了必须考虑在学科内容方面与检索要求相吻合的基本要求以外,还应注意考虑到信息内容更新周期短的因素。

2. 了解某一研究主题的片断性信息

这类信息需求旨在借鉴他人的研究成果,用以解决研究中碰到的具体问题。这类信息需求最常见,其特点是一个"准"字,即检索出的信息应有针对性,能帮助解决具体问题。因此,在数据库选择方面,除了注意内容主题的匹配外,还应注意原始信息的易获性,最好选择全文数据库。

3. 了解某一研究主题的全面性信息

出于基础理论研究、编写教材、申请课题及承接某项工程设计的需要,用户往往需要全面系统地收集某一个主题范围内的信息资料。这类检索具有横向普查、纵向追溯的特点,并对查全率有较高的要求。因此,这类检索在选择数据库时,要注意选择存储容量大、覆盖年限长,具有较强随机存取能力的数据库,同时还可考虑普查多种数据库。

4. 检索特定的文献信息

用户已经知道文献的题名、作者,而只是要求获取原文。对这类用户需求只需要选择与学科主题相吻合的数据库。

除了需要了解清楚用户信息需求和目的以外,了解清楚待查文献的年限、文献类型、语种和检索费用的支付能力等情况,对制订正确的检索策略也很重要。

不同类型的信息需求,对查全率和查准率的要求不尽相同,对选择数据库的要求也有差异。不同的数据库学科范围不同,检索指令不同,收费标准也不同。所以在检索之前应阅读有关数据库的使用介绍,以便选择数据库时做到心中有数。数据库选择不当,就好像买东西走错了商店一样,不可能购买到满意的商品。因此针对用户的信息检索要求,选库时应遵循下列原则。

(1)要根据用户信息检索的学科内容和目的选择数据库。如果检索课题涉及的内容全面而广泛,为了避免漏检,应同时选择几个不同的数据库;如需检索的课题内容专业性很强,则可以选择专业数据库进行检索。

(2)在同时有几个数据库可供检索的情况下,应首先选择比较熟悉的数据库,这样能既快速又准确地查找到真正需要的信息。

(3)当几个数据库的内容交叉重复率较高时,应选择检索费用比较低廉的数据库。

(4)当用户要求检索的信息量比较大时,可以利用"数据库主题指南"进行初选,然后查

"文档说明书蓝页"做精选,最后选定数据库。此外,也可以利用系统提供的数据库总索引文档,联机选择数据库。

3.4.2 检索课题的分析

明确信息需求后,就要对用户课题的具体内容做主题分析,这是正确选用检索词和逻辑运算符的关键,它将决定检索策略的质量并影响检索效果。

1. 一般课题概念的分析

分析检索课题就是分析出课题所涉及的主要概念,并选择能代表这些概念的若干个词或词组,进而分析概念之间的上、下、左、右关系。特别是对于新学科、交叉学科和边缘学科的课题,弄清楚概念关系显得尤为重要,如市场文化学、经济数理统计等。概念分析的结果应以概念组为单元的词或词组形式列出,同时明确概念组面之间的交叉关系,即明确是逻辑"与"、逻辑"或"还是逻辑"非"的关系。哪些概念可用来扩大检索范围,哪些可作为进一步缩小检索范围的主题词,明确这些逻辑关系,有助于编制出正确的检索式。例如,检索课题"网络资源的知识产权保护",关键词可标引为"知识产权保护网络资源"。

2. 隐含课题概念的分析

有些课题的实质性内容往往很难从课题的名称上反映出来,课题所隐含的概念和相关的内容需要从课题所属的专业角度做深入分析,才能提炼出能够确切反映课题内容的检索概念。例如,"知识产权"隐含着"版权""著作权"等概念,"智力测试"隐含着"能力测试""态度测试""创造力测试"等概念。数据库的标引往往使用比较专指的词,用户对标引规则不甚了解,往往会列出比较抽象的概念,而忽略了较专指的概念。

3. 核心概念的选取

找出核心的概念组面,排除掉无关概念组面,包括意义不大的概念和重复概念。用户有时会认为选取的概念组面越多,逻辑组配越细致,检索结果的针对性越强。事实上,过多、过严的概念组面很有可能导致大量的漏检,甚至结果为零。因此有时需要简化逻辑关系,减少概念组面,以提高检索效果;对于有些检索词已含有的某些概念,在概念分析中应予以排除。例如,"社会保障"包含"养老保险""失业保险""医疗保险"和"社会救济"等下位概念及同位概念"社会保险"。所以,如果需要检索"养老保险"方面的信息,直接以"养老保险"作为检索词最确切。如果有些检索概念已经体现在使用的数据库中,这些概念也应予以排除。例如,在使用法律文摘数据库(Law Abstracts)时,"法律(Law)"这一概念一般可以排除,而"计算机(Computer)"一词在计算机数据库(The Computer Database)中一般也应予以排除。另外,一些比较泛指、检索意义不大的概念,如"发展""趋势""现状"等在不是专门查找综述类信息时也可予以排除。

3.4.3 检索词的处理

检索词是表达文献信息需求的基本元素,是用户输入的检索语词,也是在计算机检索系统中进行匹配的基本单元。检索词的确定要注意以下问题:优先选用主题词,使用该数据库词表中的主题词检索,可以获得最佳的检索效果;选用数据库规定的代码;尽量选用通用的专业术语;注意选用同义词、相关词、缩写词进行检索,以提高查全率。

1. 使用通用性的术语

切忌使用国际上并不通用的术语,如"第三世界""下岗"等查找国外数据库,通常不能达到预期的效果。在选用关键词检索的过程中,要尽量使用本学科在国际上通用的、国外文献上出现过的术语,并尽量避免使用冷僻词和自选词。

2. 选择概念表达最确切的词语

需要从概念内涵的深浅程度、概念的整体与部分等考虑,选择最切合实际要求的词作为检索词,以便提高检索的切题程度。

3. 从相应的规范词表中选定所需的检索词

由于主题词是信息标引和信息检索必须共同遵循使用的语言,而且很多数据库都有自己的主题词表,所以应该优先选用词表中的规范词,以便使检索获得最佳的效果。在计算机检索系统中一般都备有联机查询指令供检索者联机确定检索词。

4. 检索词的扩展

目前的计算机信息检索系统还不具备智能思考能力,不会对所输入的检索词及涉及的所有词进行自动的、全面的检索。在确定检索词时,除了要考虑到被选用检索词的缩写词及不同拼法的词,还要考虑反映主题概念的同义词、近义词等相关词,以便在编制检索式时考虑到这些因素,避免漏检有关的信息。

1)同义词的判断和选择

在同一概念的范畴内,从语言角度,选择不同的名称、拼写方法和单复数形式。学名和俗名,如激光(镭射)、马铃薯(土豆)。简称和全称,如 TV(television)、澳洲(澳大利亚)、WTO(世贸组织)。英式和美式,如 catalog(catalogue)、color(colour)等。

2)近义词的判断和选择

在相近概念的范畴内,从概念的微小区别、多义性、相近性等角度考虑检索词的选择。例如,合同纠纷(合同争议)、国际矛盾(国际冲突)、跨国公司(跨国企业)、法律监督(司法监督)。

3)以概念为单位,构成组面检索词

例如,检索课题"经济领域犯罪的心理分析",关键词可为"经济犯罪""犯罪心理分析"。

值得注意的是,关键词的选取应该考虑一些其他因素。例如,检索课题"关于经济领域的诈骗行为的心理分析",关键词可为"经济诈骗""诈骗心理(分析)",这里有个概念的重叠和拆分问题,如果关键词标引为"经济领域诈骗行为心理剖析",显然没有达到简洁、切题的要求。再如,检索课题"家庭、婚姻裂变和青少年犯罪的内在联系",关键词可为"离婚(不完整家庭、单亲家庭)""青少年(未成年人)犯罪",这里有常用概念、相近概念需要考虑,如果关键词标引为"婚姻裂变青少年犯罪"检索结果的查全率一定会大大降低。

3.4.4 编制检索提问式

在对课题内容做出分析,比较完整和准确地了解用户课题检索的主题内容和要求之后,接下来的工作就是制定检索提问式。拟定合理的检索提问式是上述各步骤和各种检索技术的综合体现,是检索策略的表达形式,检索提问式编制的好坏直接关系到检索的最终结果。

在制定检索提问式时,除了要正确使用各种运算符外,还应事先考虑到联机检索过程中可能出现的各种情况,准备几套不同的检索提问式,以便在上机过程中随时调整。编制的检索提问式要尽可能精练,不要编得太复杂,限制条件不要太多,否则无法得到理想的检索结果,一般应采用逐步加以限制的方法。在输入反映课题的检索词之后,如检得的信息很少,就没有必要再检索下去了。例如,查找课题"社会保障制度研究"的相关信息,该课题要求检索出建立和实施社会保障制度的有关信息和研究动态,下列主题词可选作检索词:

  社会保障 社会救济
  失业保险 社会保险
  养老保险 医疗保险
  确定的检索策略为:
  社会保障＋社会救济＋失业保险＋社会保险＋养老保险＋医疗保险

"建立""实施""研究"等比较泛指的一类词语一般不宜作为检索词。只有在检出的信息比较多时,才在检索表达式中加以限制。否则,一开始在检索表达式中就限制得过多,会适得其反,得不到理想的检索结果。

3.4.5 检索策略的调整

  检索策略输入检索系统后,系统响应的检索结果有时不一定能满足课题检索的要求,或者检出的篇数过多,而且不相关文献所占比例较大,或者检出的文献数量太少,有时甚至为零,这时就需要调整检索策略,扩大检索范围或缩小检索范围。一般将检索范围设置得太小、命中文献不多、需要扩大检索范围的方法称为扩检,而将检索范围设置得太大、命中文献太多、需要缩小检索范围的方法称为缩检。

  扩检与缩检是检索时经常面临的问题。在调整检索策略之前,首先要分析造成检索结果不理想的原因。

  对于输出篇数过多的情况,应分析是否是由以下原因造成的:选用了多义性的检索词;截词截得过短;输入的检索词太少;应该使用"与(AND)"运算符的时候使用了"或(OR)"运算符。

  对于输出篇数过少的情况,应分析是否是由下述原因造成的:检索词拼写错误;遗漏重要的同义词或隐含概念;检索词过于冷僻具体,或选用了不规范的检索词;没有使用截词符,或对所选检索词的截词截得太长;位置运算符和字段运算符使用得过多;使用过多的"与(AND)"运算符。

  针对上述原因,如果是属于需要扩大检索范围、提高文献查全率的,调整检索策略的方法有:

  (1)减少"与(AND)"运算符,增加同义词或同族相关词,并使用"或(OR)"运算符将它们连接起来。

  (2)在词干相同的单词后使用截词符"?"。

  (3)去除已有的字段限制、位置运算符限制(或者改用限制程度较小的位置运算符)。

  如果属于缩小检索范围、提高文献查准率的,调整检索策略的方法有:

  (1)减少同义词或同族相关词。

  (2)增加限制概念,用"与(AND)"运算符将它们连接起来。

  (3)使用字段限制,限定检索词在指定的基本字段或者指定的辅助字段出现,限制检索结果的文献类型、语种、出版国家、时间等。

(4) 使用适当的位置算符。
(5) 使用"非(NOT)"运算符,排除无关概念。

3.5 计算机信息检索效果的评价

3.5.1 检索效果概述

检索效果是指利用检索系统(或工具)进行检索服务时所获得的有效结果。计算机检索效果如何,直接反映检索系统的性能,影响系统在信息市场上的竞争能力和用户的利益,同时也是检索人对检索技能的掌握和应用的综合体现。

检索效果包括技术效果和经济效果。技术效果由检索系统完成其功能的能力确定,主要指系统的性能和可操作性等,也就是满足用户的信息需求时所能达到的满意程度;经济效果由完成这些功能的价值确定,主要指检索系统服务的成本和时间,是否省钱省力。

检索效果的评价,目的是准确地掌握系统的各种功能、特点及其使用方法,找出影响检索效果的各种因素,以便有的放矢,改进系统的性能,改进检索策略,提高系统的服务质量,更好地满足用户信息检索的需求。

3.5.2 检索效果的主要评价指标

评价检索系统效果的指标,主要从质量、费用和时间三方面来衡量。

质量标准主要有查全率、查准率、漏检率、误检率等;费用标准主要是指用户为检索课题所投入的费用;时间标准是指花费的时间,包括检索准备时间、检索过程时间、获取文献时间等。

查全率和查准率是判定检索效果的主要评价指标。

检索时,将文献分为两部分:一部分是被检出文献[相关文献(a 篇)+不相关文献(b 篇)],也就是与检索策略相匹配的部分;另一部分是未检出文献[相关文献(c 篇)+不相关文献(d 篇)],即与检索策略不相匹配的部分。

$$查全率 = \frac{检出的相关文献数}{系统中相关文献总数} = \frac{a}{a+c} \times 100\%$$

例如,在某系统数据库中共有相关文献为 35 篇,而只检索出来 26 篇,那么查全率就等于 74%。

$$查准率 = \frac{检出的相关文献数}{检出的文献总数} = \frac{a}{a+b} \times 100\%$$

在实际检索中,由于种种原因,总会出现一些误差,即漏检和误检,从而影响检索效果。

$$漏检率 = \frac{未检出的相关文献数}{系统中相关文献总数} = \frac{c}{a+c} \times 100\%$$

$$误检率 = \frac{检出的不相关文献数}{检出的文献总数} = \frac{b}{a+b} \times 100\%$$

因此,检索效率的高低,不仅与检索系统服务性能的优劣有关,还与用户的检索技能有关。随着科学技术的不断进步与发展,文献信息检索系统自动化程度的提高,计算机信息检索的普及,用户检索技能的提高,检索效果也将会逐渐提高。

3.5.3 影响检索效果的因素

查全率与查准率是评价检索效果的两项重要指标。查全率和查准率与文献的存储与信息检索两个方面都有直接关系,也就是说,影响查全率与查准率的各种因素主要来自用户与检索人员的配合、检索策略、标引和检索语言等方面。

1. 标引的影响

标引人员标引文献的正确性对查全率与查准率有直接影响。如果提取出来的不是有用信息,则以后检索时查准率会降低;如果有用概念没有被提取出来,则以后检索时就会造成漏检,查全率会降低。

2. 检索词的影响

由检索词使用不当引起的查找失败有两种类型:一是因检索词专指性不够造成的检索失败,二是标检索词之间的含糊关系或虚假关系引起的查找失败。

检索词汇缺乏控制和专指性不足,是影响查准率的不利因素,但高专指性的检索词在提高查准率的同时有降低查全率的趋向。这是因为检索词的数目越多,能够表达的意义差别也就越细致,检索就越难于取得一致。

组配不严密,选词及词间关系不规范,或使用过多的标引词,则可能引起虚假组配现象,使查准率降低。

3. 检索策略的影响

所谓检索策略,就是为实现检索目标而制订的全盘计划和方案,是对整个检索过程的谋划和指导,如明确检索要求、检索系统(工具)、检索方法、检索途径等。为了更好地获得满意的检索效果,在信息检索过程中需要不断调整检索策略。检索策略主要取决于检索人员的知识水平与业务能力,因此检索策略的优劣是影响检索效率的主观原因。

此外,数据库收录文献不全,检索人员业务不熟练和缺乏耐心,检索系统功能不完备,检索时不能全面地描述检索要求等,都就会影响查全率。索引词不能准确描述文献主题和检索要求,检索式中允许容纳的词数量有限,截词部位不当,检索式中使用逻辑"或"不当等,都会影响查准率。

3.5.4 提高检索效果的措施

检索人员与用户对于检索效果的要求是一致的,既要求有较高的查全率,又要保证有理想的查准率。然而,具体到每一个用户,他们对检索效果的要求可能不一样,这取决于他们检索的目的。如果用户仅仅想了解某一专业领域的发展概况,则对查全率有较高的要求;如果用户检索是为了解决工作中的某个技术难题,就需要较高的查准率。因此,不同的检索课题对文献信息的需求不同,用户应根据课题的需要,适当调整查全率和查准率,优化检索策略,以达到最佳检索效果。

提高检索效率的措施主要有以下几点。

(1) 选择好检索系统(检索工具)。既要选择质量较高的检索系统,又要选用适合检索课题需要的检索系统。

(2) 准确使用检索语言。检索者所用的检索语言应能准确地表达信息需求。如果检索系统使用的是标题词语言,那么用户应从标题词表中选准检索词;如果是体系分类语言,则检索者也应从分类表中选准分类号。

（3）用泛指性强的检索语言以提高查全率。如果采用其上位类号、上位主题词及相关主题词,就能获得较多的文献,提高查全率;但随之误检的文献增多,查准率下降。

（4）用专指性强的检索语言以提高查准率。如果采用下位类号、下位主题词及组配后的专指检索词,就能提高查准率;但由于漏检的文献增多,查全率下降。

（5）善于利用各种辅助索引。一种检索系统通常有多种辅助索引,提供多条检索途径。用户应根据自己掌握的检索课题的外表特征和内容特征,选用相应的索引来检索。

第 4 章　网络信息检索

4.1　网络信息检索概述

随着计算机技术和网络通信技术的发展，Internet 已经发展成为世界上规模最大、用户最多、资源最丰富的网络互联系统，为在全球范围内快速传递信息提供了有效手段，也为信息检索提供了广阔的发展平台。但是，Internet 的开放性和自由性不可避免地引发网络信息资源呈现数量庞大、异构性、分散性和动态性的特征，阻碍了人们对网络信息的充分利用，从而使得网络环境下的信息检索面临新的挑战。为了有效利用网络信息资源，借助于现代信息技术的发展，出现了新的检索工具、检索方法和检索技术，一种新型的计算机信息检索模式——网络信息检索应运而生。这是计算机信息检索技术继联机检索、光盘检索后的又一个更大、更新的里程碑。

4.1.1　网络信息资源的特点

网络信息资源主要指以数字化形式记录的、以多种媒体形式表达的、分布式存储在因特网不同主机上的、通过计算机网络进行传递的信息资源集合，是计算机技术、通信技术和多媒体技术互相融合而成的。

与传统信息资源相比，网络信息资源作为一种新的资源类型，既继承了一些传统的信息组织方式，又在网络技术的支撑下出现了许多与传统信息资源显著不同的独特之处。

1. 数量巨大，来源广泛

互联网集各个部门、各个领域的各种信息资源为一体，可在网上供任何人共享使用，任何人均可在网上发布信息，传播观点。因此网络信息数量巨大，呈爆炸性增长。

2. 内容丰富，信息质量参差不齐

网络信息资源包罗万象，覆盖各个学科领域。网络信息的发布有很大的自由度和随意性，缺乏必要的过滤、质量控制和管理机制，正式出版物和非正式信息交流交织在一起。既有高水平的研究成果，又有许多涂鸦之作和虚假信息。

3. 类型齐全，形式多样

网络信息资源包括各种不同层次的信息，既有原始论文、电子报刊等一次文献，又有文摘、题录、索引、综述、评论等二、三次文献，还有网上会议、聊天等零次文献。此外，信息类型也十分齐全，有文本、表格、图形、声音、图像、程序软件、超文本、多媒体等多种形式。

4. 分散无序，缺乏组织

网络信息资源广泛分布在世界各地不同地区的服务器上，由于服务器有不同的操作系统、数据结构、字符集、处理方式，所以网络信息资源缺乏统一的标准和规范。许多网络信息只是时间序列的堆积,缺乏组织加工,处于无序状态。而且,网络信息资源的更迭、消亡无法预测,由此影响着人们对网络信息资源的进一步开发利用。

5. 更新加快,信息污染严重

网上信息量增长迅速,导致信息新陈代谢加快,信息过剩、贬值,使得大量网络信息成为垃圾信息。此外,网络信息提供者成分复杂,他们在网上的活动没有任何约束,可以自由链接、发布信息,增加新的服务方式和内容,使得信息传播难以控制,伪劣信息、无用信息比重加大。

4.1.2 网络信息检索的一般方法

1. 浏览

①偶然发现。这是在因特网上发现、检索信息的原始方法,即在日常的网络阅读、漫游过程中,意外发现一些有用信息。这种方式的目的性不是很强,其检索过程具有不可预见性、偶然性。网络用户可以在平时的网络漫游中将一些感兴趣的优秀网站添加到收藏夹,以备将来使用。

②顺"链"而行,即用户在阅读超文本文档时,利用文档中的链接从一个网页转向另一个相关网页。这种方式有些类似于传统文献检索中的"追溯检索",可以在很短时间内获得大量相关信息,也有可能在顺"链"而行中偏离了检索目标,或迷失于网络信息空间中。因此,找到合适的检索起点是关键,个人用户在网络浏览过程中常常通过创建书签(bookmark)或热链接(hotlink)将一些常用的、优秀的站点地址记录下来。相对于整个网络信息而言,这种方式漏检率比较高。

2. 分类体系浏览

通过网络资源指南来查找信息,网络资源指南是专业人员基于对网络信息资源的产生、传递与利用机制的广泛了解,对网络信息资源分布状况的熟悉,对其进行采集、评价、组织、过滤和控制,为用户提供的可供浏览和检索的多级分类体系,例如 Yahoo! 就是一个综合性的网络资源指南。此外,网上还存在很多专业型网络资源指南,可供用户获取特定学科领域的信息。当用户对某一类信息资源的描述不确定时,通过主机浏览网络资源指南的方式就可以获取较为全面系统的相关信息。

其局限性在于:其管理、维护跟不上网络信息的增长速度,导致其收录的信息不够全面,信息的新颖性、及时性不够强,且检索结果受标引质量影响。

3. 利用搜索引擎进行信息检索

在搜索引擎中输入检索条件,从大量的信息集合中检索信息的方法。一般支持布尔检索、词组检索、截词检索、限制字段检索等功能。这种方法的优点是比较简单、快捷,能够准确、快速地在因特网上进行所需信息的定位,直接反馈相关的信息或网址;缺点是由于采用计算机软件进行信息加工、处理,检索软件的智能性不高,检索过程是机械匹配,造成检索的准确率不高。

4.2 搜索引擎

搜索引擎是伴随因特网的发展及网络信息资源的激增而诞生和发展起来的。因特网的迅速发展使得信息数量激增,约翰·奈斯比特在《中国大趋势》中预言:"我们被信息淹没,但却渴求着知识。"在这样一个无序、浩瀚无边的信息空间里,快速查找并获取所需信息已成为人们的迫切需求,被称为网络之门的搜索引擎应运而生。

搜索引擎是指通过网络搜索软件或网络登录等方式,将互联网大量网站的页面收集到本地,经过加工处理而建库,从而能够对用户提出的各种查询做出响应,并为用户提供检索服务,进而起到信息导航的目的。搜索引擎已经成为非常重要的网络服务工具,搜索引擎站点被誉为"网络门户",成为人们获取网络信息资源的主要检索工具和手段,也几乎成了网络信息检索工具的代名词。

搜索引擎作为互联网导航工具,通过采集、标引众多的互联资源来提供全局性网络资源的控制与检索机制,目的是将互联网上的所有信息资源进行整合,方便用户查找所需信息。

搜索引擎是一个集多种技术于一体的综合性网络应用系统,包括网络技术、数据库技术、自动标引技术、检索技术、自动分类技术、机器学习等人工智能技术。虽然它们表现为各种不同的形式,但基本上都由搜索器、索引器、检索器和用户接口四部分组成。

(1)搜索器。搜索器即通常所说的蜘蛛(Spider)、机器人(Robot)、爬行者(WebCrawler)等,搜索器的功能是在Internet中漫游,发现和搜集信息。它常常是一个计算机程序,日夜不停地运行。它要尽可能多、尽可能快地搜集各种类型的新信息。同时,因为Internet上的信息更新很快,所以还要定期更新已经搜集过的旧信息,避免死链接和无效链接。

搜索引擎的信息采集机制按照人工程度划分,可分为人工采集和自动采集;按照信息新颖性划分,可分为定期搜索和增量搜集。

(2)索引器。索引器又称为目录或数据库,索引器的功能是理解搜索器所搜索的信息,从中抽取出索引项,用于表示文档及生成文档的索引表。建立索引需要进行以下处理:①信息语词切分和语词词法分析;②进行词性标注及相关的自然语言处理;③建立检索项索引。

(3)检索器。检索器根据用户的查询要求在索引库中快速匹配文档,对将要输出的结果进行排序,并实现某种用户相关性的反馈机制。

此外,基于超链的相关度排序方法已经在一些搜索引擎中得到了使用。页面之间的超链反映了页面间的引用关系:一个网页被引用得越多,该网页的流行程度就越高,价值也越高;一个网页被越重要的网页引用,则该网页的重要程度就越高。

(4)用户接口。用户接口供用户输入查询词,显示匹配结果。主要目的是方便用户使用搜索引擎,高效率、多方式地从搜索引擎中得到有效、及时的信息。用户接口的设计和实现使用人机交互的理论和方法,以充分适用人类的思维习惯。用户输入接口可以分为简单接口和复杂接口两种。简单接口只提供用户输入检索词的文本框;复杂接口可以让用户对查询进行限制,如逻辑运算(AND、OR、NOT)、临近检索(NEAR)、域名范围、出现位置(如标题、内容)、信息的时间与长度等。

搜索引擎的一般工作流程如图4-1所示。首先由搜索器,即网络机器人从Internet上收集信息站点的摘要信息;再由索引器对该网页上的某些字或全文做索引,建立本地数据库,然后用户在检索时,通过搜索引擎的用户接口访问摘要信息数据库,检索器根据用户的查询条件快速检出文档,并对将要输出的结果进行排序和相关性处理;最后再通过用户接口将检索结果反馈给用户。

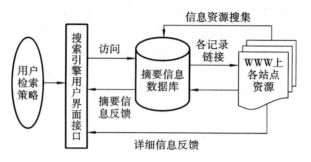

图 4-1　搜索引擎工作流程

4.3　百度搜索引擎

百度是国内最大的商业化全文搜索引擎,是目前国内技术水平最高的搜索引擎。百度于 1999 年底成立于美国硅谷,起名源于"众里寻他千百度"。百度是中国互联网用户最常用的搜索引擎,每天完成 6000 多万次搜索,中国提供搜索引擎的网站中超过 80% 由百度提供;百度在中国各地和美国均设有服务器,搜索范围涵盖中国、新加坡等华语地区及北美、欧洲的部分站点;百度是全球最大的中文搜索引擎,目前收录的中文网页超过 20 亿。百度首页如图 4-2 所示。

图 4-2　百度首页

百度支持布尔逻辑运算、限定字段检索,可将检索范围限定在指定的网站、标题、URL 和文档类型,精确检索——双引号""和书名号《》。目前百度也提供主题目录浏览检索,由人工维护。

百度特色搜索功能简要介绍如下。

1. 百度快照

如果无法打开某个搜索结果,或者打开速度特别慢,该怎么办?"百度快照"能帮您解决问题(见图 4-3 和图 4-4)。每个被收录的网页,在百度上都存有一个纯文本的备份,称为"百度快照"。您可以通过"百度快照"快速浏览页面内容,不过,百度只保留文本内容,所以对于那些图片、音乐等非文本信息,快照页面还是直接从原网页调用。如果无法连接原网页,那么快照上的图片等非文本内容也无法显示。

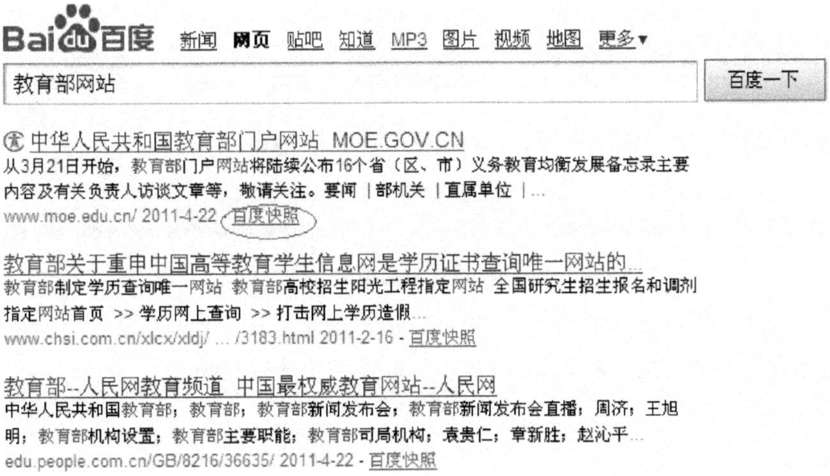

图 4-3 百度快照 1

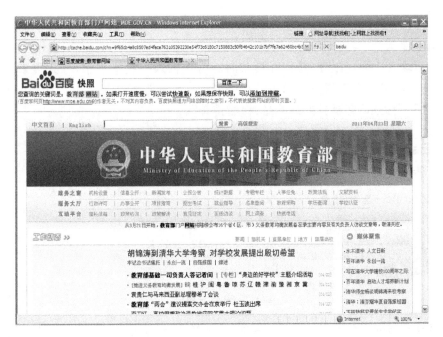

图 4-4 百度快照 2

2. 相关搜索

搜索结果不佳,有时候是因为输入的查询词不是很妥当,可以通过参考别人是怎么搜的,来获得一些启发。百度相关搜索排布在搜索结果页的下方,按搜索热门度排序(见图 4-5)。

3. 拼音提示

如果只知道某个词的发音,却不知道怎么写,或者嫌某个词拼写输入太麻烦,该怎么办?百度拼音提示能帮您解决问题。只要输入查询词的汉语拼音,百度就能把最符合要求的对应汉字提示出来,它实际上是一个无比强大的拼音输入法。拼音提示显示在搜索结果上方。如图 4-6 所示,想要查找杀毒软件,输入拼音"kabasiji",会提示您要找的是不是卡巴斯基。

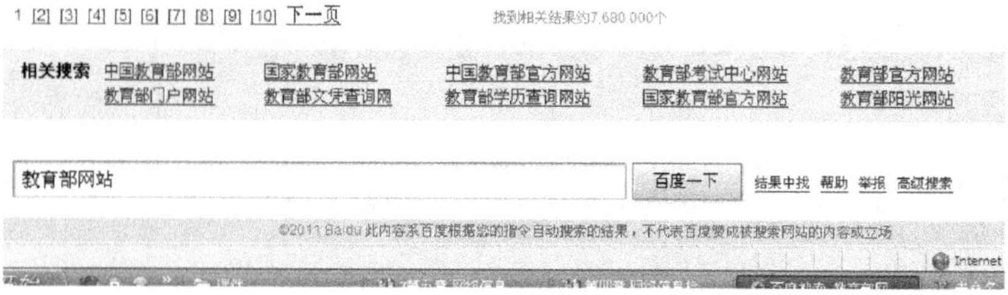

图 4-5 相关搜索

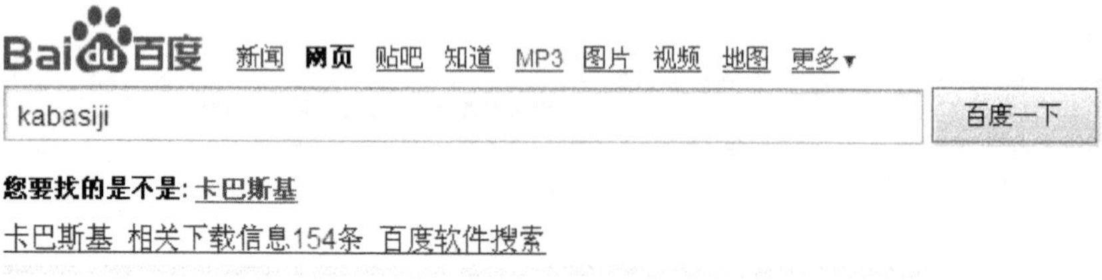

图 4-6 拼音提示

4. 错别字提示

由于汉字输入法的局限性,我们在搜索时经常会输入一些错别字,导致搜索结果不佳。别担心,百度会给出错别字纠正提示。错别字提示显示在搜索结果上方。如图 4-7 所示,输入"唐醋排骨",会提示"您要找的是不是:糖醋排骨"。

图 4-7 错别字提示

5. 英汉互译词典

随便输入一个英语单词,或者输入一个汉字词语,留意一下搜索框上方多出来的词典提示。如搜索"apple",点击结果页上的"词典"链接,就可以得到高质量的翻译结果。百度的线上词典不但能翻译普通的英语单词、词组、汉字词语,甚至还能翻译常见的成语。

也可以通过百度词典搜索界面(http://dict.baidu.com)直接使用英汉互译功能(见图4-8)。

6. 专业文档搜索

很多有价值的资料,在互联网上以 Word、PowerPoint、PDF 等格式存在。百度支持对 Office 文档(包括 Word、Excel、PPT)、Adobe PDF 文档、RTF 文档和 TXT 文档进行全文搜索。要搜索这类文档,很简单,只需在普通的查询词后面加一个"filetype:"文档类型限定。"filetype:"后可以跟以下文件格式:DOC、XLS、PPT、PDF、RTF、ALL。其中,ALL 表示搜

图 4-8 百度词典

索所有这些文件类型。例如，查找张五常关于交易费用方面的经济学论文。"交易费用 张五常 filetype:doc"，点击结果标题，直接下载该文档，也可以点击标题后的"HTML 版"快速查看该文档的网页格式内容，如图 4-9 所示。

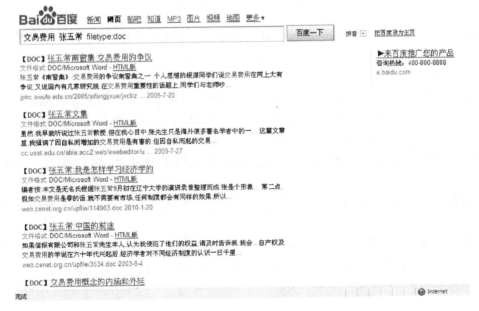

图 4-9 文档类型搜索

7. 精确匹配——双引号和书名号

如果输入的查询词很长，百度在经过分析后，给出的搜索结果中的查询词可能是拆分的，如果对这种搜索结果不满意，可以尝试让百度不拆分查询词，给查询词加双引号。

书名号是百度所特有的查询语法，在其他搜索引擎中书名号会被忽略，加上书名号意义有二：一是书名号括起来的内容不会被拆分，二是可用来检索一些通俗和常用的电影或小说。例如，查电影《手机》，若不加书名号，很多情况下出来的检索结果是通信工具手机，加上书名号后出来的检索结果就是关于电影方面的内容了，如图4-10所示。可以根据自己的习惯，改变百度默认的搜索设定，如每页的搜索结果数量、搜索结果的页面打开方式等。先进入高级搜索，然后点击下方的个人设置，就可以进行设定了。

图 4-10　百度书名号搜索

如果对百度的各种查询语法不熟悉，使用百度集成的高级搜索界面，可以方便地做各种搜索查询。高级搜索可以定义要搜索网页的时间、地区、语言、关键词出现的位置及关键词之间的逻辑关系等。

搜索范围限定在网页标题中——intitle，网页标题通常是对网页内容的提纲挈领式的归纳，把查询内容范围限定在网页标题中，有时能获得良好的效果。例如，找林青霞的写真，就可以输入查询条件："写真 intitle:林青霞"。

搜索范围限定在特定网站中——site，例如，天空网下载软件，可以输入："msn site：skycn.com"。

搜索范围限定在URL中——inurl，网页URL中的某些信息常常带有某种有价值的信息。

百度提供多种搜索服务功能，如MP3搜索、地区搜索、地图搜索、法律搜索、视频搜索、电子书搜索、文档搜索等，用户可点击"更多"，根据实际需要选择某类搜索服务。以下重点介绍百度地图搜索。

4.4　百度地图搜索

4.4.1　百度地图简介

百度地图是百度提供的一项网络地图搜索服务，覆盖国内近400个城市、数千个区县。

在百度地图里,用户可以查询街道、商场、楼盘的地理位置,也可以找到离自己最近的所有餐馆、学校、银行、公园等。2010年8月,除普通的电子地图功能之外,百度地图新增加了三维地图按钮。

百度地图提供了丰富的公交换乘、驾车导航的查询功能,以及最适合的路线规划,使用户不仅可以知道要找的地点在哪,还可以知道如何前往。同时,百度地图还为用户提供了完备的地图功能(如搜索提示、视野内检索、全屏、测距等),便于用户更好地使用地图,便捷地找到所需地点。截至2010年上半年,百度地图覆盖用户的市场份额超过55%,以行业第一的身份领跑中文网络地图市场。

4.4.2 百度地图的搜索方法

百度地图提供了普通搜索、周边搜索和视野内搜索三种方法,能帮助用户迅速准确地找到所需要的地点。

1. 普通搜索

不知道自己要去的地方在哪?百度地图为您迅速找到。普通搜索只需要在搜索框内输入要查询地点的名称或地址,点击"百度一下",即可得到想要的结果。

例如,在北京搜索"鸟巢":首先设置搜索城市为北京,如图4-11所示,左侧为地图,显示搜索结果所处的地理位置;右侧为搜索结果,包含名称、地址、电话等信息,每页最多显示10条结果;地图上的标记点为相应结果对应的地点,点击右侧结果或地图上的标注均能弹出气泡,气泡内能够发起进一步操作(公交搜索、驾车搜索和周边搜索)。

图4-11　普通搜索

2. 周边搜索

准备去的旅游景区,周边有哪些宾馆、餐馆?今天准备去逛的商场,附近哪有取款机?查找周边,一网打尽。周边搜索只需要在弹出的气泡中选择"在附近找",点击或输入您要查找的内容即可看到结果。您还可以在地图上点击鼠标右键,选择"在此点附近找"快速发起搜索。

地图右侧显示搜索结果和距离。您可以在结果页更换距离或更改要查询的内容。

3. 视野内搜索

想要看看您家附近都有哪些超市吗？视野内搜索方便好用。

如图4-12所示，点击屏幕右上角的"视野内搜索"，选择或输入要查找的内容，如快捷酒店、餐馆、楼盘小区、公交车站、银行、医院、超市、加油站、KTV、健身中心等，在当前的屏幕范围内，结果将直接展现在地图上。点击图标将打开气泡，显示更为丰富的信息。并且，随着缩放移动地图，搜索结果会即时进行更新。

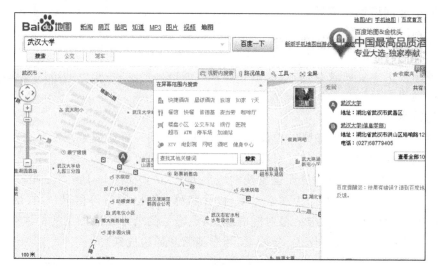

图4-12　视野内搜索

4. 公交查询

百度地图提供了公交方案查询、公交线路查询和地铁专题三种途径，能满足生活中的公交出行需求。

1）公交方案查询

在搜索框中直接输入"从××到××"，或者选择公交，并在输入框中输入起点和终点；还可通过气泡或鼠标右键发起查询。如图4-13所示，从武昌火车站到洪山体育馆的公交方案查询，在输入框输入起点"武昌火车站"，终点"洪山体育馆"，可得到系统推荐的公交方案。

右侧文字区域会显示精确计算出的公交方案，包括公交和地铁。最多显示10条方案，点击方案将展开，您可查看详细描述。下方有"较快捷""少换乘"和"少步行"三种策略供您选择。左侧地图标明了方案具体的路线。

2）公交线路查询

还可以在百度地图上搜索公交线路。在搜索框中或公交线路查询页输入公交线路的名称，均能看到对应的公交线路。右侧文字区域显示该条线路所有途经的车站，以及运营时间、票价等信息，左侧地图则将该条线路在地图上完整地描绘出来。如图4-14所示，在郑州市查询b12路公交车的公交线路。

3）地铁专题

百度地图还专为喜欢乘坐地铁的用户提供了一个便捷的地铁专题页。

用户可以直接浏览北京、上海和广州的地铁规划，通过鼠标快速地查询地铁换乘方案，

图 4-13　公交方案查询

图 4-14　公交线路查询

并且还能获知精确的票价、换乘时间、距离等信息。

5. 驾车搜索

百度地图提供驾车方案查询(包含跨城市驾车),并且还能添加途经点,是自驾出行的指南针,如图 4-15 所示。

1)驾车方案查询

在搜索框中直接输入"从××到××",或者选择驾车,并在输入框中输入起点和终点;还可通过气泡或鼠标右键发起查询。右侧文字区域会显示精确计算出的驾车方案,下方有"最少时间""最短路程"和"不走高速"三种策略供用户选择。左侧地图则标明该方案具体的行车路线。

2)跨城市驾车查询

百度地图支持全国各城市间的驾车查询,在搜索框内直接输入城市名称,即可得到详细

图 4-15 驾车搜索

的驾车方案。在跨城市驾车结果描述中,百度地图还对描述进行了优化,将城市内的方案合并为一条,用户可将其展开,查看详细的市内驾车方案。

3)添加途经点

方便快速地调整驾车路线,满足用户的个性化需求。

将鼠标移至地图上的驾车线路,会出现一个可供用户拖动的途经点,将鼠标拖动至想要经过的道路并松开,更新的驾车方案将经过用户选择的道路。

4.4.3 地图操作

1. 移动地图

可以使用鼠标拖动地图,也可使用键盘的方向键"↑""↓""←""→"移动地图,或者通过地图左上方的四个方向按钮完成操作。

2. 缩放地图

可通过鼠标双击地图将其放大,亦可使用鼠标滚轮放大或缩小地图,还可使用键盘的"＋""－"键或者通过地图左上方的滑杆及按钮完成操作。

3. 交通路况

走哪条路可以畅通无阻?交通路况让您一览全城路况,帮您合理规划出行线路。

点击地图右上角的路况信息,即可看到当前城市的实时路况,如图 4-16 所示。您还可进入路况预测模式,查看路况预报,提前为出行做好准备。

4. 测距

想知道地图上两点之间的距离有多少吗?测距让您一点就知。选择地图右上角工具栏中的测距,在地图上单击选择地点,双击完成操作,右键或 Esc 键退出测距。

5. 截图

想把地图保存下来吗?截图让您一次搞定。

选择地图右上角工具栏中的截图,在地图上拖拽出截图框,点击完成即可在新窗口预览截图效果,点击另存为将图片保存至本地电脑,点击取消结束本次截图。

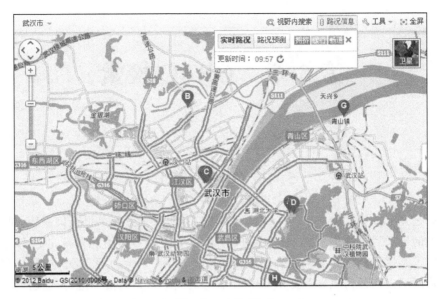

图 4-16　交通路况

6. 获取链接

要把当前的地图分享给他人吗？获取链接让您随意分享。

选择地图右上角工具栏中的获取链接，将弹出窗口中的链接复制发送给他人，即可完全复现当前的地图。

7. 鼠标右键

在地图上单击鼠标右键，选择菜单中的"以此为起点""以此为终点"可以快速发起公交或驾车请求，选择"在此点附近找"可以快速发起周边检索，选择"放大""缩小"可以缩放地图，选择"居中"可以将该点移至地图的中心。

8. 搜索框提示

当在地图的搜索框中输入关键词时，在搜索框下方将给出符合您输入地点类型的相关提示词供您选择，以节省输入成本。可通过点击提示框中的"关闭"按钮关闭提示功能，或在高级搜索页中关闭或打开此提示功能。

9. 默认城市

百度地图会根据 IP 信息直接进入用户所在的城市。用户可以通过首页设置默认城市，或者根据切换城市后的提示修改默认城市。

第 5 章　OPAC 检索

5.1　OPAC 简介

OPAC 是 online public access catalogue 的缩写,即联机公共书目查询系统,是图书馆面向用户提供的电子目录查询服务,也是用户检索和使用图书馆信息资源的一种重要手段。OPAC 提供了利用计算机终端来查询图书馆馆藏资源的一种现代化检索方式,也就是说,读者通过互联网可以在任何地方对提供 OPAC 服务的图书馆馆藏资源进行远程检索。它除了能够满足馆藏书刊信息查询外,还可以实现读者借阅情况查询、续借和预约图书、荐购图书、读者留言等一系列功能。

5.1.1　OPAC 的发展历史

1. 第一代 OPAC——词组标引或先组式系统

20 世纪 70 年代,一些美国大学和公共图书馆在研究基金的资助下,开始研制联机编目系统。项目采用非营利性模式,功能主要集中在编目和流通方面,主要为图书馆工作人员服务,并没有为用户提供公共检索服务。第一代 OPAC 基本沿用卡片目录模式,记录字段与卡片目录相仿,采用首字母组合和短语方式,从题名中抽取主题词并严格按照字段匹配检索。用户界面采用菜单及指令方式控制检索过程。早期 OPAC 技术操作复杂,只有经过严格的专业培训才能掌握检索技术,因此在应用推广方面受到阻碍。

2. 第二代 OPAC——关键词或后组式系统

形成于 20 世纪 80 年代中期,是在第一代 OPAC 的基础上,经过局部调整而形成的新一代产品。例如:吸收了商用书目信息检索系统的优点,采用字词后组配方式,能够提供关键词检索和布尔检索;用户界面采用下拉式菜单,并提供帮助、浏览、查询,以及人机交互、用户导航等功能;有些 OPAC 系统甚至可以区分初、高级检索及词组检索,极大地提高了检索能力。但是,也存在一些缺陷,如:在处理检索请求时,第二代 OPAC 在检索能力、界面设计、响应时间、数据库规模和书目内容等方面还存在一些不足;由于缺少必要的规范,不同系统之间的兼容也受到限制。

3. 第三代 OPAC

增强式检索和匹配技术、检索结果相关性排序等新技术的应用,使第三代 OPAC 开始具备"与用户交流、理解并掌握用户需求"的能力,并可以改善用户检索策略和检索过程,帮助用户获得理想的检索结果。用户界面采用超文本和图形接口技术及 Z39.50 协议,支持用户交流,以及图像和多媒体界面、语音用户界面和触摸屏用户界面等。同时,第三代 OPAC 还具有词组检索和关键词检索功能,可以为用户提供更多的受控与非受控检索点及联机帮助。

检索的对象突破了书目数据范围,拓展到期刊题录、文摘、专题数据库、全文数据库、商业数据库和其他情报数据库等信息资源。

4. 第四代——基于网络的 OPAC

20世纪90年代后期,在 Internet 和客户机/服务器模式基础上形成了基于网络的 OPAC(Web-based OPAC,WebPAC),即第四代 OPAC,成为网络环境下图书馆及其他信息机构公共检索服务的重要途径。基于网络的新一代 OPAC 集成了图书馆自动化管理系统,通过互联网为用户提供远程服务。WebPAC 编目子系统可以为用户提供书目信息,流通子系统可以向用户提供个人信息和借阅、预约情况等信息,以及电子图书、期刊、光盘、全文数据库等联机数字信息资源检索服务。WebPAC 系统采用磁盘阵列、光盘塔、镜像和网络技术存取数字化资源,为用户提供面向 Internet 的联机信息检索服务,并通过数据库接口或数据仓库技术整合信息资源,实现不同数据库之间的接入和输出,实现电子资源自动化搜索和智能化处理功能。系统将网络搜索引擎、交互式多媒体检索工具集为一体,在统一检索界面下,提供不同图书馆的数据仓库信息查询和检索。WebPAC 还可以为用户提供布尔逻辑检索、重要性排序、模糊查询、相关反馈、个性化服务、信息过滤、语音检索、对话式查询和智慧型检索等智能化检索服务。基于 Web 的 OPAC 检索能够突破使用人数限制,降低对大型主机的依赖性,从而更好地满足用户需求。

5. 第五代——基于 Web2.0 的 OPAC

美国普利茅斯州立大学信息技术工程师 Casey Bisson 在2006年试验性地开发了名为 WPOPAC 的新一代图书馆 OPAC。它是以目前最受欢迎的开放源代码博客软件 WordPress 为框架,在大量 API 技术支持下对 WordPress 底层代码进行修改,以博客形式发布的馆藏目录。它采用了许多具有 Web2.0 特点的技术,被标榜为 OPAC2.0 试验平台(an OPAC2.0 testbed)。WPOPAC 是免费的、可扩展的、开源的,适合于任何规模的图书馆。同时,它将每条书目记录以博客的方式呈现,用户可以借助博客日志的链接、评论、引用通告等功能来实现与书目记录、文献及图书馆间的交互。这一创新理念解决了长期以来搜索引擎等检索工具无法将图书馆书目数据库作为检索结果呈现的问题,而以博客形式呈现的 OPAC 可以被网络机器人自动抓取,用户通过搜索引擎就可以检索和利用图书馆的书目数据。

在国内的实践方面,以江苏汇文公司开发的 OPAC 最为著名。汇文 OPAC 具备了 Web2.0 的部分风格,如用户参与书目建设、RSS 推送等。有人对国内211工程院校图书馆的 OPAC 进行了调查统计,结果汇文软件的使用量占60%以上,而且随着高校更换图书馆自动化管理系统,汇文系统的使用量呈现上升趋势。由此可见国内图书馆对提高图书馆资源管理效率、提升用户目录查询服务质量的重视程度。

5.1.2 OPAC 的功能

当前,OPAC 提供的服务不断拓展,功能也日渐完善。由于各图书馆之间的现实差异,各自 OPAC 系统的功能和提供的服务内容也有所不同。但总的来说可以归结为两个方面,即查询功能和服务功能。

1. 查询功能

①OPAC 可满足一般读者查询公共目录的需求,同时可以与其他数据库(本馆、本校、校

外)连接,保持一致的检索界面,并与系统中的相关模块,如采访、编目、期刊、流通等模块集成,显示必要的文献订购、签到、加工和流通信息。

②允许读者自己执行某些流通操作,如续借、预约或取消预约、申请馆际互借等。读者还能浏览自己的借阅记录,查看借阅的资料和了解过期、罚款、停借、违章等信息。

③提供实时信息服务。任何一个子系统的数据修改,都能够在OPAC上实时显示。例如:编目子系统或流通子系统一旦建立了一个新的馆藏记录,OPAC就能够立即显示;文献一旦办理了归还手续,OPAC立即显示更新后的状态信息,并根据规定的时间,自动改变为"在馆"或"可供借阅"的流通状态。

④提供多种检索入口。OPAC系统可以提供著者、题名、主题词、分类号/索书号、关键词等多种检索入口。有些系统还提供中文图书的题名汉语拼音和汉语拼音首字母检索点。

⑤提供图形界面,操作简便,功能齐全。既具有基本检索功能,又具有高级检索功能(如组合、限制、布尔);既能满足初学者操作的简单方便,又能满足熟练者的高效要求。

2. 服务功能

①公共检索。用户可以按照"本馆→本地区→全国"的顺序,在网上查找全国性或地区性的书刊联合目录数据库,了解所需文献的收藏地址;也可以通过联机检索国内外各种类型的文献数据库,得到某一学科或专题的详尽的文献线索乃至电子全文。

②馆际互借。对于本馆没有收藏的文献(如图书),在用户需要时,根据相应的制度、协议和办法,向其他馆借入;相反,在其他馆用户提出互借请求时,借出本馆所拥有的文献,满足用户的文献需求,使用后及时归还原馆。

③文献传递。对于本馆没有的文献(如期刊或学位论文),在本馆用户需要时,根据相应的制度、协议和办法,向其他馆获取;反之,在其他馆用户提出请求时,将本馆所拥有的文献传递给对方。需要说明的是,文献传递主要针对电子版的期刊或学位论文,接收方使用文献后无须返还所传递的文献。

④电子资源导航。根据各馆购入的中外文数据库、电子图书等进行归类后统一显示,便于读者检索和使用。

伴随着信息技术的飞速发展和一系列新技术的应用,OPAC系统的功能将更加强大,其提供的服务内容也必将进一步拓展,以满足人们日益增长的和个性化的信息需求。

5.2 馆藏目录检索

由于OPAC检索系统的功能强大,能够为用户提供高效、便捷的信息服务,当前国内高校图书馆已普遍采用了OPAC联机检索方式。其检索方法也很简便和直观。下面以河南城建学院图书馆为例简单介绍OPAC检索平台的使用方法。

5.2.1 馆藏图书检索

(1)进入系统。在地址栏输入"http://lib.hncj.edu.cn",进入河南城建学院图书馆主页(见图5-1),点击"文献检索"菜单下的"图书检索",屏幕显示如图5-2所示。

(2)简单检索。图书检索提供作者检索、出版社检索、分类检索、分类引导检索、主题词检索等8个检索入口,用户可以根据不同的需求选择不同的检索入口。下面以题名检索、作

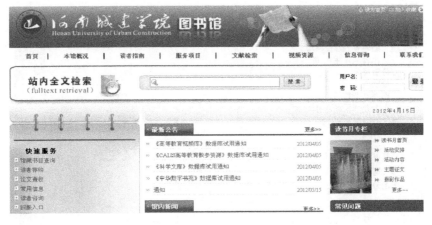

图 5-1 河南城建学院图书馆主页

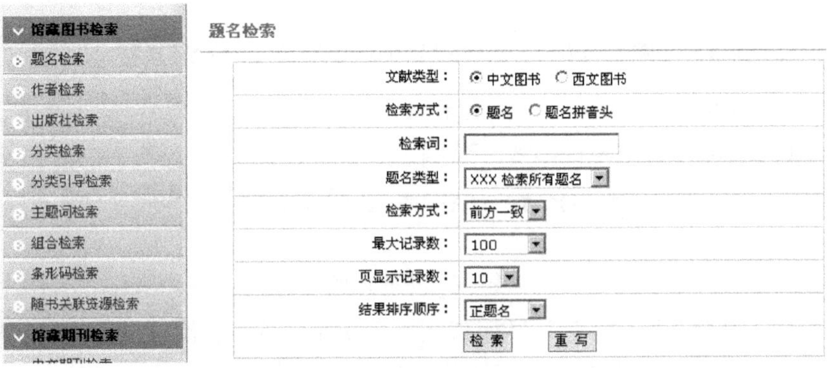

图 5-2 图书检索界面

者检索和分类引导检索为例介绍不同检索入口的界面。

①题名检索。检索的默认界面就是题名检索，如某位读者想查找《明朝那些事儿》这本书，就在检索词中输入“明朝那些事儿”，点击“检索”，结果如图 5-3 所示，共有 17 条记录。点击任何一个结果，都可以看到该书的详细书目信息，可提供表格格式、工作单格式、卡片格式三种显示方式(见图 5-4)和馆藏情况(见图 5-5)。

首页 上一页 下一页 尾页 共17条记录 每页10条记录 页次：1/2 转到：1 Goto

序号	索取号	正题名	责任者	出版者	出版日期
1	K248.09/D174:4	明朝那些事儿	当年明月著	中国友谊出版公司	2007.09
2	K248.09/D174:7	明朝那些事儿	当年明月著	中国海关出版社	2009.04
3	K248.09/D174:6	明朝那些事儿	当年明月著	中国海关出版社	2008.11
4	K248.09/D174:2	明朝那些事儿	当年明月著	中国友谊出版公司	2009.01
5	K248.09/D174:5	明朝那些事儿	当年明月著	中国友谊出版公司	2009.01
6	K248.09/D174:3	明朝那些事儿	当年明月著	中国友谊出版公司	2009.01
7	K248.09/D174:1	明朝那些事儿	当年明月著	中国友谊出版公司	2006.09
8	K248.09/D174:2	明朝那些事儿	当年明月著	中国友谊出版公司	2009.01
9	K248.09/D174:4	明朝那些事儿	当年明月著	中国友谊出版公司	2007.09
10	K248.09/D1741:2	明朝那些事儿	当年明月著	中国海关出版社	2009.04

首页 上一页 下一页 尾页 共17条记录 每页10条记录 页次：1/2 转到：1 Goto

图 5-3 检索结果

书目信息

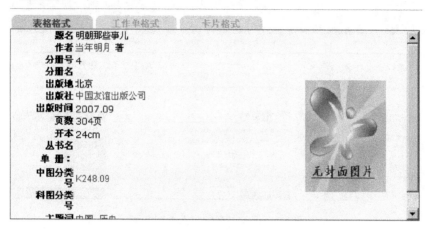

图 5-4 书目信息

序号	登录号	条形码	馆藏地址	状态	备注
1	680363	206803636	社科库	在馆	
2	680364	206803645	社科库	已借出,限还日期为2012.05.21 借出人:韩章程	

正题名:明朝那些事儿　　索取号:K248.09/D174:4　　馆藏复本情况:2

图 5-5 馆藏情况

②作者检索。选择"作者检索",界面如图 5-6 所示。在"作者"栏输入要查找图书的作者姓名,再选择"作者类型",点击"检索"即可得到检索结果。

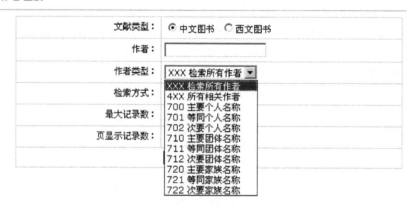

图 5-6 作者检索

③分类引导检索。分类引导检索界面为用户列举了《中国图书馆分类法》(简称《中图法》)的 22 个大类(见图 5-7),每个大类可以进一步细分到三级甚至四级类目,是专门针对不熟悉《中图法》分类体系的用户设计的。例如某一用户要查找"高等数学"的图书,用户可以点击 O 大类(数理科学和化学)下的"O1 数学→O13 高等数学"来查找,如图 5-8 所示。点击"高等数学"即可得到图书馆有关高等数学方面图书的收藏情况,如图 5-9 所示。

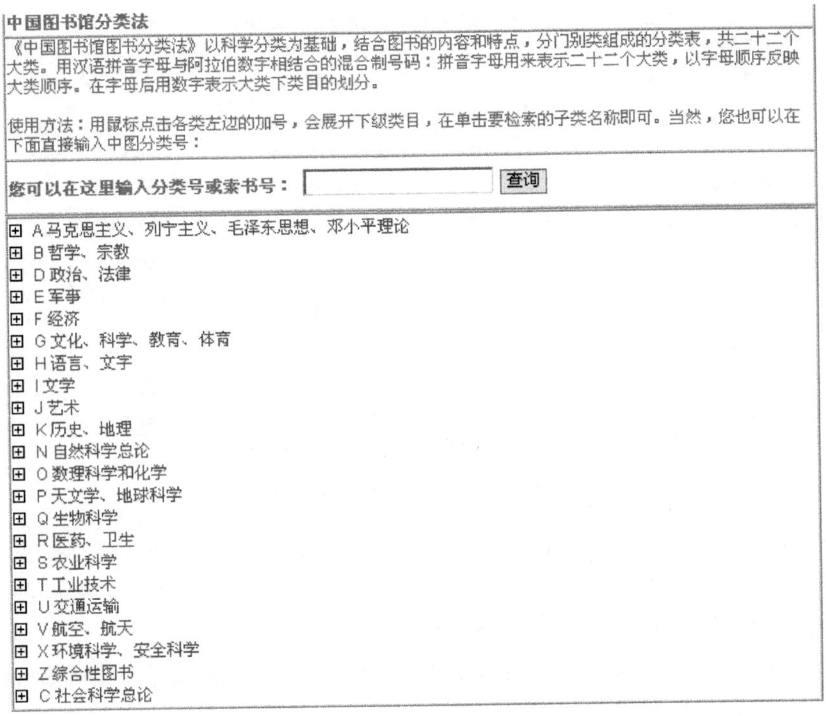

中国图书馆分类法

《中国图书馆图书分类法》以科学分类为基础，结合图书的内容和特点，分门别类组成的分类表，共二十二个大类。用汉语拼音字母与阿拉伯数字相结合的混合制号码：拼音字母用来表示二十二个大类，以字母顺序反映大类顺序。在字母后用数字表示大类下类目的划分。

使用方法：用鼠标点击各类左边的加号，会展开下级类目，在单击要检索的子类名称即可。当然，您也可以在下面直接输入中图分类号：

您可以在这里输入分类号或索书号：[　　　　　]　[查询]

- ⊞ A 马克思主义、列宁主义、毛泽东思想、邓小平理论
- ⊞ B 哲学、宗教
- ⊞ D 政治、法律
- ⊞ E 军事
- ⊞ F 经济
- ⊞ G 文化、科学、教育、体育
- ⊞ H 语言、文字
- ⊞ I 文学
- ⊞ J 艺术
- ⊞ K 历史、地理
- ⊞ N 自然科学总论
- ⊞ O 数理科学和化学
- ⊞ P 天文学、地球科学
- ⊞ Q 生物科学
- ⊞ R 医药、卫生
- ⊞ S 农业科学
- ⊞ T 工业技术
- ⊞ U 交通运输
- ⊞ V 航空、航天
- ⊞ X 环境科学、安全科学
- ⊞ Z 综合性图书
- ⊞ C 社会科学总论

图 5-7　分类引导检索界面

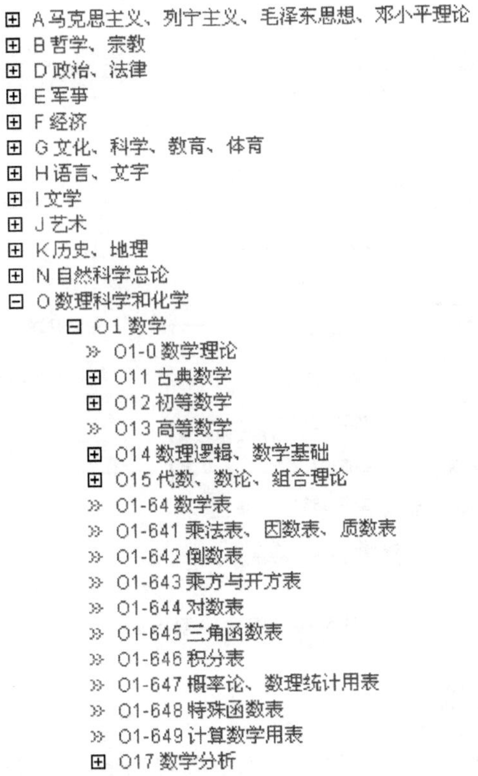

- ⊞ A 马克思主义、列宁主义、毛泽东思想、邓小平理论
- ⊞ B 哲学、宗教
- ⊞ D 政治、法律
- ⊞ E 军事
- ⊞ F 经济
- ⊞ G 文化、科学、教育、体育
- ⊞ H 语言、文字
- ⊞ I 文学
- ⊞ J 艺术
- ⊞ K 历史、地理
- ⊞ N 自然科学总论
- ⊟ O 数理科学和化学
    - ⊟ O1 数学
        - » O1-0 数学理论
        - ⊞ O11 古典数学
        - ⊞ O12 初等数学
        - » O13 高等数学
        - ⊞ O14 数理逻辑、数学基础
        - ⊞ O15 代数、数论、组合理论
        - » O1-64 数学表
        - » O1-641 乘法表、因数表、质数表
        - » O1-642 倒数表
        - » O1-643 乘方与开方表
        - » O1-644 对数表
        - » O1-645 三角函数表
        - » O1-646 积分表
        - » O1-647 概率论、数理统计用表
        - » O1-648 特殊函数表
        - » O1-649 计算数学用表
        - ⊞ O17 数学分析

图 5-8　高等数学(O13)在《中图法》分类体系中的位置

首页 上一页 下一页 尾页 共500条记录 每页10条记录 页次：1/50 转到：1 Goto

序号	索取号	正题名	责任者	出版者	出版日期
1	G643/Y665	MBA联考300分奇迹	尤承业…[等]编著	复旦大学出版社	2004.04
2	O1/C652=5	全国硕士研究生入学考试数学历年试题解析	陈仲主编;姜东平，陈华钧编	学苑出版社	2007.03
3	O1/C652=5	全国硕士研究生入学考试历年试题解析	陈仲主编;姜东平，陈华钧编	学苑出版社	2005.3
4	O1/H850	全国硕士研究生入学考试辅导教程	黄丽平，卢明，童武主编	中国经济出版社	2009.06
5	O13/24:2	高等数学自学指导下册	胡林主编	水利电力出版社	1986.02
6	O13/741	高等数学下册	吴兰芳主编	高等教育出版社	1987.10
7	O13/A344	MATLAB与数学实验	艾冬梅…[等]编著	机械工业出版社	2011.02
8	O13/A500	高等数学	安国斌主编;李淑霞，卢小青，张文艺副主编	中国铁道出版社	2009.08
9	O13/A752	高等数学	敖屹兰主编	科学出版社	2006.09
10	O13/A752	高等数学习题解答	敖屹兰主编	科学出版社	2006.09

首页 上一页 下一页 尾页 共500条记录 每页10条记录 页次：1/50 转到：1 Goto

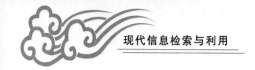

图 5-9　高等数学馆藏情况

(3)组合检索。组合检索也称高级检索，检索界面如图 5-10 所示，同时提供多个检索入口，供用户根据自己的检索要求对检索条件进行限定，以提高检准率。如要查找同济大学出版社出版的高等数学方面的书籍，可以在"题名"一栏中输入"高等数学"，在"出版者"一栏输入"同济大学出版社"。另外，用户还可以选择"语种代码""标准编号""分配地址"等进一步限定检索条件，以实现更精确的检索。

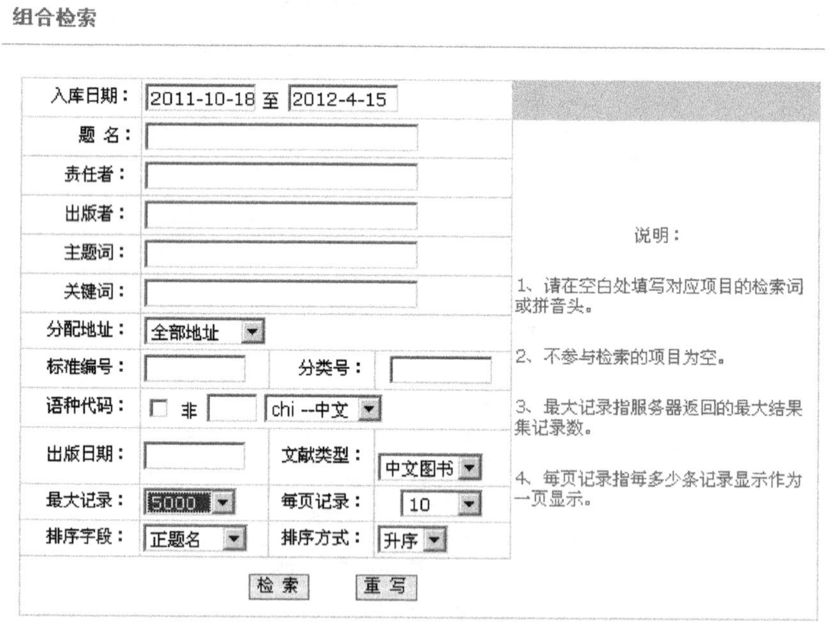

图 5-10　组合检索界面

5.2.2　馆藏期刊检索

馆藏期刊检索是查找图书馆纸质期刊收藏情况的检索，包括现刊和过刊合订本，不包含电子资源。分为中文期刊检索、外文期刊检索和二次文献检索。中文期刊检索的界面如图

5-11 所示。用户可以通过在不同的检索入口输入相应的检索词对检索条件进行限定。

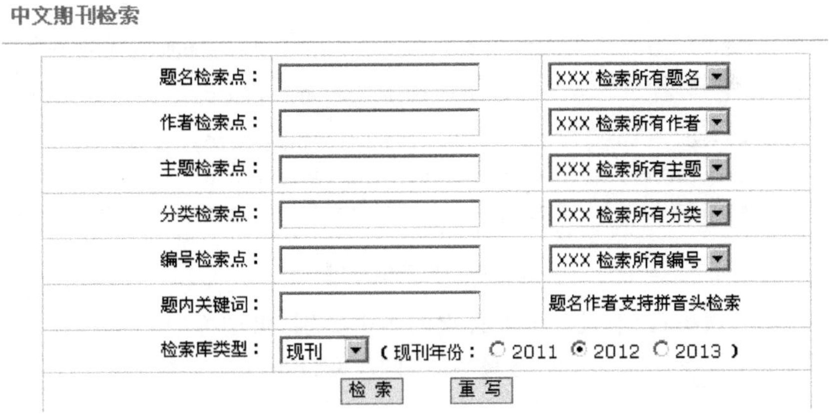

图 5-11 中文期刊检索

5.2.3 读者信息查询

在图书馆主页上点击"文献检索"的下拉菜单"借还查询",即进入读者登录界面,用户输入读者证号和读者密码就可以进行登录,如图 5-12 所示。

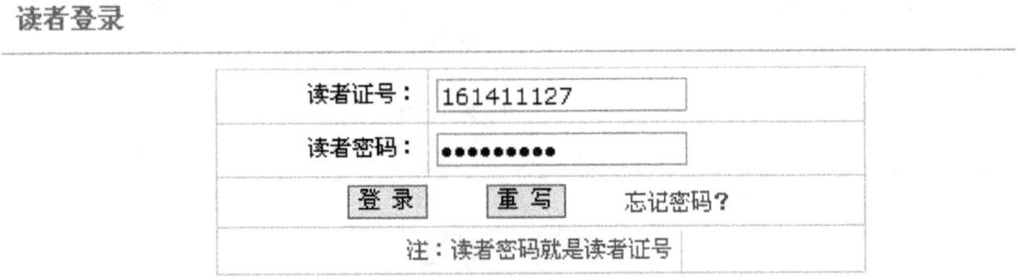

图 5-12 读者登录界面

登录后,用户点击相应的按钮即可进行借还查询、预约查询、个人信息修改等一系列操作,如图 5-13 所示。

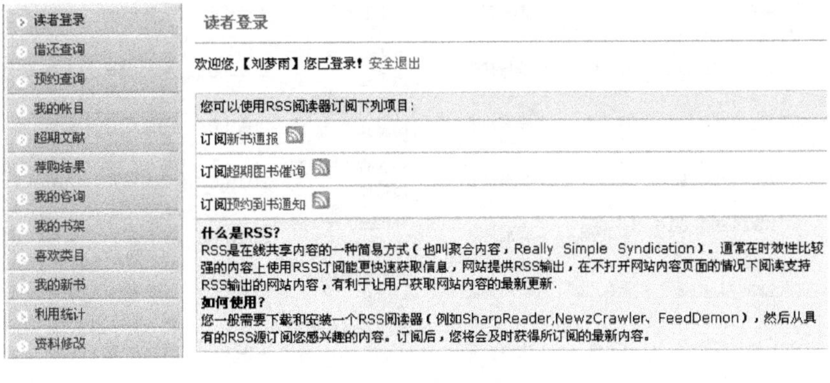

图 5-13 登录后界面

例如,点击左侧的"借还查询",用户就可以查看个人的借阅情况,包括正题名、借出时刻、应还时刻等信息(见图 5-14),以便按期办理归还或续借手续。

借阅查询

序号	正题名	条形码	借出时刻	应还时刻	续借次数	分配地址	续借
1	中國歷代書畫題跋精粹·清	207420021	2012-3-14	2012-4-28	0	社科库	续借
2	性格影响力	210913109	2012-3-14	2012-4-28	0	社科库	续借
3	当上帝说不的时候	204980342	2012-3-14	2012-4-28	0	社科库	续借
4	这样说话最有效	206554860	2012-3-14	2012-4-28	0	语言库	续借

图 5-14　用户借阅情况

用户可以在"喜欢类目"下设置个人喜欢的图书类别(见图 5-15),选择后,点击"我的新书"即可显示图书馆最近购入的用户感兴趣的图书(见图 5-16)。

设置我的喜欢类目

☐ A 马列主义、毛泽东思想、邓小平理论　　☐ B 哲学　　☐ C 社会科学总论
☐ D 政治、法律　　☑ E 军　事　　☐ F 经　济
☐ G 文化、科学、教育、体育　　☐ H 语言文字　　☑ I 文　学
☑ J 艺术　　☑ K 历史、地理　　☐ N 自然科学总论
☐ O 数理科学、化学　　☐ P 天文学、地理、科学　　☐ Q 生物科学
☐ R 医药、卫生　　☐ S 农业科学　　☐ TB 一般工业技术
☐ TD 矿业工程　　☐ TE 石油、天然气工业　　☐ TF 冶金工业
☐ TG 金属学、金属工业　　☐ TH 机械、仪表工业　　☐ TJ 武器工业
☐ TK 动力工业　　☐ TL 原子能技术　　☐ TM 电工技术
☐ TN 无线电电子学电讯技术　　☐ TP 自动化技术计算技术　　☐ TQ 化学工业
☐ TS 轻工业、手工业　　☐ TU 建筑科学　　☐ TV 水利工程
☐ U 交通运输　　☐ V 航空、航天　　☐ X 环境科学
☐ Z 综合性图书馆

[提交]　[重写]

图 5-15　设置喜欢的类目

我的新书通报

首页　上一页　下一页　尾页　共8533条记录　每页10条记录　页次：1/854　转到：[1]　[Goto]

序号	索取号	正题名	责任者	出版者	出版日期	文献类型	状态
1	I267/J18111	集外集	季羡林著	外语教学与研究出版社	2010.03	中文图书	入库
2	I267/J18110	朗润集	季羡林著	外语教学与研究出版社	2010.03	中文图书	入库
3	I267/J1819	新生集	季羡林著	外语教学与研究出版社	2010.03	中文图书	入库
4	K825.4/J1814	牛棚杂忆	季羡林著	外语教学与研究出版社	2010.02	中文图书	入库
5	I267/J1818	天竺心影	季羡林著	外语教学与研究出版社	2009.12	中文图书	入库
6	I267/J1817	因梦集	季羡林著	外语教学与研究出版社	2009.12	中文图书	入库

图 5-16　我的新书通报

另外,读者还可以根据个人习惯在"我的书架"下建立自己的分类,利用"资料修改"修改个人信息等,这里不再一一赘述。

5.3 联合目录检索

联合目录检索是指通过一定的技术手段把两所以上图书馆的馆藏目录数据库进行整合,并提供统一的检索平台,使用户能够通过该平台快速检索所有成员馆的馆藏目录信息。联合目录按照地域范围可分为国际性的、国家性的和地区性的;按文献类型可分为图书联合目录、期刊联合目录等;按收录文献的内容范围可分为综合性的、专科性的。联合目录能扩大读者检索和利用文献的范围,也便于图书馆藏书协调、馆际互借和实现图书馆资源共享。当前,国内最为著名的联合目录检索系统是CALIS公共目录检索系统。

5.3.1 CALIS系统简介

CALIS是中国高等教育文献保障系统(China academic library & information system)的简称,是经国务院批准的我国高等教育"211工程""九五""十五"总体规划中三个公共服务体系之一。CALIS的宗旨是在教育部的领导下,把现代图书馆理念与先进的技术手段和高校丰富的文献资源整合起来,建设以中国高等教育数字图书馆为核心的教育文献联合保障体系,实现信息资源共建、共知、共享,以发挥最大的社会效益和经济效益,为中国的高等教育服务。

CALIS管理中心设在北京大学,下设了文理、工程、农学、医学四个全国文献信息服务中心,华东北、华东南、华中、华南、西北、西南、东北七个地区文献信息服务中心和一个东北地区国防文献信息服务中心。从1998年开始建设以来,CALIS管理中心引进和共建了一系列国内外文献数据库,包括大量的二次文献库和全文数据库;采用独立开发与引用消化相结合的道路,主持开发了联机合作编目系统、文献传递与馆际互借系统、统一检索平台、资源注册与调度系统,形成了较为完整的CALIS文献信息服务网络。迄今参加CALIS项目建设和获取CALIS服务的成员馆已超过500家。

5.3.2 CALIS的检索方法

CALIS的检索方法分为简单检索和高级检索,下面以联合书目数据库为例简单介绍。

1. 简单检索

CALIS联合书目数据库的简单检索提供题名、责任者、主题、全面检索、分类号、所有标准号码、ISBN、ISSN共8个检索入口,用户可以通过选择不同的检索项,再填入相应的检索词,实现简单检索,如图5-17所示。

例如我们要查找《流血的仕途》这本书,首先选择检索项"题名",再在后边的"检索词"项输入"流血的仕途",点击"检索",结果如图5-18所示。通过结果的链接,我们还可以进一步查看该书的出版和收藏情况等。

2. 高级检索

CALIS高级检索界面(见图5-19)有三个输入框,可通过检索项的组配实现多条件的限制性检索。

使用高级检索时需要说明的问题:

①最多可输入三项检索词,默认逻辑运算方式为"与",也可以在复选框中选择"或"

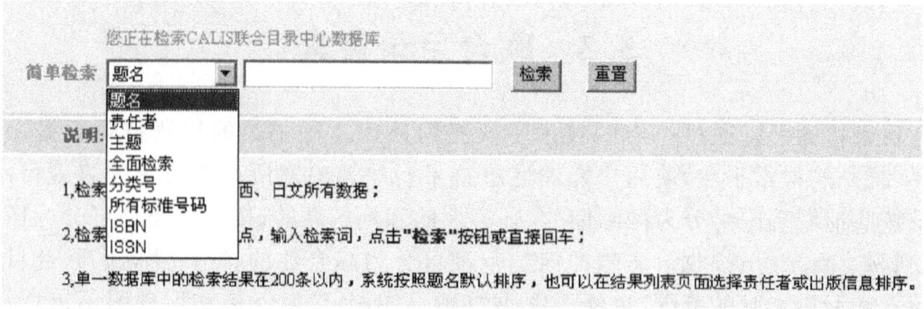

图 5-17　CALIS 简单检索界面

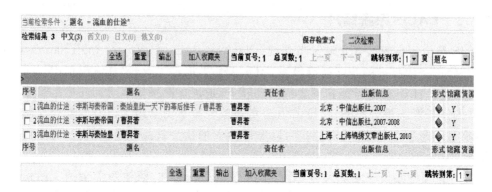

图 5-18　简单检索结果示例

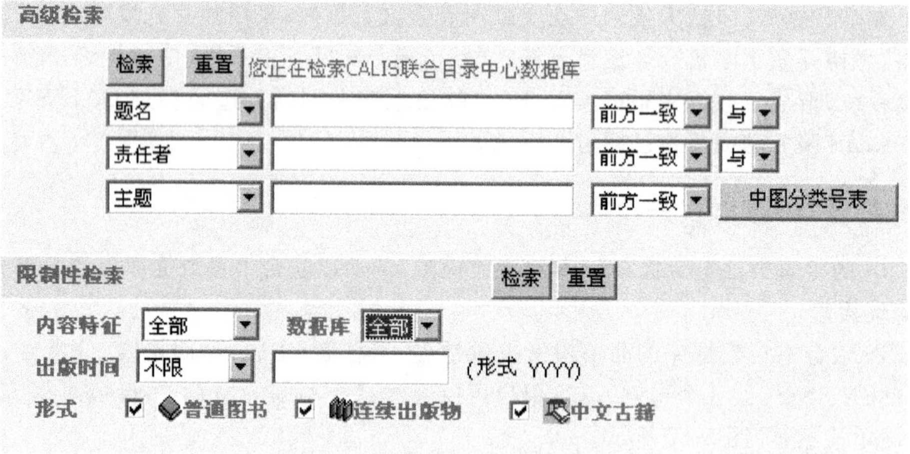

图 5-19　CALIS 高级检索界面

"非"。

②默认的检索匹配方式为前方一致,也可以在复选框中选择"精确匹配"或"包含"。

③选择分类号检索点,可以点击"中图分类号表"按钮浏览,选中的分类号将自动填写到检索词输入框中。

④检索的数据库默认为全部数据库,并分别显示各数据库的命中数,也可以在限制性检索中选择数据库作为限定条件。

⑤限制性检索的文献类型可选择“普通图书”“连续出版物”“中文古籍”，默认为全部类型。

⑥限制性检索的内容特征可选择“统计资料”“字典词典”“百科全书”，默认为全部。

⑦可通过输入出版时间对检索结果进行限定，例如，选择“介于之间”并输入“2005-2011”，即限定检索 2005 年至 2011 年出版的文献。

⑧单一数据库中的检索结果在 200 条以内，系统按照题名默认排序，也可以在结果列表页面选择按责任者或出版信息排序。

例如我们要查找 2001—2008 年间，同济大学出版社出版的题名为《高等数学》的图书。在检索框内填入相应的内容，如图 5-20 所示。

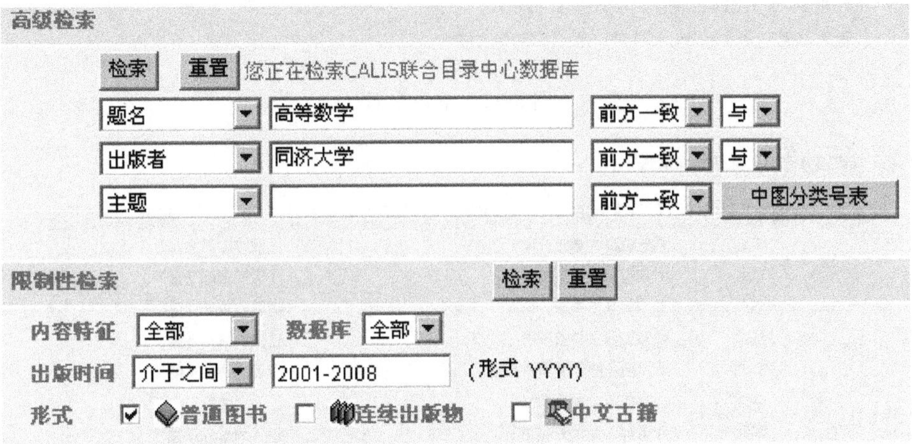

图 5-20　限定检索条件示例

条件限定以后，点击“检索”，结果如图 5-21 所示。

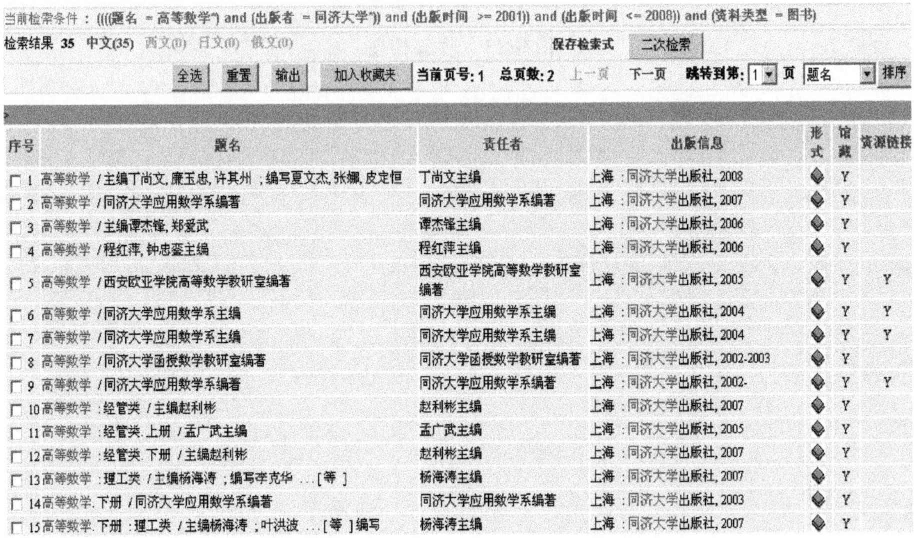

序号	题名	责任者	出版信息	形式	馆藏	资源链接
1	高等数学 / 主编丁尚文, 康玉忠, 许其州 ; 编写夏文杰, 张娜, 皮定恒	丁尚文主编	上海 : 同济大学出版社, 2008	◆	Y	
2	高等数学 / 同济大学应用数学系编著	同济大学应用数学系编著	上海 : 同济大学出版社, 2007	◆	Y	
3	高等数学 / 主编谭杰锋, 郑爱武	谭杰锋主编	上海 : 同济大学出版社, 2006	◆	Y	
4	高等数学 / 程红萍, 钟忠銮主编	程红萍主编	上海 : 同济大学出版社, 2006	◆	Y	
5	高等数学 / 西安欧亚学院高等数学教研室编著	西安欧亚学院高等数学教研室编著	上海 : 同济大学出版社, 2005	◆	Y	Y
6	高等数学 / 同济大学应用数学系主编	同济大学应用数学系主编	上海 : 同济大学出版社, 2004	◆	Y	Y
7	高等数学 / 同济大学应用数学系主编	同济大学应用数学系主编	上海 : 同济大学出版社, 2004	◆	Y	Y
8	高等数学 / 同济大学函授数学教研室编著	同济大学函授数学教研室编著	上海 : 同济大学出版社, 2002-2003	◆	Y	
9	高等数学 / 同济大学应用数学系编著	同济大学应用数学系编著	上海 : 同济大学出版社, 2002-	◆	Y	Y
10	高等数学 : 经管类 / 主编赵利彬	赵利彬主编	上海 : 同济大学出版社, 2007	◆	Y	
11	高等数学 : 经管类. 上册 / 孟广武主编	孟广武主编	上海 : 同济大学出版社, 2005	◆	Y	
12	高等数学 : 经管类. 下册 / 主编赵利彬	赵利彬主编	上海 : 同济大学出版社, 2007	◆	Y	
13	高等数学 : 理工类 / 主编杨海涛 ; 编写李克华 ... [等]	杨海涛主编	上海 : 同济大学出版社, 2007	◆	Y	
14	高等数学. 下册 / 同济大学应用数学系编著	同济大学应用数学系编著	上海 : 同济大学出版社, 2003	◆	Y	
15	高等数学. 下册 : 理工类 / 主编杨海涛 ; 叶洪波 ... [等] 编写	杨海涛主编	上海 : 同济大学出版社, 2007	◆	Y	

图 5-21　高级检索结果示例

在检索结果中选择要查找的图书，就可以查看相应图书的详细书目信息和收藏情况。

例如选择检索结果的第一个,书目信息和收藏信息分别如图 5-22 和图 5-23 所示。

丁尚文,廉玉忠,许其州主编.高等数学

类型:	◆ 显示馆藏信息　◆ 资源链接　◆ CALIS控制号:CAL012008140879
题名	高等数学 / 主编丁尚文,廉玉忠,许其州 ;编写夏文杰,张娜,皮定恒
责任者	丁尚文主编
责任者	廉玉忠主编
责任者	许其州主编
责任者	夏文杰编写
责任者	张娜编写
责任者	皮定恒编写
出版项	上海 ：同济大学出版社,2008
载体形态	2册 (236,221页) : 图 ; 23cm

图 5-22　书目信息

馆藏基本信息：**显示馆藏信息**：18

选择馆	地区	馆藏机构	馆际互借状态
✓	东北	大连海事大学图书馆	返回式馆际互借
✓	东北	大连理工大学图书馆	返回式馆际互借
✓	华北	北京大学图书馆	返回式馆际互借
✓	华北	北京工业大学图书馆	返回式馆际互借
✓	华北	北京航空航天大学图书馆	返回式馆际互借
✓	华北	北京交通大学图书馆	返回式馆际互借
✓	华北	北京理工大学图书馆	返回式馆际互借
✓	华北	首都师范大学图书馆	返回式馆际互借
✓	华东北	东南大学图书馆	返回式馆际互借
✓	华东南	华东师范大学图书馆	返回式馆际互借
✓	华东南	厦门大学图书馆	返回式馆际互借

图 5-23　收藏信息

第6章 随书光盘数据库检索

随着现代化技术、计算机科学及媒体技术的不断发展,文献的载体形态日益丰富起来,传统图书出版也发生了很大变化,许多图书在出版纸质印刷品的同时,会随书附带一张学习或实例解说用的光盘,光盘作为图书的附件,针对图书内容进行形象生动的说明和解释,它是附加在图书中的以光盘为媒介的电子阅读物。对于图书馆来说,每年随书购进的光盘数量相当可观,据有关部门统计,目前出版的图书的附盘率已达到10%~30%,而且每年都有大量上升的趋势。随书光盘涉及的数量之多、门类之全、范围之广,丰富了原书的内容,起着辅助学习不可缺少的作用,特别是计算机技术类和外语类图书,其附盘率达到50%。获取和利用随书光盘,成了传统读者的新需求。

随书光盘是纸质图书向电子图书过渡的产物,数量众多、易损坏、难管理,所以目前我国很多高校都建立有自己的随书光盘数据库,使用不同的管理系统。

下面以博云非书资料管理系统和畅想之星光盘中心为例,分别介绍随书光盘的检索利用方法。

6.1 博云非书资料管理系统

河南城建学院图书馆的随书光盘管理系统,采用杭州麦达电子有限公司自主开发的博云(P-Cloud)非书资料管理系统,集信息加工、资源发布、文件浏览于一体。通过将海量资源与信息管理系统和网络发布系统有机结合,满足图书馆对图书馆资源妥善管理及用户对随书光盘的需求。博云非书资料管理系统的前身是博文(Pro-One)非书资料管理系统。目前在全国,博云用户有400多家。

博云非书资料管理系统的图书记录,来源于本馆的书目数据库 $215 字段中著录有"光盘"的图书记录。

进入方式:图书馆主页→自建数据库→随书光盘数据库。主页如图6-1所示。

本系统提供给读者的基础功能有:资源的查找、资源信息的阅读、请求光盘资源、相关工具下载等。

6.1.1 资源的查找

本系统提供了四种资源查找方法。
(1)通过单字段检索或多字段组合检索查找资源。
单字段检索如图6-2所示。
[中文]题名检索字段　　例如:14小时直觉速记四级考试核心词汇
[中文]作者检索字段　　例如:全国高等学校建筑学专业指导委员会

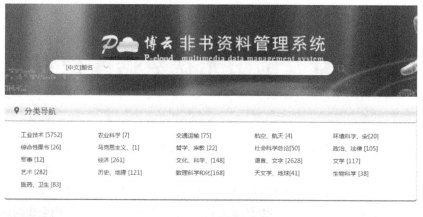

图 6-1　博云非书资料管理系统主页

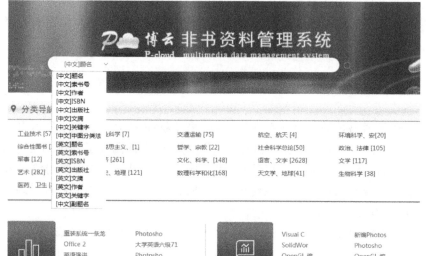

图 6-2　单字段检索

［中文］ISBN 字段　　　　　例如：978-7-302-23980-2
［中文］索书号字段　　　　　例如：TP391.41/Y235
［中文］分类字段　　　　　　例如：TU201.4

本系统支持模糊检索。在用 ISBN 号进行检索的时候,只要填写正确的出版社和流水号部分,就能检索到所要记录。例如检索 ISBN 978-7-111-33338-8,输入"11133338"就能直接检索到结果。

还可以组合字段进行检索,如图 6-3 所示。

图 6-3　组合检索界面

(2)通过分类浏览查找资源。

点击"分类浏览",出现《中图法》的大类列表,如图 6-4 所示。

图 6-4　分类浏览界面

按照分类表的体系可进行某一类别的检索。

例如,检索英语会话方面的光盘,可按照分类浏览的方式,层层查找:H→H3→H31→H319→H319.9→查看。图 6-5 所示为英语会话分类浏览结果。

在图 6-5 所示"会话"的后面直接点击"查看",就能看到其类别下所有的附盘图书记录和资源,共计 704 条。

(3)通过点击排行查找热门资源。

点击主页上的"点击排行榜"右边的"more",出现排行榜,如图 6-6 所示。

(4)通过最新收录查找最新资源。

在"最新收录"中浏览最新资源。点击"最新收录"右边的"more",可得到最新记录列表,如图 6-7 所示。

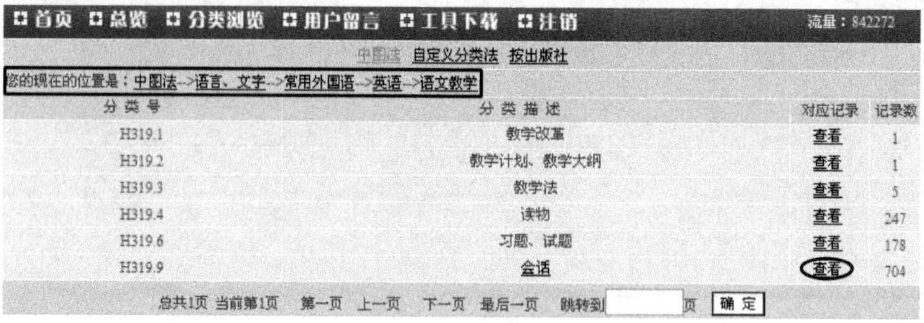

图 6-5 英语会话分类浏览结果

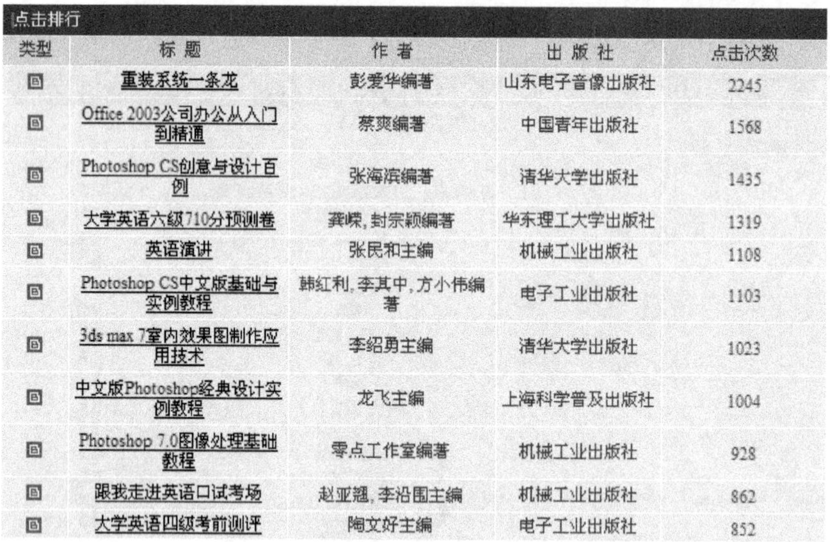

图 6-6 点击排行榜

图 6-7 最新记录列表

6.1.2 阅读工具下载安装

系统提供网碟虚拟光驱、媒体播放器 V9.0 等工具的下载。

点击博云系统页面操作栏中的 工具下载 ，进入工具下载页面。图 6-8 所示为虚拟光驱下载界面。

图 6-8　虚拟光驱下载界面

当计算机安装好虚拟光驱后，会在电脑的桌面上出现一个图标。

特别需要提示的是：目前的虚拟光驱软件与 Win7 操作系统不兼容，所以，Win7 操作系统的电脑无须安装虚拟光驱就可实现在线阅读，升级后的博云非书资料管理系统支持迅雷下载。Win7 操作系统下载后看到的是压缩文件包形式，直接解压缩就能看到资源。

博云非书资料管理系统提供有与用户及时沟通的平台，即"用户留言"。用户在使用该系统的过程中，如遇困难和问题，可在"用户留言"上给管理员留言。用户还可以通过浏览以前的留言和解答，快速解决自己的问题。

6.1.3　资源信息的阅读

查找到资源后，用户可以通过博云-网碟虚拟光驱远程加载资源，从而实现资源信息的在线阅读和下载（见图 6-9）。

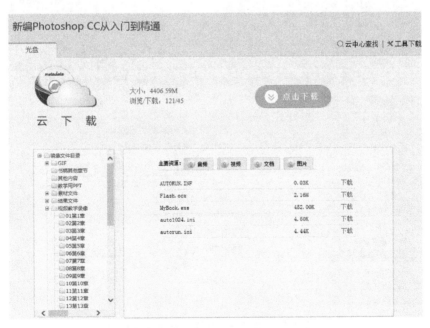

图 6-9　资源下载界面

在系统已经安装了虚拟光驱的条件下，如果选择在线浏览的方式打开资源，电脑会自动将资源加载在默认的 Z 盘上（见图 6-10）。

图 6-10　自动加载在 Z 盘上的光盘资源文件截图

6.2　OPAC 光盘检索

为了提高图书馆的自动化水平、提升图书馆的服务质量,2015 年河南城建学院图书馆引进杭州麦达公司 OP 模块,实现了光盘检索与 OPAC 的无缝整合。读者可以在该馆的妙思文献管理集成系统中,直接进行随书光盘的检索、下载和利用。使用方法如下。

(1)登陆馆藏书目查询系统检索所需图书的馆藏信息(见图 6-11)。

图 6-11　馆藏书目查询系统检索界面

点击检索结果中的题名,出现此条书目信息的表格格式界面(见图 6-12)。

(2)直接点击随书光盘"云光盘"或者"本地光盘"进行下载,下载界面如图 6-13 所示。可以选择部分光盘内容下载,也可以整本下载光盘镜像文件。整本下载后使用的方法

图 6-12　馆藏书目信息的表格格式界面

图 6-13　资源下载界面

同 6.1。打开光盘镜像文件的前提也是安装虚拟光驱,请同学们参考 6.1.2 和 6.1.3,此处不再赘述。

6.3　畅想之星光盘中心

网址:http://www.bj.cxstar.cn/bookcd/index/index.do。

畅想之星光盘中心是由北京畅想之星信息技术有限公司重建的随书光盘检索系统。图 6-14 所示为畅想之星光盘中心主页。

图 6-14 畅想之星光盘中心主页

6.3.1 平台简介

畅想之星光盘数据库,是针对图书馆、档案馆、电子阅览室等部门的非书资料管理的平台。该平台把各种媒体资源加工、发布、浏览等功能高度融合一起,对非书资料进行高效的管理和利用。目前收录了 10 万余种随书光盘,包括图书封面、目次、书附卡片、书附网址、配套电子书等丰富的随书资源数据。读者通过 PC 端、移动端,可完成数据资源的检索、下载、纠错、请求、电子书在线阅读等。其主要功能有资源的分类浏览、资源总览、资源检索、各种资源的直接利用(收看、收听、阅读、下载、请求光盘资源等)。

6.3.2 客户端下载

为了顺利访问畅想之星多媒体资源管理平台,需要读者安装畅想之星客户端工具(下载畅想之星客户端),该工具该软件包含畅想云下载工具。

点击主页下方的"客户端下载"即出现客户端下载运行提醒界面,如图 6-15 所示。

图 6-15 客户端下载运行提醒界面

客户端工具安装的注意事项如下。

(1)客户端安装过程中由于要修改注册表和注册服务程序,会遇到杀毒软件或防火墙的拦截,请允许通过并加入信任区。如仍无法正常安装,可先退出杀毒软件或防火墙,重新下载安装客户端,待安装完毕后再开启杀毒软件或防火墙。

(2)IE8 以上浏览器的默认安全级别较高,会出现阻止客户端的控件加载的问题。点击"云下载"等操作的时候,会提示是否允许运行客户端(见图 6-16 和图 6-17)。

(3)客户端会自动更新,请在客户端提示升级更新的时候,不要关闭客户端更新程序窗口。

(4)如需使用畅想网碟,还需要在客户端安装完毕后重启电脑。

(5)如有其他问题,可将问题截图、问题描述发送至 529943587@qq.com。

6.3.3 资源的查找

用户可直接通过本资源的管理平台进行检索。检索方式主要为如下 5 种字段检索:题

图 6-16　运行安全提醒界面 1

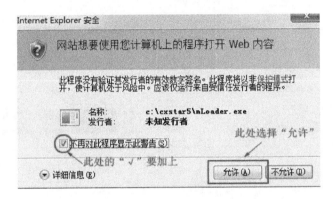

图 6-17　运行安全提醒界面 2

名检索、作者检索、ISBN 检索、出版者检索、主题检索。

6.3.4　最新光盘浏览

点击主页上的"最新光盘",可浏览最新一次收录的资源(见图 6-18)。

图 6-18　最新光盘浏览界面

6.3.5 资源的查看

读者通过检索关键词进入资料列表页面,通过点击资料题名或封面,可以进入资料详细信息页面,该页面提供光盘的多种下载方式(普通下载、云下载、离线下载)及在线浏览等操作,如图 6-19 所示。

图 6-19 资源查看界面

资源列表的附件操作主要有下面几种。

普通下载:无须安装客户端,可直接下载(较低版本浏览器如 IE6 不支持大于 2G 的文件,可借助迅雷等第三方下载工具或改用云下载)。

云下载:未安装客户端的机器弹出气泡提示需要安装畅想之星客户端,已经安装客户端的机器可以通过客户端进行聚合链路的多源地址下载,下载速度比普通下载更快,实现下载大于 2G 的单文件,支持断点续传功能。

下载时有提示界面(见图 6-20)提示,请选择"允许"。

选择"允许"后,出现"下载"按钮,如图 6-21 所示。

确定下载后,出现下载进行界面,如图 6-22 所示。

图 6-20　下载提示界面

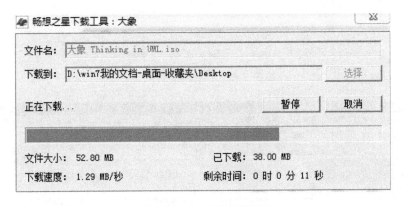

图 6-21　下载界面

图 6-22　下载进行界面

下载完成界面如图 6-23 所示。

点击下载完成界面中的"打开"后,出现如图 6-24 所示的选择盘符界面。

系统默认盘符为 Z 盘,确定后可查看资源。图 6-25 所示为资源查看界面。

6.3.6　光盘请求

没有附件时请读者点击主页上的"光盘请求",由读者输入个人信息,包括姓名、e-mail、申请留言。管理员会在收到光盘请求的第二个工作日进行处理,若处理完毕,则直接把资料

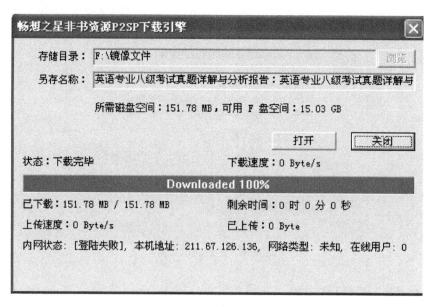

图 6-23 下载完成界面

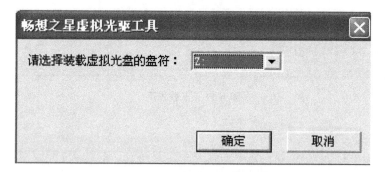

图 6-24 选择盘符界面

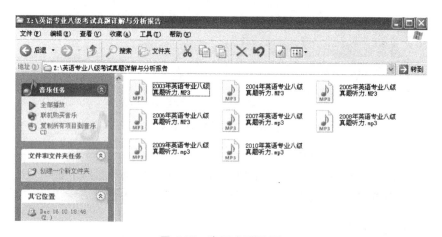

图 6-25 资源查看界面

详细信息页面地址发送到读者 e-mail。图 6-26 所示为光盘请求界面。

图 6-26　光盘请求界面

思考题

1. 随书光盘检索的最佳检索途径是什么？
2. 不同的随书光盘数据库的阅读工具有哪些？

第 7 章 电子图书检索

7.1 电子图书概述

在印刷书籍独领风骚千余年之后,信息数字化技术的发展又为书籍带来了新的生机和活力,一种新型的信息数字化书籍——电子图书正越来越多地影响着人类的生活与工作。它使传统阅读方式发生了革命性变革,影响着传统图书馆的发展方向。

7.1.1 电子图书的概念

电子图书又称 e-book,是计算机技术和网络技术飞速发展的今天,印刷型图书的数字化形式,是利用计算机高容量的存储介质来储存图书信息的一种新型图书记载形式。电子图书拥有与传统书籍许多相同的特点:包含一定的信息量,比如有一定的文字量、彩页;其编排按照传统书籍的格式以适应读者的阅读习惯;通过被阅读而传递信息等。

7.1.2 电子图书的构成、功能及特点

1. 电子图书的构成

电子图书要满足三个要素:一是内容,电子图书是以特殊的格式制作而成的,可在有线或无线网上传播;二是阅读器,包括个人计算机、个人手持数字设备(PDA)、专门的电子设备;三是阅读软件,如 Adobe 公司的 Acrobat Reader、Glassbook 公司的 Glassbook Reader、微软的 Microsoft Reader、超星公司的 SSReader 等。

2. 电子图书的功能

可以订阅众多电子期刊、书和文档,从网上自动下载所订阅的最新新闻和期刊,显示整页文本和图形,并通过搜索、注释和超链接等增强阅读体验,采用翻页系统,类似于纸制书的翻页,可随时把网上的电子图书下载到电子阅读器上,也可以把自己购买的书和文档储存到电子阅读器上。电子书是传统的印刷书籍的电子版本,它可以使用个人计算机或用电子书阅读器进行阅读。

3. 电子图书的特点

① 信息容量大、制作方便、成本低廉。工程师们以一种科学有效的数据结构将声音、文字和图像等信息存储起来,集成到磁盘或光盘中,一份电子图书的母版就制作完成了。目前,国际上的电子图书主要是光盘出版物。一张 700 MB 的光盘可以代替传统的 3 亿字的纸质图书。这大大减少了木材的消耗和空间的占用。

② 发行快速、利于共享。既可通过现有的图书、发行渠道和传统图书一起送到读者手中,也可以通过公用通信网络,将电子图书直接传递到读者手中。随着计算机网络的发展,

人们在各自的终端前可同时查阅同一册电子图书。

③阅读方便、生动直观。电子图书具有纸质图书的阅读方式,可以通过电子阅读器完成翻页、加批注、画线、做书签、做笔记等功能。

④便于检索和利用。电子图书以数字化的形式存储,有方便快捷的查找功能,可从单一词汇和相关词汇等多种途径进行检索,且能复制使用。

⑤性价比高。电子图书可以节省图书经费,电子图书的定价一般远远低于印刷版图书。

⑥环保性好。电子图书能节省藏书空间,适合资源共享,解决了图书馆印刷型图书收藏复本量不足、不能满足读者需要的问题。

7.1.3 电子图书的类型

1. 按载体形态划分

电子图书可按载体形态划分为光盘电子图书、网络电子图书和便携式电子图书三种。

①光盘电子图书。包括只读光盘(CD-ROM)、交互光盘(CD-G)、照片光盘(CD-P),只能在计算机上单机阅读。

②网络电子图书。以互联网为媒介,以电子文档方式发行、传播和阅读的电子图书。可以跨越时空和国界,为全球读者提供全天候服务。主要有免费和收费的网络电子图书两种类型。需付费的网络电子图书网站的代表有超星数字图书馆、方正 Apabi 数字图书馆、书生之家中华读书网、中国数字图书馆网上读书专栏。免费的电子图书网站大体可分为公益网站、商业网站和个人网站,其中较具代表性的有中国青少年新世纪读书网(http://www.cnread.net)、黄金书屋(http://www.hjswbook.com)等。

③便携式电子图书。特指一种存储了电子图书内容的电子阅读器,又称 Pocket e-Book。人们可以在这种电子阅读器的显示屏上阅读各种存放在其中的图书。一个电子阅读器中可存放成千上万页的图书内容,并且图书内容可不断购买增加。增加的方法是:通过电话线或者通过与 PC 连接而接通 Internet,如果你购买了某个公司的电子图书,就可以通过网络从专用的电子图书服务器上或通过一些网上书店将所购买的电子图书下载到你的电子阅读器中。

2. 按学科内容划分

电子图书的内容非常广泛,涉及各个学科,如社会科学、数、理、化、生物、环境、医学、经济、管理、工程技术等。但目前电子图书内容涉及最多的是工具书(词典、百科全书)、文学艺术类图书和计算机类图书等。

3. 按存储格式划分

电子图书的存储格式多样,常见的有 PDF、EXE、CHM、UMD、PDG、JAR、PDB、TXT、BRM 等格式,很多流行的移动设备都是支持其阅读格式的。手机终端常见的电子书格式为 UMD、JAR、TXT 这三种。归纳起来主要有三类,即图像格式、文本格式和图像与文本格式。

①图像格式。将传统的印刷型图书内容扫描到计算机中,以图像格式存储。这种格式的图书制作起来较为简单,适合于古籍图书及以图片为主的技术类书籍的制作,但这种图书显示速度较慢,检索功能不强,图像不太清晰,阅读效果不太理想。

②文本格式。将书的内容作为文本,并有相应的应用程序。应用程序会提供适宜的界面、基于内容或主题的检索方式、方便的跳转、书签功能、语音信息、在线词典等。

③图像与文本格式。其典型代表是 PDF 格式,它是 Adobe 公司的"便携文档格式",即 PDF 格式的文件无论在何种机器、何种操作系统上都能以制作者所希望的形式显示和打印,表现出跨平台的一致性。

7.1.4 电子图书网络出版的运作模式

电子图书网络出版的运作模式目前共有四种。

1. 作者自行出版(self publishing)

作者就是出版人、发行人。作者将自己的作品通过各种加密软件制作成可供交易的 e-Book,然后"贴"(post)到某个知名网站或自己的网站上,供读者下载,付费浏览阅读。

2. 网络公司运作出版

网络公司争取各出版商 e-Book 制作代理权,然后制作 e-Book,并将其放在网络公司的网站上,在付费情况下供读者下载、阅读。

3. 出版商自行制作出版

出版商将自己制作的 e-Book 在自己的网站上发布,向读者出售比纸质图书更便宜的电子版图书。这是一种省略图书发行商的运作模式,出版商就是图书发行商。

4. 广告商出版

这是一种由微软公司创造的 e-Book 经营模式,由广告商出资来支付作者、出版商和制作商的费用,读者免费阅读网上可下载的 e-Book,条件是在看书时看广告。

7.2 超星数字图书馆

7.2.1 概述

超星数字图书馆(http://www.chaoxing.com)是国家 863 计划中国数字图书馆示范工程项目,2000 年 1 月,超星数字图书馆由北京世纪超星信息技术发展有限责任公司(简称超星公司)研发,将国内各公共图书馆和大学图书馆一些图书以超星 PDG 技术制作成数字图书。它是目前世界上最大的中文在线数字图书馆,提供大量的电子图书资源,包括文学、经济、计算机等五十余大类,设有文学、历史、法律、军事、经济、科学、医药、工程、建筑、交通、计算机和环保等几十个分馆,数百万册电子图书,500 万篇论文,全文总量 13 亿余页,数据总量 1 000 000 GB,大量免费电子图书,超 16 万集的学术视频,拥有 35 万多位授权作者,5300 位名师,1000 万注册用户并且每天仍在不断的增加与更新。

目前,超星数字图书馆有超星主站和镜像两种平台。主站提供两种阅读方式:IE 阅读(需要下载运行一个小插件)和超星阅读器(SSReader)阅读。现以镜像为例简要介绍超星镜像资源的检索方法。

7.2.2 检索指南

第一步:点击进入特定的镜像站点(见图 7-1)。
第二步:首次阅读图书需要下载超星阅读器(SSReader),并安装在自己的计算机上。
第三步:根据需要并按照系统提供的检索功能查阅图书。阅读过程中可以写读书笔记、

第 7 章 电子图书检索

图 7-1 超星镜像站点

做书签、下载及转化成 Word 文档。

7.2.3 检索图书

（1）分类浏览。点击超星主站"图书总分类"中任意主题进入"图书分类目录"，通过页面左侧图书分类目录逐级查找进入下级子分类，直到出现图书书目，点击该书目进入阅读状态。在图书分类目录上方选择"全部图书"，显示图书馆所有图书分类目录；选择"文本图书"，则只显示文本格式图书分类目录。超星电子图书分类目录如图 7-2 所示。

（2）快速检索。超星电子图书首页上方默认提供快速检索功能（见图 7-3），通过在输入框中输入检索词，点击"检索"按钮即可检索相关图书。这时在检索结果上方的快速检索界面增加了"在结果中检索"按钮（见图 7-4）。在分类浏览下，快速检索中的"在结果中检索"就会变成"在当前分类检索"（见图 7-5），勾选其前面的方框，此时检索的范围就是所选择的分类。

（3）高级检索。利用高级检索可以实现图书的多条件查询。点击"快速检索"右侧的"高级检索"按钮，进入高级检索界面（见图 7-6），可以通过输入多个关键词，对书名、作者、主题词、出版年代、检索范围等条件进行限制。

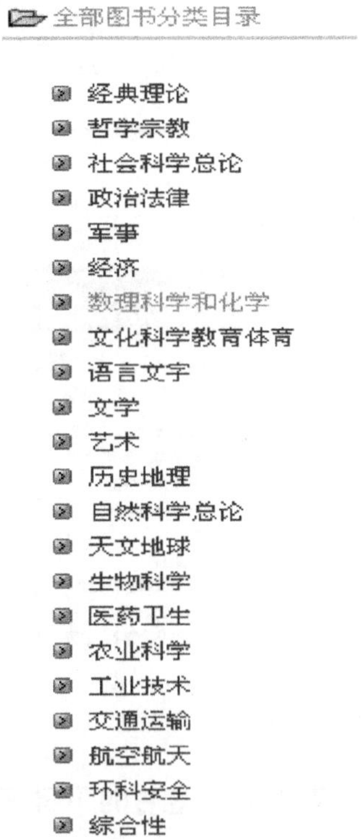

图 7-2 超星电子图书分类目录

图 7-3 快速检索界面 1

图 7-4　快速检索界面 2

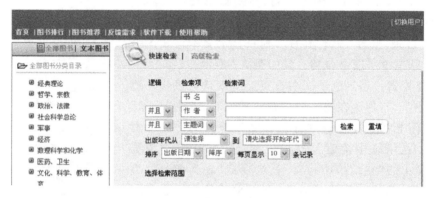

图 7-5　快速检索界面 3

图 7-6　高级检索界面

7.2.4　图书的下载与阅读

　　首次阅读和下载超星数字图书的全文,需先安装"超星全文浏览器",同时还要下载注册器,注册本机。

　　注册器可以从镜像站点下载,下载后运行"注册器"程序,输入用户名后,即可成为注册用户,此时就可以阅读和下载图书资料了。

　　数字图书直接在线阅读,无须进行用户登录,但匿名用户状态下载的图书只能在本机上阅读,不能拷贝到其他机器上阅读,此时"用户信息"中的用户名为未注册用户(见图 7-7)。

　　在超星阅读器登录个人用户名后下载的图书支持拷贝到其他机器上阅读,登录个人用户名的方法为:运行超星阅读器→"注册"菜单→"用户登录"进行个人用户登录(如果是首次,须先进行新用户注册)。拷贝到其他机器上阅读时,需要在阅读的机器上使用下载时的用户名进行登录。如果阅读机器能上网,可在线登录;如果不能上网,须离线登录。注册用户信息界面如图 7-8 所示。

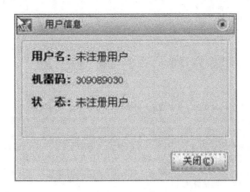

图 7-7　未注册用户信息界面

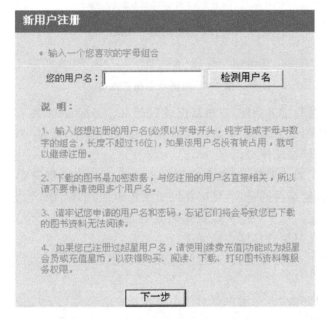

图 7-8　注册用户信息界面

单位用户下载超星包库站中的图书只提供借阅方式阅读,下载图书有效期为 180 天,每天只限下载 300 本。用户如果打开到期后的图书,会出现"图书已过期"提示窗口,告知用户已不能继续阅读。单位用户打印图书 1 天内允许打印 1000 页,超过会提示"打印页数已达上限"。

进入图书阅览窗口(见图 7-9)后,系统默认以静止方式显示一页内容,为了方便用户自由地阅读,超星阅读器提供了多种功能,其主要功能如下。

(1)文字识别(OCR)。超星图书全文为 PDG 格式,用户可以通过在线升级增加"文字识别"功能或者下载使用超星阅读器增强版。在阅读书籍时,在书籍阅读页面点击鼠标右键,在右键菜单中选择"文字识别",在所要识别的文字上画框,框中的文字即会被识别成文本显示在弹出的面板中,选择"导入编辑"可以在编辑中修改识别结果,选择"保存"即可将识别结果保存为 TXT 文本文件。

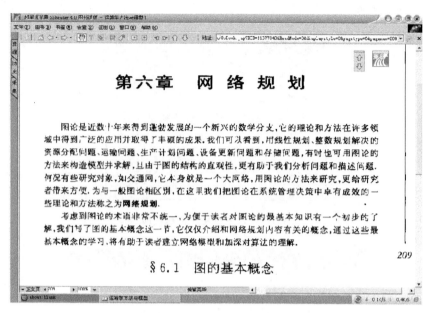

图 7-9　超星图书阅览窗口

(2)剪切图像。在阅读书籍时,在书籍阅读页面点击鼠标右键,在有键菜单中选择"剪切图像",在所要剪切的图像上画框,剪切结果会保存在剪切板中,通过"粘贴"功能即可粘贴到"画图"等工具中进行修改或保存。

(3)自动滚屏。在阅读书籍时,在书籍阅读页面双击鼠标左键开始滚屏,单击鼠标右键停止滚屏。如果要调整滚屏的速度,可以在设置菜单中的"书籍阅读"选项中进行设置。

(4)添加个人书签。对于一些阅读频率较高的图书,可以添加"个人书签",以免去每次检索的过程,添加个人书签的具体步骤如下。

①点击主页左方的注册按钮,进入注册页面,按照提示填入个人信息,点击"提交"按钮,注册成为登录用户。

②注册成功后回到主页,在用户登录栏中填入用户名和密码,点击"登录"按钮。

③添加书签。在每一本图书书目的下方有一个"个人书签"的链接,单击可把此书添加为个人书签,当回到主页刷新一次页面时就可看到些书签。在下次以用户名和密码登录页面后,就可以看到以前添加的个人书签,点击该书签就可以直接进入此书的阅读状态,如果想删除该书签,直接点击书签左侧的删除标记即可。

(5)书评。在每本图书的书目下方有一个"发表书评"的入口,点击后会看到书评发表的信息栏。每一位读者都可以发表对此本书的读后感(可以匿名发表),填写完成后,点击"提交"按钮,此时您的评论已经可以让所有的读者分享了。

(6)标注。在阅读图书时,可对重点的字、句进行标注,只需点击菜单栏中的"标注"按钮,并在弹出的标注菜单中选择直线、圆圈等标注方式及所需的颜色,即可对重点字句进行标注。

(7)更换阅读底色。使用"更换阅读底色"功能来改变书籍阅读效果。

(8)导入文件夹。通过此功能可以将所需资料导入"我的图书馆"文件夹,从而更好地管理自己的文件。

(9)建立"我的图书馆"。点击超星阅读器的"注册"按钮进入用户登录栏(见图7-10),根据提示进行新用户注册,注册成功后,用该用户登录,查找到需要的书,点击书名下面的"收藏到我的图书馆",添加图书(见图7-11)。进入或刷新"我的图书馆",就可以看到此书了(见图7-12)。

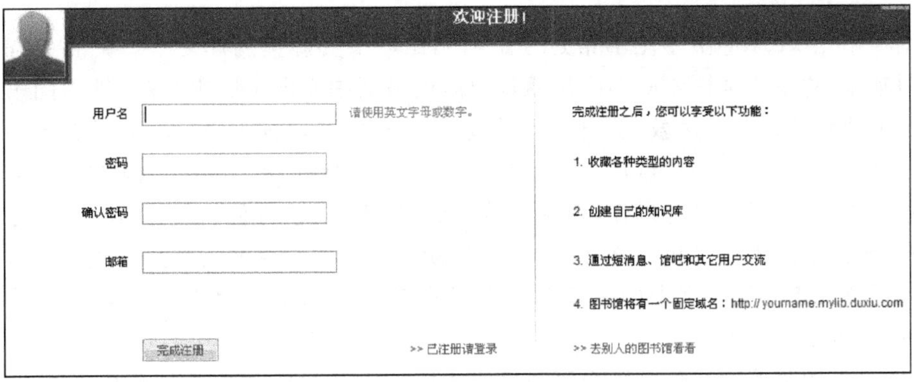

图 7-10　超星阅读器的用户登录栏

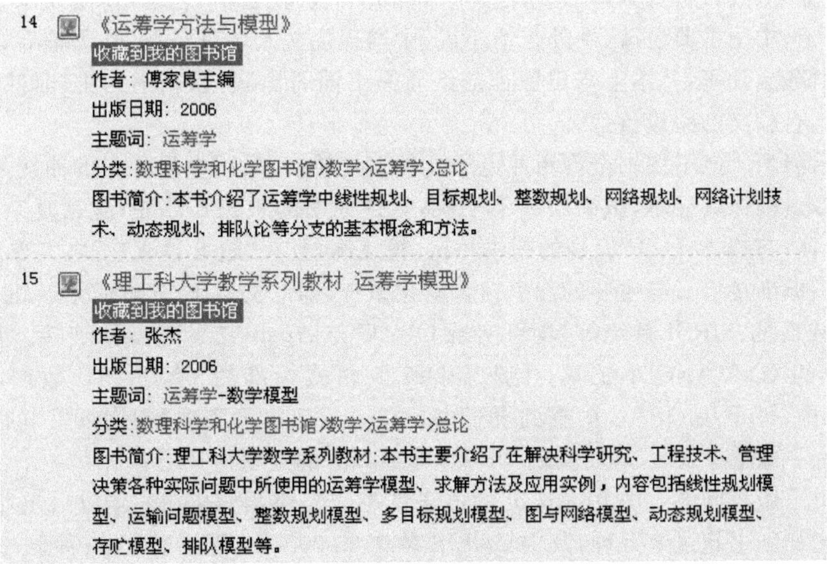

图 7-11　添加图书

图 7-12　收藏图书示例

7.3 方正 Apabi 数字图书馆

7.3.1 概述

方正阿帕比(Apabi)数字图书馆是方正阿帕比电子资源数据库之一。由北大方正电子有限公司制作,收录了全国400多家出版社出版的最新中文电子图书,并与纸质图书同步出版。涵盖了社会学、哲学、宗教、历史、经济管理等多种学科。方正 Apabi 电子图书为全文电子化的图书,可输入任意知识点或全文中的任意单词进行检索,支持词典功能;也可在页面上进行添加书签、画线等多种操作,内容涵盖广泛,检索、阅读方便快捷。Apabi 以互联网为纽带,将传统出版的供应链相互连接起来,在出版社与图书馆之间架起了一座桥梁,读者可通过输入任意知识点或全文中的任意单词进行检索,在整个图书管理上则体现了传统图书馆的流程,特点如下。

(1)图书资源价值高。包括了全国数百家出版社2万种高质量的电子书,内容涉及最新计算机电子书资源库、文学作品资源库、专业类资源库(包括机电、化工、医药、军事等)、社会科学文献资源库、大百科资源库、政治法律、语言文字、宗教哲学、艺术、休闲娱乐、辞海辞源、世界名人传记、中国古典名著、中外爱情小说、中国现代文人名著经典、外语辅导、医药保健、经营管理、财务会计等,基本上与出版社的纸质图书同时出版,以新书为主,时效性强,阅读选择性大,具有较高的阅读价值。

(2)显示清晰。电子图书全部由原电子文件直接转换,采用世界领先的曲线显示技术和方正排版技术,高保真显示,版面缩放不失真,保持原书的版式和原貌,包括复杂的图表、公式都完全兼容,与扫描、OCR 识别的图书相比,精度高,具有"越大越清楚"之美誉。

(3)提供标准接口。与主要的图书馆自动化系统,如汇文系统、ILAS 系统、北邮系统、传奇系统、丹诚系统、SIRSI 系统等,均可实现 OPAC 与 Apabi 之间的双向连接。利用 Apabi 系统中生成的 CNMARC 小工具,生成 ISO2709 格式标准的 CNMARC 数据,然后导入 OPAC 系统中,即可从 OPAC 中查到电子书。在 Apabi 中可实现"查询纸书"的链接,直接跳转到 OPAC 的查询结果,从而实现 OPAC 与 Apabi 的互联。

(4)解决了版权问题。方正 Apabi 的电子图书以新书居多,2003年以后出版的新书占70%,每年增加新书超过8万种,其中 CALIS 教参83 000种,覆盖了人文、科学、经济、医学、历史等各领域。所有电子图书均直接获得著作权人及出版社的双重授权,并由出版社直接制作,因而彻底摆脱了版权问题对数字图书馆发展的困扰,书源持续而稳定,并以每年50 000种的数量递增。既保证了稳定的书源和图书的质量,也从源头上解决了版权隐患,避免了版权纠纷。同时采用国际上最先进的 DRM(数字版权保护)技术,通过加密、信息安全传递等技术,防止电子书非法拷贝,以保护版权。

(5)后台管理方便。在任何地方、任一台能够联网的机器上都可随时遥控管理。对图书能够进行分类、上架、下架、推荐等日常管理。对用户注册有三种管理模式,即有密码用户、无密码用户和阅览室用户。可保证在任何地方、任一台联网的机器上都可从数字图书馆中借阅图书。具有统计分析功能,可对读者借阅等情况进行分段分类统计,了解读者需求,掌握使用状况,科学制订下一步采购计划。

7.3.2 系统功能

1. 服务功能

方正 Apabi 数字图书馆是一套基于中文信息处理技术的图书馆系统,将常规的图书馆管理方式应用到数字图书的管理,具有复本数、借、还等概念,读者感觉是把实体图书馆整个搬到了网上,用起来比较容易。

2. 检索功能

方正 Apabi 数字图书馆在其检索界面上集中了整个系统的浏览、检索与显示等功能,有两个可供使用的检索界面,即主网站上的检索界面和专用图书阅读器中的检索界面,两个界面的检索功能基本一致。在主网站的检索界面中,有分类浏览功能,以及书名、作者、出版社、ISBN 等检索入口和组合检索方式,其页面显示具有翻页功能及跳至第几页的功能。在专用图书阅读器检索界面中,除具有网上阅读器的功能外,还增加了全文检索、对检索结果一次显示等功能。

3. 阅读器功能

方正 Apabi 在阅读器的功能设置方面不仅考虑到了电子图书在使用时的特性,还成功借鉴了传统阅读方式的经验,除设置了页面缩放旋转、单节导航、内容查找、有限制的文字拷贝(暂规定为 200 字)、打印(由出版单位规定权限)、全文下载(不可转存)等电子图书的功能外,还设置了上下翻页、目录页/正文页、指定页/指针定位页、自动滚屏、加书签、加批注、画线、加亮、圈注、显示比例调整、更换背景颜色等比照传统阅读方式的功能。

4. 其他功能

方正 Apabi 数字图书馆除具有全文检索功能外,还具有网上借阅或购买电子图书、个人图书馆管理等多种功能。

7.3.3 使用方法

1. 下载并安装 Apabi Reader

方正 Apabi 电子图书检索界面如图 7-13 所示。点击"下载 Apabi Reader"即可完成下载,下载完毕后,双击安装程序,按照提示点击"下一步"直到"完成",即可完成安装。

图 7-13 方正 Apabi 电子图书检索界面

2. 用户信息登录

① 如果是有密码用户,请输入管理员分配的用户名和密码,点击"登录"。第一次登录时,请在弹出的页面中填写用户信息。

② 如果是无密码用户,请点击"匿名登录"。第一次登录时,请在弹出的页面中填写用户信息,如果其 IP 地址属于无密码用户,会提示登录成功。

③如果是阅览室用户,请在要注册为阅览室的机器上,以管理员或注册员身份登录后台管理的"读者管理→阅览室注册"中输入姓名(标识),如果 IP 地址允许,则可以注册成阅览室用户。

3. 数字资源检索

①快速检索。以书名、责任者、出版社、关键词、年份或全面检索为检索条件,输入检索词,点击"查询"按钮,可迅速查到要找的书目。

②高级检索。使用高级检索可以输入比较复杂的检索条件,在一个或多个资源库中进行查找。点击"高级检索",出现如图 7-14 所示的界面,由图可知,高级检索分"本库查询"和"跨库查询"。可在列出的项目中任选检索条件,所有条件之间可用"并且"或"或者"进行连接。跨库查询需选择要查询的库,所有的选项设置完成后,点击"查询"即可。

图 7-14 方正 Apabi 高级检索界面

③分类浏览。在高级检索页面的左侧点击"显示分类",可查看常用分类和中国图书馆图书分类法。点击类别名,页面会显示当前库该分类所有资源的检查结果。

4. 结果处理

对检索到的图书可以在线浏览、借阅下载和预约。

①在线浏览。在图书详细信息页面中,点击"在线浏览"或"资源可借下载",自动启动方正 Apabi Reader 下载图书。在线浏览图书在 Apabi Reader 中自动打开该书,借阅的图书则要进入 Apabi Reader 的藏书阁中,双击该书打开阅读。一个读者只能在线浏览一本书,打开第二本时,第一本将自动关闭。每种书在线浏览时间为 2 小时,超时后将自动关闭。

②借阅下载。点击"下载"按钮,电子图书全文就自动下载到读者本地计算机的藏书阁中,藏书阁和阅读器会自动打开,用户只需双击电子图书图标即可阅读全文。每本书右下角注有"资源可借",表示该书可以下载。用户可借阅下载中文电子图书的总量暂定为 5 本,每本电子图书的借阅期限暂定为 3 天,下载的电子图书 3 天后将自动失效,如要继续阅读,需重新下载。

③图书预约。如果是已经被借完的资源,会显示"资源已借完 预约"。点击后弹出预约

窗口,可开始进行预约。请留下真实的 e-mail 地址,预约结果将通过 e-mail 通知。预约有效天数可以修改,但不能超过 60 天。预约成功后,在有效的天数里,系统将在有复本后发送 e-mail 通知。在收到 e-mail 通知之后的 2 天内,请到"用户服务区→预约图书"中借阅下载。

④归还或续借电子图书。进入用户服务区的借阅历史,在"当前借阅图书"中点击"续借"或"归还",即可完成图书续借、归还的操作。

7.4 读秀中文学术搜索

7.4.1 简介

读秀中文学术搜索(以下简称"读秀")是由北京超星公司自主产权、自行研发,集文献线索搜索及全文文献获取两大功能,由海量全文数据组成的全球最大的中文文献资源服务平台。其以 430 多万种中文图书、10 亿页全文资料为基础,为用户提供深入内容的章节和全文检索,部分文献的原文试读,高效查找、获取各种类型学术文献资料的一站式检索,周到的参考咨询服务,是一个真正意义上的学术搜索引擎及文献资料服务平台。

(1)海量学术资源库。读秀提供全文检索、图书、期刊、报纸、学位论文、会议论文等 6 个主要搜索频道。所涵盖的学术资料比以往任何传统的数据库都要全面。读者通过读秀,能够获得关于检索点的最全面的学术资料,避免了反复收集和查找的困扰。

(2)基于内容的深度检索。读秀将检索结果与馆藏各种资源库对接。读者检索任何一个知识点,都可以直接获取图书馆内与其相关的纸质图书书目信息、超星数字图书馆内的电子图书全文,以及读秀知识库本身各频道的期刊全文、论文内容等,不需要再对各种资源逐一登录检索查找。

(3)立体的深度检索频道。读秀提供全文检索、图书、期刊、报纸、学位论文、会议论文等 6 个搜索频道,选择任意频道,深入到 430 万种中文图书及 5000 多万条期刊内容中查找想要的资源,能让读者在最短的时间内获得最深入、最准确、最全面的文献资源。

(4)多种阅读、获取资源的途径。读秀为用户提供了多种获取海量资源的捷径,满足了读者快速获取知识的需求。其试读功能可提供资料的部分原文试读,更加全面地提示文献内容,利于读者选择资料。其提供获取资源的途径包括:阅读馆内电子图书全文,借阅馆内纸质图书,阅读馆内期刊、论文电子全文,文献传递,参考其他图书馆借阅,网上购买等。

(5)一目了然的原文试读。读秀不但能显示图书的详细信息,而且还提供图书部分原文显示(包括封面页、版权页、前言页、目录页、正文前 17 页等),通过试读全文,读者能够清楚地判断所需图书,提高了信息的检准率和读者查书、借书的效率。

(6)高效快捷的文献传递。针对馆藏有限而读者需求无限的难题,读秀打破了传统信息传递方式,利用 e-mail 进行文献传递,使用户能够在最短的时间内获得最大信息量的文献资源,有效地补充了图书馆本馆资源,提高了图书馆藏书的保障率,为用户提供了高效快捷的文献传递服务,使读者零距离获取珍稀学术资源。

7.4.2 读秀的使用

读秀提供全文检索、图书、期刊、报纸、学位论文、会议论文等搜索频道(见图 7-15)。

图 7-15 读秀首页

1. 全文检索频道

全文检索频道,是将数百万种图书等学术文献资料进行分类标注,当读者输入一个检索词,如"红楼梦"时,将获得系统中所有包含"红楼梦"这个关键词的章节、文章等,并且可以对任何一个章节进行7~30页不等的试读(见图7-16)。

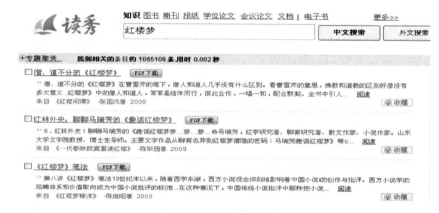

图 7-16 检索结果示例

2. 图书频道

图书频道为读者提供430万种中文图书的查找。当读者查找到某一本书时,读秀为读者提供该图书的封面页、版权页、前言页、目录页以及正文部分页(7~30页不等)的试读。同时,如果该本图书在馆内可以借阅或者进行电子全文的阅读,读秀会提供给读者"本馆馆藏纸书"和"本馆电子全文"两个相关链接,以供读者直接借阅图书或者阅读全文。另外,读者也可以通过"图书馆文献传递中心",对图书进行文献传递(读秀的文献传递是通过机器自动进行的,可立即获取所需要的资料,与图书馆所说的文献传递不同),将图书原文发送到自己的邮箱,每次文献传递不超过传递图书的20%。具体检索方法如图7-17至图7-19所示。

3. 期刊、报纸、学位论文、会议论文频道

期刊、报纸、学位论文、会议论文这4个频道为读者提供的都是题录检索,不提供试读。

第 7 章 电子图书检索

图 7-17 检索示例

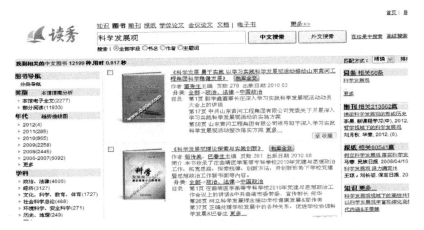

图 7-18 检索结果显示

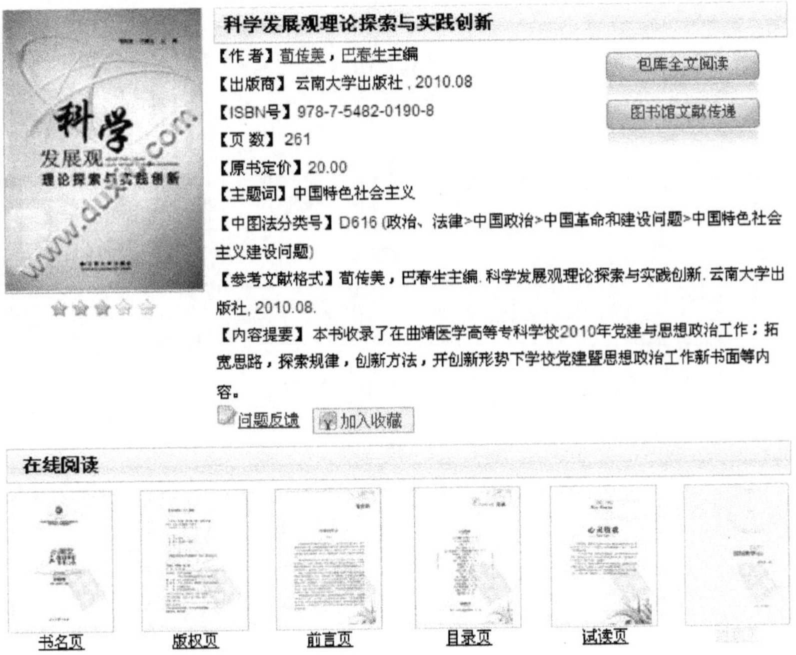

图 7-19 阅读选择

但是可为读者提供文献传递服务（系统可以将检索到的期刊等的原文发送到用户的邮箱），使读者获取原文。具体检索方法同图书的检索，在此不再赘述。

用户如果想了解读秀的更多功能，可以阅读首页上的"使用帮助"，或者通过点击"网上客服"与工作人员在线联系。

第8章 中文连续出版物检索

8.1 中国知网中国学术期刊(网络版)

中国知网,是国家知识基础设施(China national knowledge infrastructure,CNKI)的概念,由世界银行于1998年提出。CNKI工程以实现全社会知识资源传播共享与增值利用为目标的信息化建设项目,由清华大学、清华同方发起,始建于1999年6月。通过与期刊界、出版界及各内容提供商达成合作,中国知网已经发展成为集期刊、博士论文、硕士论文、会议论文、报纸、工具书、年鉴、专利、标准、国学、海外文献资源于一体的,具有国际领先水平的网络出版平台。中心网站的日更新文献量达5万篇以上。

中国学术期刊(网络版)(见图8-1)是世界上最大的连续动态更新的中国学术期刊全文数据库,以学术、技术、政策指导、高等科普及教育类期刊为主,内容覆盖自然科学、工程技术、农业、哲学、医学、人文社会科学等各个领域。收录国内学术期刊8000种,全文文献总量4900万篇。该数据库分为十大专辑:基础科学、工程科技Ⅰ辑、工程科技Ⅱ辑、农业科技、医药卫生科技、哲学与人文科学、社会科学Ⅰ辑、社会科学Ⅱ辑、信息科技、经济与管理科学。十大专辑下分为168个专题。数据库收录自1915年至今出版的期刊,部分期刊回溯至创刊。

图8-1 中国学术期刊(网络版)检索界面

中国知网的检索方式有高级检索、专业检索、作者发文检索、句子检索、一框式检索和学术期刊导航检索等。

8.1.1 高级检索

高级检索是最常用的检索方式,多个检索框之间的逻辑关系默认为"AND"(逻辑与——并且),也可选择"OR"(逻辑或——或者)、"NOT"(逻辑否——不包含)。在高级检索中,直接显示检索结果的全字段记录,并提供二次检索的对话框。

检索结果提供分组、排序、下载、预览、导出参考文献、可视化分析等多种文献分析方式。

8.1.2 专业检索

专业检索(见图8-2)是所有检索方式里面比较复杂的一种。需要用户自己输入检索式来检索,并且确保所输入的检索式语法正确,这样才能检索到想要的结果。每个库的专业检索都有说明,详细语法可以点击右侧"检索表达式语法"参看详细说明。

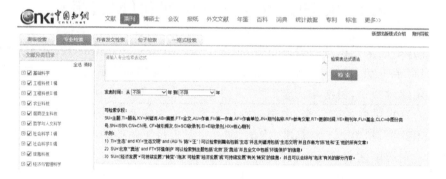

图 8-2 专业检索

8.1.3 作者发文检索

作者发文检索(见图8-3)用于检索某作者发表的文献,检索非常简单,只要用户输入相应作者姓名、单位即可。可以点击 ➕ 和 ➖ 按钮增加、删除检索条件。

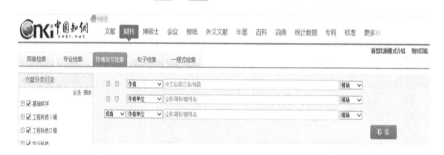

图 8-3 作者发文检索

8.1.4 句子检索

句子检索(见图8-4)用来检索文献正文中所包含的某一句话,或者某一个词组等,可以点击 ➕ 和 ➖ 按钮,在同一句或者同一段中检索。

8.1.5 一框式检索

一框式检索(见图8-5)可键入任何检索词进行检索,这种检索方式检准率不高。

图 8-4　句子检索

图 8-5　一框式检索

8.1.6　学术期刊导航检索

学术期刊导航入口:http://kns.cnki.net/kns/brief/result.aspx?dbprefix=CJFQ(见图 8-6)。

图 8-6　期刊导航入口

当用户查询某期刊时,可切换到期刊导航页。可以选择检索项"刊名(曾用刊名)""主办单位""ISSN""CN",然后在检索框中输入关键词,点击"出版来源检索"即可。还可以通过查看左侧导航体系,查找相关领域内的期刊,签有"全部期刊""学术期刊""优先出版期刊""独家授权期刊""世纪期刊",输入检索词或者点击左侧导航内容后,默认选中产品标签"全部期刊",查看其他分类时,可点击切换。例如,点击"核心期刊导航→第二编　经济",出现检索结果列表,点击标签"学术期刊",可查看该导航下的学术期刊,如图 8-7 所示。

图 8-7　学术期刊导航检索结果

点击选中期刊,可以看到期刊中英文名称和该期刊被收录的数据库情况,以及基本信息、出版信息和评价信息,其中评价信息包括影响因子、被数据库收录情况、期刊荣誉等。刊期浏览如图 8-8 所示。

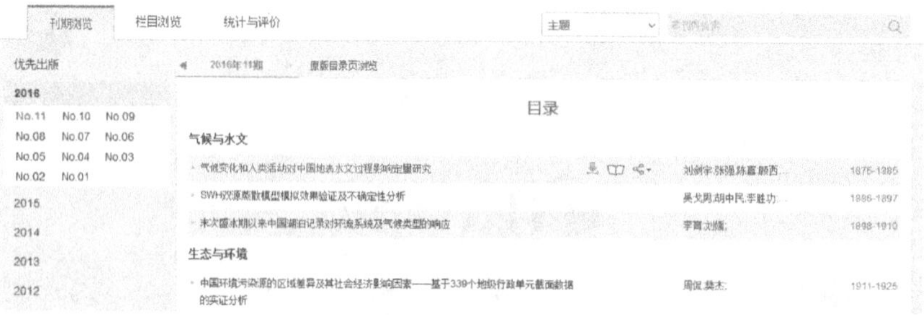

图 8-8 刊期浏览

8.2 维普资讯中文期刊服务平台 7.0

维普资讯中文期刊服务平台 7.0 是重庆维普资讯有限公司的主要产品,收录了中国境内历年出版的中文期刊 14 000 余种,文献总量 6000 余万篇,访问地址为 http://qikan.cqvip.com,其主界面如图 8-9 所示。维普资讯中文期刊服务平台 7.0 是以中文期刊资源保障为基础,以数据整理、信息挖掘、情报分析为路径,以数据对象化为核心,面向知识服务与应用的一体化服务平台。平台采用了先进的大数据构架与云端服务模式,通过准确、完整的数据索引和数据对象,着力为读者及服务机构营造良好的使用环境和体验。

图 8-9 维普资讯中文期刊服务平台 7.0 主界面

8.2.1 期刊文献检索

用户可通过基本检索、高级检索、期刊导航等方式获得检索内容。

1. 基本检索

在平台首页的检索框直接输入检索条件进行检索,该检索条件可以是题名、刊名、关键词、作者名、机构名、基金名等字段信息(见图8-10)。

图8-10 维普基本检索界面

2. 高级检索

提供高级检索(见图8-11)和检索式检索(见图8-12)两种检索方式,运用逻辑组配关系,方便用户查找多个检索条件限制下的文献。

图8-11 维普高级检索界面

图 8-12　维普检索式检索界面

8.2.2　期刊文献导航检索

打开维普资讯中文期刊服务平台7.0，点击"期刊导航"按钮，进入期刊导航界面，如图8-13所示。

图 8-13　期刊导航界面

期刊导航分为期刊检索查找、期刊导航浏览两种方式。如果您已经有明确的期刊查找对象，建议您用期刊检索的方式快速定位到该刊；如果您没有明确的期刊查找对象，建议您用期刊导航的方式自由浏览期刊。

例如，在期刊检索结果页面，找到期刊《中国矿业》，点击刊名即可浏览详细信息（见图 8-14）。

图 8-14　期刊示例界面

用户可以选择任何一年任何一期进行浏览和阅读原文。

8.3　万方中国学术期刊数据库（新版）

万方中国学术期刊数据库（新版）收录期刊共 8000 余种，核心期刊 3200 种左右，涵盖了自然科学、工程技术、医药卫生、农业科学、哲学政法、社会科学、科教文艺等各个学科，全部拥有国内统一连续出版物号，免费注册 DOI。万方中国学术期刊数据库（新版）界面如图 8-15 所示。

8.3.1　一框式检索

一框式检索可键入任何检索词进行检索，这种检索方式检准率不高。

8.3.2　高级检索

在图 8-15 所示右上角点击"高级检索"即可进入高级检索界面（见图 8-16）。

（1）标题中包含：可同时输入多个检索词，并支持逻辑表达式。"作者""关键词""摘要"字段同"标题"字段。

图 8-15　万方中国学术期刊数据库(新版)界面

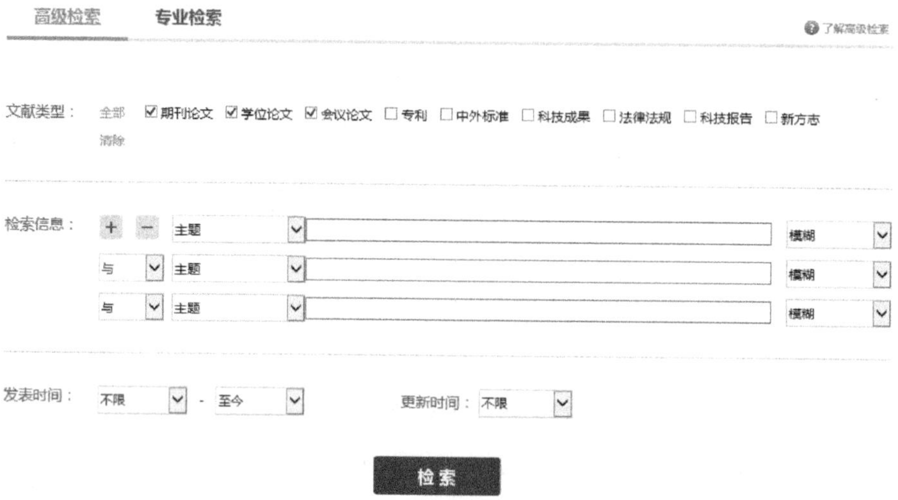

图 8-16　万方高级检索界面

(2)发表、出版日期:可以在限定年份内进行检索(时间上限和下限可以省略掉一个,表示无上限或下限)。

(3)被引用次数:文章被其他人引用的次数,通过设置的被引用数查找到领域内被普遍关注的文章。

(4)排序:相关度优先、经典论文优先、新论文优先、仅按发表时间(前3种排序方式为多指标加权排序,而"仅按发表时间"是指只根据文献的发表时间先后进行排序,不考虑其他指标)。

8.3.3　专业检索

专业检索(见图 8-17)比高级检索功能更强大,需要检索人员根据系统的检索语法编制 CQL(common query language)检索式进行检索,适用于熟练掌握检索语言的专业检索人员。

图 8-17　万方专业检索界面

8.3.4　期刊分类导航检索

期刊浏览页面中,提供了3种期刊浏览方式(见图8-18)。

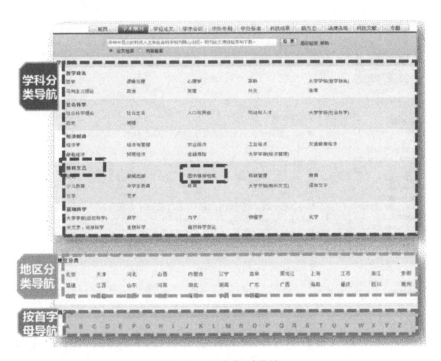

图 8-18　万方期刊导航

(1)学科分类导航:按期刊所属的学科分类导航。
(2)地区分类导航:按期刊编辑部所在地区导航。
(3)按首字母导航:按期刊名称的拼音首字母导航。
例如,从"学科分类导航→教科文艺→图书情报档案"点击进入期刊列表页面,点击"只

显示核心刊"按钮进行排除限定（见图 8-19）。

图 8-19　期刊排除限定

在期刊浏览页面中，可以进行如下操作（见图 8-20）。

图 8-20　期刊浏览页面中的相关操作

①刊内检索：可在知识服务平台收录的该期刊全部内容范围内检索，快速定位目标文献。

②查看全文：点击目录列表中的 图标即可查看全文。

③收录汇总：可在收录汇总中直接点击查看该刊某年某期的目录内容。

④RSS 订阅：用户可将关注的期刊进行 RSS 订阅，及时了解该刊最新内容。

⑤同类期刊：提供同类期刊的链接，方便用户参考。

⑥期刊信息：揭示期刊封面、期刊简介、期刊信息、主要栏目及获奖情况等。

第9章 标准文献检索

9.1 标准文献概述

9.1.1 标准化、标准与标准文献的定义

9.1.1.1 标准化的定义

为了在既定范围内获得最佳秩序,促进共同利益,对现实问题或潜在问题确立共同使用和重复使用的条款以及编制、发布和应用文件的活动。此为 GB/T 20000.1—2014《标准化工作指南 第1部分:标准化和相关活动的通用术语》中的定义。

标准化可以有一个或更多特定目的,以使产品、过程或服务适合其用途。这些目的可能包括但不限于品种控制、可用性、兼容性、互换性、健康、安全、环境保护、产品防护、相互理解、经济效益、贸易。这些目的可能相互重叠。

9.1.1.2 标准的定义

GB/T 20000.1—2014《标准化工作指南 第1部分:标准化和相关活动的通用术语》中对标准做了如下定义:通过标准化活动,按照规定的程序经协商一致制定,为各种活动或其结果提供规则、指南或特性,供共同使用和重复使用的文件。

标准宜以科学、技术和经验的综合成果为基础。上面所说的"规定程序"指制定标准的机构颁布的标准制定程序。

简洁地说,标准是指对工农业生产和工程建设的产品质量、检验方法和技术要求等方面所做的统一规定,是有关方面应共同遵守的技术依据与准则。

标准在生产建设和日常生活中起着重要的作用,推行生产标准化有利于合理利用资源、节约原材料、提高技术和劳动生产率及保证产品质量。标准具有高度的统一性和法规性,在生产、使用、流通等各个环节起着重要的准绳、纽带和桥梁作用。

9.1.1.3 标准文献的定义

现代标准化是大工业生产的产物,标准文献是标准化工作的成果。标准文献主要是指由技术标准、生产组织标准、管理标准,以及其他具有标准性质的文件所组成的特种科技文献体系。广义的标准文献是指记载、报道标准化的所有出版物,狭义的标准文献是指技术标准、规范和技术要求等,主要是指技术标准。

1. 构成标准文献的必要条件

①标准是经过有关方面的共同努力所取得的成果,是集体劳动和智慧的结晶。

②标准必须经过公认的权威机构或授权单位的批准认可。

③标准必须随着科学技术的发展而更新换代,即随着技术水平的提高而不断进行补充、修改,甚至废止。

2. 标准文献的特征

标准文献除了以标准命名之外,还常以规格、规程等名称出现,但并非所有具有这些名称的文献都是标准文献。

一般来说,标准文献应该具有如下特征:

①标准级别;
②标准号;
③标准名称;
④标准内容;
⑤标准提出单位;
⑥标准归口单位;
⑦标准起草单位与起草人;
⑧标准批准机构;
⑨标准批准日期;
⑩标准实施日期。

9.1.2 标准文献的种类

标准文献一般从使用范围、内容、成熟程度、法规性等几个方面进行划分。

9.1.2.1 按标准使用范围划分

按使用范围,或者说按标准级别,可将标准分为国际标准、地区标准、国家标准、行业标准、地方标准、企业标准。

1. 国际标准

国际标准是指由国际标准化组织或国际标准组织通过并公开发布的标准。

"国际标准化组织"(ISO)和"国际电工委员会"(IEC)是国际上最大的权威性标准化组织。由它们组织制定的标准为国际标准。另外,由 ISO 认可的其他 27 个国际组织所制定的标准也是国际标准。

2. 区域标准

区域标准是指由区域标准化组织或区域标准组织通过并公开发布的标准。

区域标准也称"地区标准",是为了满足同一地区内国家的共同需要而制定的。通常提到的区域标准,主要是指欧洲标准化委员会(CEN)和欧洲电工技术标准化委员会(CENELEC)制定的标准。

3. 国家标准

国家标准是指由国家标准机构通过并公开发布的标准。

常用国家标准代码如下:

GB	中国	NF	法国
ANCI	美国	OCT	俄罗斯
BS	英国	DIN	德国
JIS	日本	CAN	加拿大

4. 行业标准

行业标准是指由行业机构通过并公开发布的标准。

如美国机械工程师协会制定的 ASME 标准、德国电气工程师协会制定的 VDE 标准。我国的行业标准是对没有国家标准而又需要在全国某个行业范围内统一的技术要求所制定的标准。同一内容的国家标准制定并颁布后,该行业标准即行废止。我国的行业标准也称"部颁标准"或"部标准"。

5. 地方标准

地方标准是指在国家的某个地区通过并公开发布的标准。

一般是指对没有国家标准和行业标准而又需要在省、自治区、直辖市范围内统一的工业产品的安全、卫生要求所制定的标准,由省、自治区、直辖市标准化行政主管部门颁布。

6. 企业标准

企业标准是指由企业通过、供该企业使用的标准。

企业生产的产品没有国家标准、行业标准和地方标准的,应当制定相应的企业标准。对已有国家标准、行业标准或地方标准的,鼓励企业制定严于国家标准、行业标准或地方标准要求的企业标准。

9.1.2.2 按标准内容划分

按内容划分,标准可以分为基础标准、产品标准、方法标准、卫生标准、安全标准、环保标准等。

1. 基础标准

基础标准是对标准化活动中普遍的共性问题所做的标准,也称为"标准的标准"。基础标准一般包括对术语、词汇、符号、代号、缩写、定义、绘图、标志、公差与配合等方面所做的规定。

2. 产品标准

产品标准是指对产品外在和内在质量提出的部分或全部要求或规定。产品标准一般包括:①产品客观指标,如名称、规格、类型、尺寸、结构、参数等;②产品质量指标,如外观质量、内在质量、可靠性、使用寿命等;③产品检测指标,如试验方法、检测方法、验收规则等;④产品储运指标,如包装要求、储存条件、运输方法等。

3. 方法标准

方法标准是对标准化对象的行为活动过程所制定的标准。方法标准主要包括两方面。①工艺方法标准,是指对产品从原料到成品整个过程行为活动所制定的标准。它包括工艺方法、工艺条件、工艺操作、工艺装备、工艺检测等标准。②检测方法标准,是指对产品标准的评定和复检及其方法行为过程本身所制定的标准。它包括抽样方法、试验方法、计算方法、操作方法等。

4. 卫生标准

卫生标准是指为保护人们身心健康而制定的标准,包括生活卫生标准、医药卫生标准。

5. 安全标准

安全标准是指为保障人们在生产和生活活动中的人身和财产安全而制定的标准,包括安全防护、安全方法和产品安全性能等。

6. 环保标准

环保标准是指为保护人类生存环境和大自然生态平衡而制定的标准,包括环境质量标准、环保管理标准等。此外,还有辅助产品标准、原材料标准、管理标准、服务标准等。

9.1.2.3 按标准成熟程度划分

按成熟程度可将标准分为强制性标准、推荐标准、试行标准、草案标准。

1. 强制性标准

强制性标准也称"正式标准",是指完成标准全部审批过程、公开颁布执行的标准。这种标准具有法律约束性,即法规性,有关部门必须遵照执行。

2. 推荐标准

推荐标准也是正式审定、公开发布执行的标准,但它一般不具备强制性,只建议参照执行。企业有权制定和执行自己的标准。

3. 试行标准

试行标准是指内容不够成熟,有待在使用实践中进一步修订、完善的标准,修订后可成为推荐标准或强制性标准。

4. 草案标准

草案标准也称"标准草案",是指审批前由草案提出机构或草拟者拟订的供讨论并征求有关方面修改意见的标准。

9.1.2.4 按标准法规性划分

按法规性可将标准分为强制性标准和非强制性标准。

1. 强制性标准

强制性标准是指依靠国家法律、法规和行政手段保证执行的标准,包括基本保障类标准和宏观调控类标准。

2. 非强制性标准

也称"推荐性标准"。除强制性标准之外,其他的标准均属非强制性标准。对于非强制性标准,国家鼓励企业自愿采用。非强制性标准并非固定不变,在一定条件下,它可以转化为强制性标准。同样,根据需要,强制性标准也可转化为非强制性标准。

9.1.3 标准文献的特点

与其他类型文献相比,标准文献具有以下特点。

(1)明确的适用范围和用途。标准文献是供国民经济多部门多次使用的技术文件。出版任何一项标准,首先必须明确规定适用范围、用途、对象及生效期限。

(2)统一的产生过程、编制格式和叙述方法。标准文献的产生不是自发的,是根据既定的标准化计划,有组织、有步骤地进行标准化工作的具体成果。各国标准化机构对其出版的标准文献都有一定的格式要求,这就使得标准文献成为具有体裁划一、逻辑严谨、编号统一等特点的文献体系。

(3)可靠性和可行性。标准文献中记录的数据,是经过严格的科学验证、精确的数学计算,并以现代科学的综合成果和先进经验为基础而取得的。因此,它在科学上是可信的、技术上是可行的、经济上是合理的。

(4)时效性。标准是以科学、技术和先进经验的综合成果为基础编制的。它所反映的水平只能是当时技术所能达到的水平。随着经济发展和科学技术水平的提高,现行标准必然会日趋落后。为了保持标准的先进性,必须对标准进行修改、补充或废止。标准应该是不断更新换代的。

(5)法规性。各个国家都有自己的标准法规,它给各国的标准化工作提供了强有力的法律依据。标准文献从提出、草拟、讨论、审批、颁布等程序,到其撰写、编排、结构、术语等形式,都有严格的法规规定,因此标准文献是依法公布的法规性文件,具有法律约束力,必须遵守与执行。

9.1.4 标准文献的作用

(1)标准文献是十分重要的,通过标准可以了解世界各国的经济政策、技术政策、生产水平、加工工艺水平、标准化水平、自然条件、资源情况等。

(2)在科研、工程设计、工业生产、企业管理、技术转让等方面,采用标准化的概念、术语、符号、公式、量值等有助于克服技术交流的障碍。

(3)采用国内外先进的标准可改进产品质量,提高工艺水平和技术水平。

(4)标准可以规范工程质量的鉴定和产品检验,还可以标准为依据控制产品指标和统一试验方法等。

(5)采用标准可以简化设计,缩短时间,节省人力,减少不必要的试验计算,降低成本,保证产品质量。

(6)采用标准可以使企业与生产机构的经营管理活动统一化、制度化、科学化和文明化。

9.2 中国标准文献检索

我国的标准化工作始于1956年,1978年5月国家标准总局成立,1978年9月又以中国标准化协会(CAS)的名义加入了国际标准化组织(ISO),并参加了其中103个技术委员会。现由国家技术监督局负责标准化工作的领导和管理,这标志着我国标准化工作进入了一个新的发展时期。1979年以来,我国已成立了200个专业标准化技术委员会,327个分标准化技术委员会。据统计,到2006年底,国家标准已达到2万多个,专业(部)标准3万多个,企业(地方)标准15万多个。40%的国家标准采用国际标准和国外先进标准。

9.2.1 中国标准的种类与编号

按照标准的使用范围划分,我国标准可分为四种,即国家标准、行业标准、地方标准和企业标准。

标准编号根据规定,我国国家标准和行业标准的代号一律用两个大写汉语拼音字母表示,编号由标准代号 + 顺序号 + 批准年代组成。

1. 国家标准及其编号

GB ××××—××××,如 GB 7718—1994,强制性国家标准。

GB/T ××××—××××,如 GB/T 3860—1995,推荐标准。

GB/ ××××—××××,如 GB/ 1645—1998,降为行业标准而尚未转化的原国家标准。

2. 行业标准及其编号

行业标准的编号通常以该行业主管部门名称的汉语拼音首字母表示,如化工行业用"HG"表示,纺织行业用"FZ"表示。其标准号构成为:行业代码＋标准顺序号＋年代。如"FZ××××—××××"为纺织行业标准,"FZ/T××××—××××"为纺织行业的推荐标准。行业标准代码及主管部门对照表如表9-1所示。

表9-1 行业标准代码及主管部门对照表

序号	标准类别	标准代号	批准发布部门	标准制定部门
1	林业	LY	国家林业局	国家林业局
2	纺织	FZ	国家发改委	中国纺织工业协会
3	医药	YY	国家食品药品监督管理局	国家食品药品监督管理局
4	烟草	YC	国家烟草专卖局	国家烟草专卖局
5	有色冶金	YS	国家发改委	中国有色金属工业协会
6	地质矿产	DZ	国土资源部	国土资源部
7	土地管理	TD	国土资源部	国土资源部
8	海洋	HY	国家海洋局	国家海洋局
9	档案	DA	国家档案局	国家档案局
10	商检	SN	国家质量监督检验检疫总局	国家认证认可监督管理委员会
11	国内贸易	SB	商务部	商务部
12	稀土	XB	国家发改委稀土办公室	国家发改委会稀土办公室
13	城镇建设	CJ	建设部	建设部
14	建筑工业	JG	建设部	建设部
15	卫生	WS	卫生部	卫生部
16	物资管理	WB	国家发改委	中国物流与采购联合会
17	公共安全	GA	公安部	公安部
18	包装	BB	国家发改委	中国包装工业总公司
19	旅游	LB	国家旅游局	国家旅游局
20	气象	QX	中国气象局	中国气象局
21	供销	GH	中华全国供销合作总社	中华全国供销合作总社
22	粮食	LS	国家粮食局	国家粮食局
23	体育	TY	国家体育总局	国家体育总局
24	农业	NY	农业部	农业部
25	水产	SC	农业部	农业部
26	水利	SL	水利部	水利部
27	黑色冶金	YB	国家发改委	中国钢铁工业协会
28	轻工	QB	国家发改委	中国轻工业联合会

续表

序号	标准类别	标准代号	批准发布部门	标准制定部门
29	民政	MZ	民政部	民政部
30	教育	JY	教育部	教育部
31	石油天然气	SY	国家发改委	中国石油和化学工业协会
32	海洋石油天然气	SY(10000号以后)	国家发改委	中国海洋石油总公司
33	化工	HG	国家发改委	中国石油和化学工业协会
34	石油化工	SH	国家发改委	中国石油和化学工业协会
35	兵工民品	WJ	国防科学工业委员会	中国兵器工业总公司
36	建材	JC	国家发改委	中国建筑材料工业协会
37	测绘	CH	国家测绘局	国家测绘局
38	机械	JB	国家发改委	中国机械工业联合会
39	汽车	QC	国家发改委	中国机械工业联合会
40	民用航空	MH	中国民航管理总局	中国民航管理总局
41	船舶	CB	国防科学工业委员会	中国船舶工业总公司
42	航空	HB	国防科学工业委员会	中国航空工业总公司
43	航天	QJ	国防科学工业委员会	中国航天工业总公司
44	核工业	EJ	国防科学工业委员会	中国核工业总公司
45	铁道	TB	铁道部	铁道部
46	劳动和劳动安全	LD	劳动和社会保障部	劳动和社会保障部
47	交通	JT	交通部	交通部
48	电子	SJ	信息产业部	信息产业部
49	通信	YD	信息产业部	信息产业部
50	广播电影电视	GY	国家广播电影电视总局	国家广播电影电视总局
51	电力	DL	国家发改委	国家发改委
52	金融	JR	中国人民银行	中国人民银行
53	文化	WH	文化部	文化部
54	环境保护	HJ	国家环境保护总局	国家环境保护总局
55	新闻出版	CY	国家新闻出版总署	国家新闻出版总署
56	煤炭	MT	国家发改委	中国煤炭工业协会
57	地震	DB	中国地震局	中国地震局
58	海关	HS	海关总署	海关总署
59	邮政	YZ	国家邮政局	国家邮政局
60	中医药	ZY	国家中医药管理局	国家中医药管理局
61	安全生产	AQ	国家安全生产管理局	
62	文物保护	WW	国家文物局	

3. 地方标准及其编号

地方标准的编号由"DB"（地方标准代号）＋省、市编号 ＋"/"（若再加"T"，表示推荐性地方标准）＋ 顺序号 ＋ "－" ＋ 年份组成。

如 DB 21/193—1987 为辽宁省强制性地方标准，DB 21/T 193—1987 为辽宁省推荐性地方标准。

4. 企业标准及其编号

企业标准的编号以 Q 为分子（表示企业），以企业名称的代码为分母。企业代码既可以用汉语拼音字母表示，也可以用两位阿拉伯数字表示，还可以两者兼用，具体办法由当地行政管理部门规定，后面再加上顺序号和年份，即 Q/企业代号 ＋ 标准序号 ＋ 年号，如"Q/BYP 004—1994"为北京燕京啤酒集团公司生产的燕京啤酒的企业标准。

9.2.2 中国标准文献的分类

《中国标准文献分类法》是 1989 年由国家技术监督局正式发布与实施的，它适用于除军工标准外的各级标准及其标准文献的分类。其分类体系以行业划分为主，由一级类目与二级类目组成，一级类目设 24 个大类（见表 9-2）。

表 9-2　中国标准文献基本大类表

A	综合	B	农业、林业
C	医药、卫生、劳动保护	D	矿业
E	石油	F	能源、核技术
G	化工	H	冶金
J	机械	K	电工
L	电子元器件与信息技术	M	通信、广播
N	仪器、仪表	P	土木、建筑
Q	建材	R	公路、水路运输
S	铁路	T	车辆
U	船舶	V	航空、航天
W	纺织	X	食品
Y	轻工、文化与生活用品	Z	环境保护

大类下设小类，即二级类目，二级类目采用两位阿拉伯数字表示，二级类目可设"00～99"共 100 个，如：

B00 农业、林业标准化、质量管理

B01 农业、林业技术管理

……

W00 纺织标准化、质量管理

W01 纺织技术管理

9.2.3 中国标准文献的手工检索

中国标准文献主要有分类与标准号两条检索途径。

1. 分类检索途径

一般标准检索工具都按分类编排。中国标准文献的分类比较简单,只有大类与小类两级类目。先根据课题确定有关标准的大类,在大类之下查小类,获取标准号,进而索取标准原文。

2. 标准号检索途径

如果已知标准号,可从检索工具的标准号索引中了解标准名称,再进一步索取标准原文,或直接去有关部门索取标准原文。

3. 我国标准的检索工具

①《中华人民共和国国家标准目录及信息总汇》(简称《总汇》)。每年出版一次。例如,2009年版分上、下两册,共载入截至2008年12月31日批准发布的全部现行国家标准信息条目23 025项,同时补充载入被代替、被废止国家标准目录,以及国家标准修改、更正、勘误通知等相关信息(截至2009年6月底)。

2009年版《总汇》内容包括四部分:国家标准专业分类目录,被废止的国家标准目录,国家标准修改、更正、勘误通知信息,索引。它收录了1998年底以前的强制性标准3054项,推荐标准14 983项,降为行业标准而尚未转化的标准3353项。该《总汇》按专业分类顺序排列,并设国家标准顺序号索引。该《总汇》还有1996年版——《中华人民共和国国家标准目录及信息总汇1996》。

②《中华人民共和国行业标准目录》。每两年出版一次。例如,2005版收录了2003年3月至2005年3月底由国家发展和改革委员会批准公布的机械、轻工、汽车、冶金、石化、化工、石油、纺织、煤炭、建材、电力、包装、商业、物流等16个行业的现行行业标准1701项,确认继续有效的1436项,废止的356项。

③《中国国家标准汇编》(简称《汇编》)。这是一本大型综合性标准全集,每年出版前一年制定并发布的国家标准,按标准号顺序排列,由中国标准出版社编辑出版。分为"制定"卷和"修订"卷两种编辑版本。

"制定"卷收录上一年度我国发布的、新制定的国家标准,顺延前年度标准编号分成若干分册,封面和书脊上注明"20××年制定"字样及分册号,分册号一直连续。各分册中的标准是按照标准编号顺序连续排列的,如有标准顺序号缺号,除特殊情况注明外,暂为空号。该《汇编》自1983年起,按国家标准顺序号以精装本、平装本两种装帧形式陆续分册汇编出版。各分册中如有顺序号缺号,除特殊情况注明外,均为作废标准号或空号。到目前已出版了200多册。该《汇编》在一定程度上反映了新中国成立以来标准化事业发展的基本情况和主要成就,是各级标准化管理机构,工矿企事业单位,农林牧副渔系统,科研、设计、教学等部门必不可少的工具书。自第201分册起,仅出版精装本。例如,2007年4月出版的《汇编》,为331分册,收入国家标准GB 20157~20176的最新版本(见图9-1)。

为适应标准更新需求,自1995年起,在本《汇编》汇集出版前一年发布的新制定的国家标准的同时,新增出版前一年发布的被修订的标准的汇编版本。"修订"卷收入上一年度我国发布、修订的国家标准,视篇幅分设若干分册,但与"制定"卷分册毫无关联,仅在封面和书

图 9-1 《中国国家标准汇编》封面

脊上注明"20××年修订-1,-2,-3……"字样。"修订"卷各分册中的标准,仍按标准编号顺序排列(但不连续);如有遗漏,均在当年最后一分册中补齐。需提请读者注意的是,个别非顺延前年度标准编号的新制定的国家标准没有收入在"制定"卷中,而是收入在"修订"卷中。

④《中国国家标准分类汇编》。收录1992年以前发布的各类标准,按专业分类,共15卷,每卷分若干分册,设一级类为卷,二级类按标准顺序排列。

⑤《中国标准化年鉴》。1985年创刊,每年出一册。客观全面地记录我国标准化事业改革发展的成就,包括中共中央、国务院对标准化工作做出的重大决策、重要指示、决定,质检总局和国家标准委为促进我国标准化事业发展,在制定发展规划、组织国家标准制修订、管理和指导标准化工作、代表国家参加国际或区域性标准化组织活动等方面的重点工作,国务院有关行业部门、各地方、全国专业标准化技术委员会标准化工作,重要标准化事件、活动、成果,标准推广与实践经验等。

9.2.4 中国标准检索

9.2.4.1 中国标准数据库概况

网上中文标准数据库很多,有的是学会与协会办的,有的是各省市、各行业办的。这些数据库大部分需要先注册,后登录,免费检索。从检索结果可获得标准题目、标准号、起草日期、颁布日期等,但不提供全文。若想获取全文,必须支付费用,如购买其数据库或购买阅读卡等。下面列出一些可检索标准文献的数据库网址:

中国国家标准化管理委员会 http://www.sac.gov.cn/
国家标准文献共享服务平台 http://www.cssn.net.cn/
国家标准网 http://www.biaozhun8.cn/
中国标准化协会 http://www.china-cas.org/（检索国际与国外标准文献的外文网站）
中国标准化杂志 http://www.cspress.com.cn/
中国质量信息网 http://www.caqi.org.cn/index/default.aspx
国家质量监督检验检疫总局 http://www.aqsiq.gov.cn/

此外，有的综合性数据库中包含了标准数据库，如万方数据库和中国知网数据库，都提供部分国家标准和行业标准的检索。

9.2.4.2 标准数据库介绍

1. 中国国家标准化管理委员会

1）中国国家标准化管理委员会概况

中国国家标准化管理委员会是国家质检总局管理的事业单位，是国务院授权的履行行政管理职能、统一管理全国标准化工作的主管机构。其网站所发布的信息在标准化工作中具有权威性。中国国家标准化管理委员会网站如图 9-2 所示。

图 9-2　中国国家标准化管理委员会网站

2）中国国家标准化管理委员会网站提供的服务

（1）中国标准法律法规查询。

（2）国家新标准和作废标准公告查询。

（3）国家标准计划公告查询。

（4）行业标准备案公告查询。

（5）企业标准备案公告查询。

（6）全国专业标准化技术委员会目录和工作动态查询。

（7）标准化动态新闻。

（8）国际标准化工作动态。

(9)免费提供强制性国家标准在线阅读。

3)中国国家标准化管理委员会"国家标准全文公开系统"

本系统公开了质检总局、国家标准委2017年1月1日前已批准发布的所有强制性国家标准、基础类和方法类推荐性国家标准(非采标),其他推荐性国家标准(非采标)将在2017年底前陆续公开。

本系统提供三种检索界面。

(1)普通检索。

普通检索提供任意条件的简单检索入口(见图9-3)。

图9-3 国家标准全文公开系统普通检索界面

(2)标准分类检索。

标准分类检索界面提供国际标准分类号的检索入口(见图9-4)。

图9-4 国家标准全文公开系统标准分类检索界面

(3)高级检索。

高级检索提供全文关键词的检索入口(见图9-5)。

图9-5　国家标准全文公开系统高级检索界面

值得注意的是,食品卫生、环境保护、工程建设方面的强制性国家标准未纳入本系统,同学们请访问国家标准化管理委员会提供的以下网址直接进行查询。

a. 食品安全标准,http://www.nhfpc.gov.cn/zwgkzt/psp/wsbz.shtml(见图9-6)。

图9-6　食品卫生标准检索界面

b. 中华人民共和国环境保护数据中心,http://datacenter.mep.gov.cn/index!MenuAction.action?name=402880fb250ac78001250acb2c730012(见图9-7)。

图9-7 环境保护标准检索界面

c. 工程建设标准强制性条文检索,http://qt.ccsn.gov.cn/WebSite/HouseIndex.aspx(见图9-8)。

图9-8 工程建设标准检索界面

2. 国家标准文献共享服务平台

1)概况

国家标准文献共享服务平台是国家级标准信息服务门户,是世界标准服务网(http://www.wssn.net.cn)的中国站点,是国家科技基础条件平台重点建设项目之一,由国家质量监督检验检疫总局牵头,中国标准化研究院及中国标准化研究院的国家标准机构馆主办。中国标准化研究院国家标准馆(简称国家标准馆)是我国唯一的国家级标准文献、图书、情报的馆藏、研究和服务机构,隶属于中国标准化研究院,是国家标准化管理委员会的基础信息支撑机构。国家标准馆是国家标准文献中心,是中国图书馆学会专业图书馆分会理事单位和国家科技图书文献中心(NSTL)的成员单位,是我国历史最久、资源最全、服务最广、影响最大的权威性标准文献服务机构。

国家标准文献共享服务平台门户网站(http://www.cssn.net.cn)向社会开放,提供标准动态跟踪、标准文献检索、标准文献全文传递和在线咨询等服务。

国家标准文献共享服务平台的标准信息主要依托于国家标准化管理委员会、中国标准化研究院标准馆及院属科研部门、地方标准化研究院(所)及国内外相关标准化机构。国家标准馆自 2005 年开始进行"标准文献共享网络建设",在整合全国已有标准文献资源的基础上,形成了规模庞大的标准文献题录数据库、全文数据库和专业数据库。目前标准文献题录数据库的信息量已达 130 万余条,是我国迄今为止最全的标准文献信息库。为方便国内外用户、服务社会,国家标准馆与 30 多个国家及国际标准化机构建立了长期、稳定的标准文献信息交换关系,并且与众多的国内外标准出版发行机构建立了良好的合作机制,从事国内外及国际标准的代理服务。每年投入大量经费和技术人员,对标准文献信息进行收集、加工,并进行数据库和信息系统的建设、维护与相关研究。国家标准文献共享服务平台主页如图 9-9 所示。

图 9-9 国家标准文献共享服务平台主页

2)提供的服务项目

国家标准馆依托馆藏资源优势和中国标准化研究院的专业技术优势,为社会各界提供标准文献查询(查阅)、查新、有效性确认、咨询研究、信息加工、文献翻译、销售代理、专业培训及其他专题性服务。国家标准馆的服务特点是权威、准确、及时、方便,服务宗旨是最大限度地满足用户对国内外标准文献信息的需求。

①ASTM标准服务。

ASTM是美国材料与试验协会的英文缩写,其英文全称为American Society for Testing and Materials。ASTM的前身是国际材料试验协会(International Association for Testing Materials,IATM)。

中国标准化研究院国家标准馆与ASTM已合作多年,随着中国经济的发展与腾飞,双方的合作进一步深化,并于2003年底签署了发展ASTM会员、举办ASTM标准培训、授权复制和销售ASTM标准的一系列合作协议,目的是使国内广大的ASTM标准用户能更快地获得ASTM标准信息和标准全文,参与ASTM标准的制修订工作,正确地使用ASTM标准,并能及时解决标准使用中的问题。

②标准有效性确认服务。

有效性确认是指利用国家标准馆丰富的馆藏资源对用户所使用的标准进行事实跟踪和认定,并向用户提供权威的标准有效性确认报告,为企业的认证和质量评定及日常标准的使用提供技术保障。

有效性确认是使企事业单位准确掌握国内外有关标准的变化,查清该标准在国内外是否已有新的变化,通过确认可以了解标准的更新、替代、废止信息,便于企业及时在生产、研发中运用。

③标准查询服务。

标准查新(简称查新)是指根据查新委托人提供的需要查证其标准的新颖性并做出结论(查新报告)。

④标准代译服务。

中国标准化研究院国家标准馆承担各种文献的代译业务(中翻外、外翻中)。经过多年业务的开展,国家标准馆建立了高水平的多语种标准代译专家网和合理的价格体系,拥有各个领域的资历深、专业性强的翻译专家、教授,承接了石化、医疗、汽车等专业的标准翻译业务,向国内外用户提供了高质量、高水平的译文,赢得了良好的声誉和用户的信赖。同时,国家标准馆还向广大用户郑重承诺——为用户保守商业机密。

⑤文献提供服务。

标准文献提供服务是根据用户需求为用户提供需要的标准文献的服务。

⑥数据共享服务。

中国标准化研究院国家标准馆建设了国内外标准题录数据库,该题录数据库收集了中国国家标准(GB)、中国行业标准、国际标准化组织标准(ISO)、国际电工委员会标准(IEC)、欧洲标准(EN)、德国国家标准(DIN)、英国国家标准(BS)、法国国家标准(NF)、日本工业标准(JIS)、美国国家标准(ANSI)、美国部分学/协会标准(如ASTM、IEEE、UL、ASME)等的题录信息,共计标准约20万条。

题录数据库数据来源于国家标准化管理委员会、德国标准化协会(DINTR)和国家标准馆馆藏资源,拥有中英文标准名称和主题词,由富有经验的专家翻译和审校。

法规全文数据库,包含有国家法律、法规,国家技术监督检验检疫局发布的法规、规章。

⑦委托检索服务。

委托检索是专业信息检索人员依据丰富的专业知识和检索技能,广泛利用各类数据库,向用户提供所需标准的标准号、名称、简介、文摘等信息,但不进行分析和评价。

3)资源检索

国家标准文献共享服务平台提供的资源检索主要有标准检索、期刊检索、专著检索、技术法规检索、标准内容指标检索。

①标准检索。

标准检索中提供高级检索界面(见图9-10)。

图9-10 国家标准文献共享服务平台资源

②期刊检索。

提供国家标准馆收藏的与标准文献有关的国内58种期刊和国外54中标准化期刊的浏览(见图9-11)和检索(见图9-12)。用户可通过文章标题、作者、刊名字段等进行检索。

3. 中国知网标准文献数据库检索

中国知网(http://www.cnki.net/)的标准数据总库是国内收录比较完整的标准数据库之一,分为国内外标准题录数据库、国家标准全文数据库和中国行业标准全文数据库。国内外标准题录数据库收录了所有的中国国家标准(GB)、国家建设标准(GBJ)、中国行业标准的题录摘要数据,共计标准约13万条;世界范围内重要标准,如国际标准化组织标准(ISO)、国际电工委员会标准(IEC)、欧洲标准(EN)、德国国家标准(DIN)、英国国家标准(BS)、法国国家标准(NF)、日本工业标准(JIS)、美国国家标准(ANSI)、美国部分学/协会标准(如ASTM、IEEE、UL、ASME)等的题录摘要数据,共计标准约31万条。国家标准全文数据库收录了由中国标准出版社出版的、国家标准化管理委员会发布的所有国家标准,占国家标准总量的90%以上。中国行业标准全文数据库收录了现行、废止、被代替及即将实施的行业标准,全部标准均获得权利人的合法授权。标准的内容来源于中国标准化研究院国家标准馆。用户可以通过标准号、中文标题、英文标题、中文关键词、英文关键词、发布单位、摘要、被代替标准、采用关系等检索项进行检索。中国知网数据库列表界面如图9-13所示。

图 9-11　国家标准文献共享服务平台期刊浏览

图 9-12　国家标准文献共享服务平台期刊检索

图 9-13　中国知网数据库列表界面

1）国家标准全文数据库

国家标准全文数据库实现了国家标准与学术期刊、学位论文、专利、科技成果等数据库在同一平台上的跨库检索，且在每一个标准条目的知网节细览页链接了相关的国内外标准、学术期刊、学位论文、会议论文、报纸、年鉴、专利和科技成果等，能帮助人们了解每条标准的产生背景、最新发展动态和相关领域的发展趋势，为研究每一条标准及其所处技术领域的发展动态提供了最完备的信息集成服务。

其检索界面还有中国标准分类、国际标准分类和 CNKI168 学科分类，并能按大类实现某一类别标准的分类检索，如图 9-14 所示。

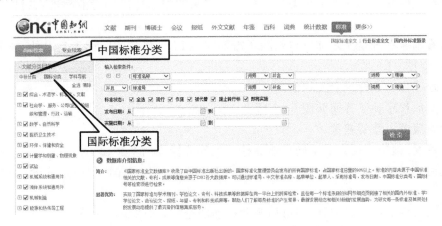

图 9-14　中国知网国家标准全文数据库检索界面

2）国内外标准题录数据库

中国知网国内外标准题录数据库每条标准的知网节集成了与该标准相关的最新文献、

科技成果、专利等信息，可以完整地展现该标准产生的背景、最新发展动态、相关领域的发展趋势，可以浏览发布单位更多的论述及在各种出版物上发表的信息。

3）中国行业标准全文数据库

中国知网中国行业标准全文数据库（SCHF）收录了电子、轻工、黑色冶金、有色金属、稀土、中医药、卫生、医药、纺织、林业、煤炭、烟草等近30个行业标准的数据条。

4. 万方标准数据库检索

万方数据库（http://www.wanfangdata.com.cn/）资源来源于中外标准数据库，涵盖了中国标准、国际标准及各国标准等在内的37万多条记录，综合了由国家技术监督局、建设部情报所、建材研究院等单位提供的相关行业的各类标准题录。全文数据来源于国家指定的专有标准出版单位，文摘数据来自中国标准化研究院国家标准馆，数据权威。万方数据库标准检索界面如图9-15所示。

图9-15　万方数据库标准检索界面

1）本地镜像国家标准全文检索

河南城建学院图书馆本地镜像装有从万方购买的国家标准和行业标准，共计43 845条全文。

在查看国家标准全文之前，PC端除了需要安装PDF格式的阅读工具以外，还需要安装三个插件，如图9-16所示。

2）本地镜像行业标准全文检索

万方本地镜像检索界面如图9-17所示。

5. 网络搜索引擎的检索

利用百度、搜狗等搜索引擎同样能够检索到部分标准的全文。

如利用百度搜索引擎，检索GB 14963—2011《食品安全国家标准 蜂蜜》的全文（见图9-18）。

点击结果中的第一条记录，即可得到此标准的全文，如图9-19所示。

6. 超星读秀文献传递

我国标准文献中90%以上的国家标准和行业标准，可以通过超星读秀文献传递的方法获得。超星读秀文献传递检索标准文献的办法等同于用其检索图书。详情请查看本书第十四章第三节的内容。

第 9 章 标准文献检索

图 9-16 本地镜像国家标准检索界面

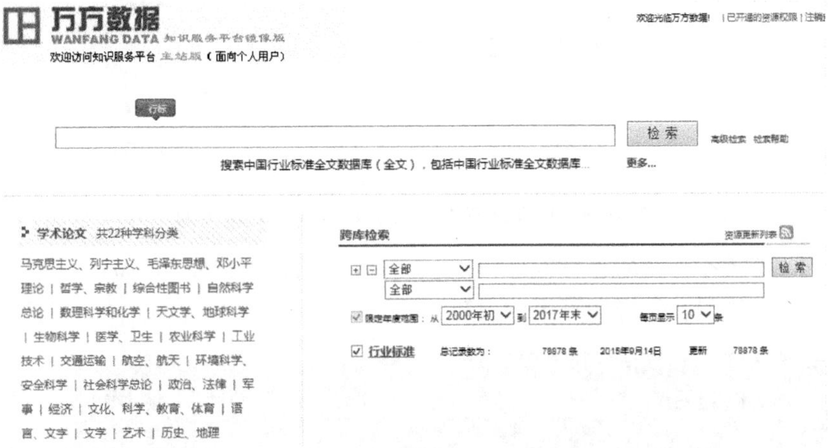

图 9-17 万方本地镜像检索界面

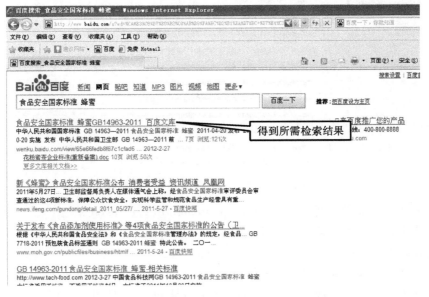

图 9-18 百度搜索引擎检索标准的示例截图

图9-19 百度搜索引擎检索到的标准全文示例

除此以外,我国各行业的官方网站,也建立有各自的标准信息网,如:
(1)中华人民共和国住房和城乡建设部,http://www.mohurd.gov.cn/(见图9-20);

图9-20 中华人民共和国住房和城乡建设部网站标准公告页

(2)国家建筑标准设计网,http://www.chinabuilding.com.cn/;
(3)中华人民共和国环境保护部,http://kjs.mep.gov.cn/hjbhbz/(见图9-21);
(4)工业标准信息网,http://www.instandard.com/;
(5)中国机械工业行业信息服务网站——中国机经网,http://www.mei.net.cn/;
(6)中华人民共和国水利部,http://www.mwr.gov.cn/(见图9-22)。

图 9-21 中华人民共和国环境保护部环境保护标准全文查询页面

图 9-22 水利部国际合作与科技司标准检索页面

9.3 国际标准及其检索

国际标准是国际标准化组织颁布的标准或在某些情况下国际标准化团体颁布的技术规范。国际标准包括国际化标准组织(ISO)、国际电工委员会(IEC)和国际电信联盟(ITU)制定的标准及国际标准化组织认可的其他 27 个国际组织制定的标准。

ISO、IEC、ITU 并称三大国际标准化机构,在国际标准化活动中占主导地位。

9.3.1 国际标准化组织概况

1. ISO

国际标准化组织(International Standardization Organization,简称 ISO),是一个全球性的非政府组织,是制定国际标准的国际性机构,成立于 1947 年 2 月,于 1951 年发布了第一个标准《工业长度测量用标准参考温度》。国际标准化组织的目的和宗旨是:在全世界范围内促进标准化工作的发展,以便于国际物资交流和服务,并扩大在知识、科学、技术和经济方面的合作。其主要活动是制定国际标准、协调世界范围的标准化工作、组织各成员国和技术委员会进行情报交流,以及与其他国际组织进行合作,共同研究有关标准化问题。ISO 是联合国理事会的甲级咨询组织和贸易理事会综合级(即最高级)咨询组织。此外,ISO 还与 600 多个国际组织保持着协作关系。截止到 2000 年 12 月底,ISO 已制定了 13 025 个国际标准。目前,它是世界上最大的国际性标准化组织,负责除电子领域以外的一切国际标准化工作。ISO 的工作语言是英语、法语和俄语,总部设在瑞士日内瓦。ISO 现有 146 个成员国。ISO 的最高权力机关是 ISO 全体成员大会,ISO 全体成员大会由各成员团体决定的代表组成,每年召开一次会议。1969 年,ISO 理事会决议,将 10 月 14 日定为世界标准日。

我国是 ISO 的创始国之一,1950 年以后停止会籍。1978 年,我国要求恢复 ISO 成员国资格,经 ISO 理事会批准,于 1978 年 9 月 1 日起,以中国标准化协会名义参加 ISO,并为正式成员。目前,中国国家标准化管理委员会代表我国在 ISO 中开展工作。在 2008 年 10 月 16 日召开的第 31 届国际标准化组织大会上,中国正式成为 ISO 的常任理事国。这是中国自 1978 年加入 ISO 后首次进入这一组织高层的常任席位,标志着中国标准化工作实现历史性的重大突破。截至 2003 年底,中国以 P 成员的身份参加了 41 个 TC 和 181 个 SC 的活动。目前,中国承担了 ISO 的 1 个 TC 和 5 个 SC 秘书处的工作,分别为 ISO/TC202(微束分析)、ISO/TC202/SC2(微束分析/电子探针微量分析)、ISO/TC17/SC17(钢/钢棒和钢丝产品)、ISO/TC20/SC1(航空和航天器/航空和航天的电器要求)、ISO/TC8/SC4(船舶与海洋技术/甲板机械)、ISO/TC179/SC2(配筋砌体)。

ISO 标准每 5 年修订一次,使用时应注意该标准是否有效。

2. IEC

IEC 是国际电工委员会的简称。国际电工委员会(International Electrotechnical Commission)是由澳大利亚、法国、意大利、英国、美国等 13 个国家的代表于 1906 年 6 月在伦敦会议上成立的电工方面的非官方国际标准化团体组织,是世界上最早的国际标准化组织。它是与 ISO 齐名的国际标准化组织,主要负责制定和批准电工、电子技术领域的各种国际标准。1947 年,IEC 作为一个电工部门并入国际标准化组织,会址遂迁至瑞士日内瓦。但业务上仍保留原来的工作范围,并保留 IEC 名称。1976 年又从 ISO 中分立出来。IEC 是联合国社会经济理事会的甲级咨询机构。目前有 63 个成员国,并与大约 200 个国际组织保持联系。其中,同国际标准化组织关系最为密切,并有明确分工,即 IEC 负责电工电子领域的国际标准化工作,其他领域则由 ISO 负责。理事会是 IEC 的最高权力和立法机构,是国家委员会的全体大会。

我国 1957 年参加 IEC,1988 年起改为以国家技术监督局的名义参加 IEC 的工作,现在是以中国国家标准化管理委员会的名义参加 IEC 的工作。2011 年 10 月 28 日,在澳大利亚召开的第 75 届国际电工委员会理事大会上,正式通过了中国成为 IEC 常任理事国的决议。目前,IEC 常任理事国为中国、法国、德国、日本、英国、美国。中国是 IEC 的 95 个技术委员会和 80 个分委员会的 P 成员。截至 2003 年底,中国以 P 成员身份参加了 87 个 TC 和 85 个 SC 活动;以 O 成员身份参加了 1 个 TC 和 1 个 SC 活动。中国承担了 IEC 的 2 个 TC 的工作,分别为 IEC/TC7(架空电导体)、IEC/TC85(电量和电磁量测量设备)。

国际标准的形成过程:国际标准由技术委员会(TC)和分技术委员会(SC)经过六个阶段形成。第一阶段为申请阶段;第二阶段为预备阶段;第三阶段为委员会阶段;第四阶段为审查阶段;第五阶段为批准阶段;第六阶段为发布阶段。

IEC 与 ISO 的共同之处:它们使用共同的技术工作导则,遵循共同的工作程序。在信息技术方面,ISO 与国际电工委员会 IEC 成立了联合技术委员会(JTC1),负责制定信息技术领域的国际标准,秘书处都由美国国家标准学会(ANSI)担任。IEC 与 ISO 使用共同的情报中心,为各国及国际组织提供标准化信息服务,相互之间的关系越来越密切。

IEC 与 ISO 最大的区别是工作模式不同。ISO 的工作模式是分散型的,技术工作主要由各国承担的技术委员会秘书处管理,ISO 中央秘书处负责协商,只有到了国际标准草案(DIS)阶段,ISO 才予以介入;而 IEC 采取集中管理模式,即所有的文件从一开始就由 IEC 中央办公室负责管理。

3. ITU

国际电信联盟是联合国的一个重要专门机构,也是联合国机构中历史最长的一个国际组织,简称"国际电联""电联"或"ITU"。国际电联是主管信息通信技术事务的联合国机构,负责分配和管理全球无线电频谱与卫星轨道资源,制定全球电信标准,向发展中国家提供电信援助,促进全球电信发展。作为世界范围内联系各国政府和私营部门的纽带,国际电联通过其麾下的无线电通信、标准化和发展电信展览活动,而且是信息社会世界高峰会议的主办机构。国际电联总部设于瑞士日内瓦,其包括 193 个成员国和 700 多个部门成员及部门准成员和学术成员。每年的 5 月 17 日是世界电信日。

ITU 的历史可以追溯到 1865 年。为了顺利实现国际电报通信,1865 年 5 月 17 日,法、德、俄、意、奥等 20 个欧洲国家的代表在巴黎签订了《国际电报公约》,国际电报联盟(International Telegraph Union)也宣告成立。随着电话与无线电的应用与发展,ITU 的职权不断扩大。1906 年,德、英、法、美、日等 27 个国家的代表在柏林签订了《国际无线电报公约》。1932 年,70 多个国家的代表在西班牙马德里召开会议,将《国际电报公约》与《国际无线电报公约》合并,制定《国际电信公约》,并决定自 1934 年 1 月 1 日起将"国际电报联盟"正式改称为"国际电信联盟"(International Telecommunication Union)。经联合国同意,1947 年 10 月 15 日,国际电信联盟成为联合国的一个专门机构,其总部由瑞士伯尔尼迁至日内瓦。

ITU 的组织结构主要分为电信标准化部门(ITU-T)、无线电通信部门(ITU-R)和电信发展部门(ITU-D)。ITU 每年召开一次理事会,每 4 年召开一次全权代表大会、世界电信标准大会和世界电信发展大会,每 2 年召开一次世界无线电通信大会。

中国于 1920 年加入电联,1932 年首次派代表参加了在马德里召开的全权代表大会,签署了马德里《国际电信公约》,1947 年在美国大西洋城召开的全权代表大会上第一次被选为行政理事会的理事国。中华人民共和国成立后,中国在电联的合法席位曾被非法剥夺。1972 年 5 月,电联行政理事会第 27 届会议通过决议恢复我国的合法席位,我国积极参加了电联的会议和活动。

2014 年 10 月 23 日,赵厚麟当选国际电信联盟新一任秘书长,成为国际电信联盟 150 年历史上首位中国籍秘书长,已于 2015 年 1 月 1 日正式上任,任期 4 年。

9.3.2 国际标准文献的分类

国际标准化组织于 1991 年组织编制了用于国际标准文献分类的《国际标准分类法》(International Classification Standards,简称 ICS)。它主要用于国际标准、区域标准和国家标准,以及相关标准化文献的分类、编目、订购与检索,从而促进国际标准、区域标准、国家标准及其他标准化文献在世界范围内的传播。1989 年,国际标准化组织的信息系统与服务委员会(ISO/INFCO)任命了一个由 ISO、IEC 及一些国家的标准化专家和分类学专家组成的分类法特设委员会,该委员会于 1991 年提出了《国际标准分类法》草案,1992 年公布了初版,至 1999 年出第四版。

国际标准化组织发布的标准 1994 年以前使用《国际十进分类法》(UDC),1994 年以后改用 ICS 分类。为此,国家技术监督局于 1995 年 6 月成立了国际标准分类法应用课题研究组,经过课题组专家们的紧张工作,于 1996 年初完成了该课题的应用研究工作,并于 1996 年 4 月 1 日通过了由国家技术监督局组织的专家鉴定。随后,国家技术监督局要求从 1997 年 1 月 1 日起在国家标准、行业标准、地方标准上标注新的 ICS 分类号。至今为止,我国在标准分类上仍采用 ICS 与中国标准分类法并行的办法,随着我国标准化工作与国际的接轨,ICS 将最终取代中国标准分类法。ICS 一级类目表如表 9-3 所示。

表 9-3 ICS 一级类目表

01	综合、术语、标准化、文献	27	能源和传热导工程
03	社会学、服务、公司(企业)的组织和管理、行政、运输	29	电气工程
07	数学、自然科学	31	电子学
11	医疗卫生技术	33	电信、音频和视频技术
13	环保、保健与安全	35	信息技术、办公机械设备
17	计量学和测量、物理现象	37	成像技术
19	试验	39	精密机械、珠宝
21	机械系统和通用件	43	道路车辆工程
23	流体系统和通用件	45	铁路工程
25	机械制造	47	造船和海上建筑物

续表

49	航空器和航天器工程	77	冶金
53	材料储运设备	79	木材技术
55	货物的包装和调运	81	玻璃和陶瓷工业
59	纺织和皮革技术	83	橡胶和塑料工业
61	服装工业	85	造纸技术
65	农业	87	涂料和颜料工业
67	食品技术	91	建筑材料和建筑物
71	化工技术	93	土木工程
73	采矿和矿产品	95	军事工程
75	石油及相关技术	97	家用和商用设备、文娱、体育

ICS 是一个数字等级分类法,包含三个级别。第一级包含 40 个标准化专业领域,各个专业又细分为 407 个组(二级类),407 个二级类中的 134 个又被进一步细分为 896 个分组(三级类)。国际标准分类法采用数字编号。第一级和第三级采用双位数,第二级采用三位数表示,各级分类号之间以实圆点相隔,如 43.040.20(照明、信号和报警设备)。ICS 一些二级和三级类类名下设有范畴注释和/或指引注释。一般来说,范畴注释列出某特定二级类和三级类所覆盖的主题或给出其定义;指引注释指出某一特定二级类或三级类的主题与其他类目的相关性。

目前使用的中文版 ICS 是依据英文版的第四版修订的中文第三版,英文版的 ICS 已经出版到第六版,与原来的第四版相比,一级类目多了 1 个 99 空类,二级类目总数调整为 392 个,三级类目扩充为 909 个。

9.3.3 国际标准化组织及其标准检索

1. ISO 标准号

ISO 标准号结构形式有两种。

①推荐标准:ISO/R+顺序号+发布年份。

例如,ISO/R 1501—1970,标准名称为"微型螺纹"。

②正式国际标准:ISO+顺序号+发布年份。

例如,ISO 6989—1981,标准名称为"纺织纤维 短纤维长度和长度分布的测定(单纤维测定)"。

ISO——标准代号。

ISO/R——推荐标准代号。

2. 国际标准检索工具

1)《国际标准化组织标准目录》

这是检索 ISO 标准的主要检索工具,由国际标准化组织编辑出版。它是报道 ISO 标准目录的年刊,每年 2 月出版,用英文、法文对照本形式报道前一年全部现行标准,每年还出 4 期补充目录。共由下述 7 个部分组成。

①分类目录。其按 ISO/TC 类号编排,如 TC1 是螺纹、TC2 是紧固件、TC61 是塑料、TCA5 是橡胶……其检索步骤是:确定检索课题的分类号(TC 号)→类目所在目录正文的页码→目录正文有关 ISO 标准的标准名称、标准号、制定和修改情况等内容。

②目录正文。其按 ISO/TC 类号→ISO 标准号顺序编排,直接提供一条分类检索途径。

③英文主题索引。其按英文字母顺序排列,其检索步骤是:确定检索课题的主题词→ISO/TC 类号和标准号→目录正文→有关标准的信息。

④法文主题索引。其按法文字母顺序排列,其检索步骤同英文主题索引。

⑤标准号索引。按 ISO 标准号顺序排号。其检索步骤是:已知某一 ISO 标准号→标准号索引→ISO/TC 类号和标准号→目录正文→有关标准的信息。

⑥作废标准与代替标准对照索引。其按作废标准号顺序排列。其检索步骤是:已知某一 ISO 标准号(看其是否作废,如已作废,作废标准与代替标准对照索引)→ISO/TC 类号和新代替的标准号→目录正文→有关标准的信息。

⑦国际十进分类号(UDC)与 ISO/TC 类号对照索引。其按 UDC 的类号顺序排列。其检索步骤是:已知 UDC 分类号→对照索引→ISO/TC 类号→目录正文→某一类目下所有标准的信息。

《国际标准化组织标准目录》主要通过主题、分类和标准号三种途径进行检索。若需查其全文,可按 ISO 标准号到馆藏 ISO 标准的单位或 ISO 标准全文数据库进一步检索。

2)《ISO 标准目录补充本》

这是《国际标准化组织标准目录》的季度累积本,收录本季度内公布的正式标准和草案标准。

3)《ISO 通报》

这是 ISO 的月刊,及时报道 ISO 标准的制定情况。

3. ISO 网络检索

国际标准化组织(见图 9-23)提供英、法两种文种互换阅读。

在 ISO 网站上可以检索 ISO 所有已颁布的标准,ISO 网站还提供在线订购全文的服务。

9.3.4 国际电工委员会及其标准检索

1. 国际电工委员会概况

国际电工委员会成立于 1906 年,至今已有 100 多年的历史,总部设在日内瓦。1947 年 ISO 成立后,IEC 曾经作为电工部门并入 ISO,但在技术上、财务上仍保持独立。它是世界上成立最早的国际性电工标准化机构,负责有关电气工程和电子工程领域的国际标准化工作。

IEC 的宗旨是:促进电气、电子工程领域标准化及有关问题的国际合作,增进各国间的相互了解。为实现这一目的,IEC 出版包括国际标准在内的各种出版物,并希望各成员在本国条件允许的情况下,在本国的标准化工作中使用这些标准。近二十年来,IEC 的工作领域和组织规模均有了相当大的发展。目前 IEC 的工作领域已由单纯研究电气设备、电机的名词术语和功率等问题扩展到电子、电力、微电子及其应用、通信、视听、机器人、信息技术、新型医疗器械和核仪表等电工技术的各个方面。

IEC 标准的权威性是世界公认的。IEC 每年都要在世界各地召开一百多次国际标准会议,世界各国共有近 10 万名专家在参与 IEC 标准的制定、修订工作。IEC 有技术委员会

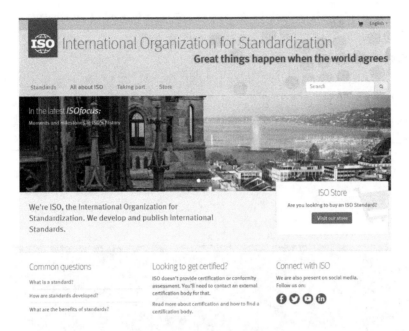

图 9-23　国际标准化组织主页

(TC)109 个、分技术委员会(SC)130 多个。IEC 标准在迅速增加,1963 年只有 120 个标准,截止到 2000 年 12 月底,IEC 已制定了 4885 个国际标准。

2. IEC 标准号

IEC 标准号的组成如下。

①IEC＋序号＋年号,如 IEC 60434—1973,标准名称为"飞机用白炽灯"。

②IEC ＋ 序号＋附加标记＋ 年号,如 IEC 871-1—1997。附加标记有两种:一是加数字,表示是该标准的分标准;二是加 A、B、C 等标记,以示与原标准有所区别。

例如,IEC 60335-2-104—2004,标准名称为"家用和类似用途电器的安全 第 2-104 部分:从空调和冷藏设备中回收制冷剂的器具的特殊要求"。

3. IEC 标准检索工具

1)《国际电工标准目录》

该目录为年刊,由 IEC 中央办公室以英文、法文对照的形式编辑出版。它由两部分组成,提供两条检索途径,即标准号与主题词。

①标准序号目录。该目录按标准顺序号排列,不仅包括现行标准,而且包括作废标准。现行标准用黑体字印刷,废气标准用浅体字印刷,并给出替代标准。

②主题索引。按标准的主题词字顺排列,通过主题词查到对应的标准号。主题词分两级,即大主题和小主题。当用户不知道标准号时,可利用该索引。*IEC Catalogue of IEC Publications* 有对应的中文版,为《国际电工标准目录》。该目录正文按 IEC 技术委员会(TC)的编号顺序排列。后附有标准序号索引,其检索方法与 *IEC Catalogue of IEC Publications* 基本相同。

2)《国际电工委员会年鉴》

《国际电工委员会年鉴》的记载内容与《IEC 标准出版物目录》一样,其区别在于它是按

IEC技术委员会(TC)的编号顺序排列的,是IEC标准的分类目录,以技术分类(TC)作为它的检索入口,是《国际电工标准目录》检索的辅助检索工具。

4. IEC网站

该网站(http://www.iec.ch/)可通过主题词、标准号、年代、技术委员会(TC)等检索途径进行检索,可浏览标准号、英文标题、版本、页码、TC、语种、出版日期、文摘、ICS号等信息。另外还可以通过浏览ICS列表选择所需标准分类,进入一级类目后可继续选择二级类目,可浏览标准顺序号查找所需标准。IEC网站还提供新出版标准信息、标准作废替代信息等。IEC网站主页如图9-24所示。

图 9-24　IEC 网站主页

9.3.5　国际电信联盟及其标准检索

ITU是联合国的15个专门机构之一,但在法律上不是联合国附属机构,它的决议和活动无须联合国批准,但每年要向联合国提出工作报告。国际电信联盟的宗旨是:①保持和发展国际合作,促进各种电信业务的研发和合理使用;②促使电信设施的更新和最有效的利用,提高电信服务的效率,增加利用率和尽可能达到大众化、普遍化;③协调各国工作,达到共同目的。这些工作可分为电信标准化、无线电通信规范和电信发展三个部分,每个部分的常设职能部门是"局",其中包括电信标准局(TSB)、无线通信局(RB)和电信发展局(BDT)。国际电联的使命是使电信和信息网络得以增长和持续发展,并促进普遍接入,以便世界各国人民都能参与全球信息经济和社会并从中受益。

国际电信联盟网站(见图9-25)提供中文、英文、阿拉伯文、西班牙文、法文、俄文六种文字阅读选择。主页左上角的检索框是一个单字段的模糊检索框,直接输入标准名称或标准号即可检索。

ITU网站还提供ITU标准的题录和相关出版物信息的检索,在线订购原文服务及电信

图 9-25 ITU 网站主页

相关标准更新和变化的最新信息等。

9.3.6 国际和国外主要国家标准代号

国际和国外主要国家标准代号如表 9-4 所示。

表 9-4 国际和国外主要国家标准代号

标准名称	标准代号	标准名称	标准代号
国际标准化组织标准	ISO	日本工业标准	JIS
国际电工委员会标准	IEC	澳大利亚国家标准	AS
国际电信联盟标准	ITU	加拿大标准协会标准	CSA
欧洲标准	EN	美国电子电气工程师协会标准	IEEE
欧洲计算机制造商协会标准	ECMA	美国船舶局标准	ABS
美国国家标准	ANSI	美国航天工业协会标准	AIA
德国国家标准	DIN	美国机械工程师协会标准	ASME
英国国家标准	BS	美国军用标准	MIL
法国国家标准	NF	德国工程师协会标准	VDI

9.4 国外先进标准及其检索

国外先进标准是指未经国际标准化组织确认并公布的其他国际组织的标准、发达国家

的国家标准、区域性组织的标准、国际上有权威的团体标准与企业（公司）标准中的先进标准。例如，美国国家标准（ANSI）、英国国家标准（BS）、日本工业标准（JIS）、德国国家标准（DIN）、法国国家标准（NF）及苏联国家标准（GOST）等。

9.4.1 美国国家标准及其检索

1. 概况

美国国家标准学会（American National Standards Institute，简称 ANSI）负责制定与颁布美国国家标准，该学会建于 1918 年。美国国家标准学会既是 IEC 的秘书处，也是 ISO 的秘书处，还是 ISO、IEC 最大的技术委员会。其工作量几乎是 ISO、IEC 的 1/3，其制定的国际标准量也占 1/3，且更新很快。该委员会经 ISO、IEC 理事会授权使用特殊的标准制定程序，因此标准制定周期短、出标准快，但标准的寿命也短，有的几个月之内发布，过了几个月又马上开始修订，这主要是信息技术迅速发展造成的。

该委员会下设 20 多个分委员会，其制定的最有名的 OSI（开放系统互联）标准，成为各计算机网络之间进行接口的权威技术，为信息技术的发展奠定了基础。

和其他国家不同，ANSI 虽然称为美国国家标准学会，实际上是一个非营利性质的民间标准化团体。它已成为美国国家标准化中心，美国各界标准化活动都围绕它进行。通过它，政府有关系统和民间系统相互配合，起到了政府和民间标准化系统之间的桥梁作用。ANSI 协调并指导美国全国的标准化活动，给予标准制定、研究和使用单位以帮助，提供国内外标准化情报。同时，又起着行政管理机关的作用。该学会本身很少制定标准，大约 4/5 的 ANSI 标准是从本国 70 多个专业团体制定的专业标准中择取对全国具有重要经济意义的标准，经 ANSI 各专业委员会审核后升格为国家标准。已经提升为 ANSI 标准的专业标准也有可能会被取消。

现将在美国国家标准化工作中最有影响的组织与团体介绍如下。

1）联邦规范与标准（Federal Specification & Standards，简称 FS）

FS 是政府标准，占重要地位的是军用标准，代号为 MIL。政府其他部门制定的标准也都有相应的代号。

2）美国试验与材料协会（American Society for Testing and Materials，简称 ASTM）

这是美国历史最长、规模最大、影响最广的行业协会，创立于 1898 年。ASTM 在国内外设有许多分会，拥有会员 291 000 个。ASTM 下设 138 个技术委员会，每个委员会又下设 5～10 个小组委员会。ASTM 主要致力于制定各种材料的性能和试验方法的标准。从 1973 年起，扩大了业务范围，开始制定关于产品、系统和服务等领域的试验方法标准。标准包括标准规格、试验方法、分类、定义、操作规程及有关建议。它所制定的各种材料的性能及其试验方法的标准中有 40% 被升格为美国国家标准。

3）美国机械工程师协会（American Society of Mechanical Engineers，简称 ASME）

美国机械工程师协会成立于 1881 年 12 月 24 日，会员约 693 000 人。ASME 主要从事发展机械工程及其有关领域的科学技术，鼓励基础研究，促进学术交流，发展与其他工程学会、协会的合作，开展标准化活动，制定机械规范和标准。ASME 是 ANSI 五个发起单位之一。ANSI 的机械类标准主要由 ASME 协助提出，并代表美国国家标准委员会技术顾问小组参加 ISO 的活动。

4)美国机动车工程师协会(Society of Automotive Engineers)

主要制定公路与非公路行驶的机动车辆,以及航空、航天方面的标准。这些标准通常为国际相关团体所采用。

5)美国电子电气工程师协会(Institute of Electrical and Electronics Engineers,简称 IEEE)

IEEE 是 1963 年由美国电气工程师学会(AIEE)和美国无线电工程师学会(IRE)合并而成,是美国规模最大的专业学会。它由大约 17 万名从事电气工程、电子和有关领域的专业人员组成,分设 10 个地区和 206 个地方分会,设有 31 个技术委员会。IEEE 制定的标准涉及电气与电子设备、试验方法、元器件、符号、定义及测试方法等。

6)美国保险商实验室(Underwriters Laboratories,简称 UL)

UL 成立于 1894 年,前身是美国火灾保险商协会,是美国最有权威的安全试验和认证机构之一。UL 主要制定安全标准,下设电气、防盗、事故、防火和船舶工程部及消费者咨询委员会,负责 UL 标准的制定工作。UL 在国内外从事对各种设备、系统和材料的安全试验与检查,以确定对生命财产是否存在危险,并将检查结果公之于各保险公司、政府机构及其他组织。经检查合格者,发给 UL 质量标志。UL 标志已在许多国家通行。

7)美国全国防火协会(National Fire Protection Association,简称 NFPA)

美国全国防火协会成立于 1896 年。该协会是一个国际性的技术与教育组织,拥有 75 000 多名个人会员。此外,还有来自 80 多个国际商业和专业组织,遍及全球一百多个国家。协会下设 162 个技术委员会及其分会。NFPA 制定防火规范、标准、推荐操作、规程、手册、指南及标准法规等。常见的由 NFPA 制定的标准有 NFPA 70(美国国家电工标准)和 NFPA 704(材料危害性应急标识系统鉴别标准)。目前 NFPA 美国消防协会也于每年约 6 月在美国举办消防防火展。NFPA 的宗旨是推行科学的消防规范和标准,开展消防研究、教育和培训;减少火灾和其他灾害,保护人类生命财产和环境安全,提高人们的生活质量。一个多世纪以来,NFPA 一直是消防界的先导。

8)美国印刷电路学会(Institute of Printed Circuits,简称 IPC)

美国印刷电路学会由 300 多家电子设备与印刷电路制造商及原材料与生产设备供应商等组成,下设若干技术委员会。IPC 主要制定规格、标准,它还积极参加 IEC 的电子元件标准的制定。IPC 的一些标准已为美国国家标准所采用。

2. 美国国家标准文献分类与号码构成

ANSI 标准采用字母与数字相结合的混合标记分类法,目前共分为 18 个大类,每个大类之下再细分若干个小类,用一个字母表示大类,用数字表示小类。

美国国家标准号的构成如下。

①ANSI+分类号 + 小数点 + 序号—制定(修订)年,如 ANSI L1.1—1981,标准名称为"Safety and Health Requirement for the Textile Industry","L1"在 ANSI 中代表纺织工程的分类号。

②ANSI/原行业标准号—年份,如 ANSI/AATCC 36—1981,标准名称为"Water Resistance:Rain Tent",这是由行业标准升格为 ANSI 标准的构成形式。

3. 美国国家标准文献检索

1)美国国家标准检索工具

(1)《美国国家标准学会目录》。这是一本年刊,它提供三条检索途径:

①主题索引,按主题字顺排列;

②分类途径,按分类字母顺序排列;

③名称索引,按制定标准的行业协会的缩写字母顺序排列。

(2)《美国国家标准目录》。这也是一本年刊,可以从标准主题与标准号两个途径检索,在每条目录下列出标准主要内容、标准制定机构名称、代码和价格。

2)互联网检索

(1)美国国家标准学会在互联网上提供检索服务,其网址为 http://web.ansi.org/,检索主页如图 9-26 所示。

图 9-26 美国国家标准学会检索主页

(2)美国电子电气工程师协会于 1963 年由美国电气工程师学会(AIEE)和美国无线电工程师学会(IRE)合并而成,是美国规模最大的专业学会。IEEE 的标准内容包括电气与电子设备、试验方法、元器件、符号、定义以及测试方法等,其网址为 http://standards.ieee.org/,检索主页如图 9-27 所示。

该网站发布有关标准的信息主要有标准协会、标准产品、开发资源、信息数据库、图书馆、标准委员会等超链接,用户可免费进入查询。

9.4.2 英国国家标准及其检索

1. 概况

英国国家标准由英国标准学会(British Standards Institution,简称 BSI)负责制定。该学会成立于 1901 年,是世界上第一个国家标准化机构,是英国政府承认并支持的非营利性民间团体,总部设在伦敦,目前共有捐款会员 20 000 多个,委员会会员 20 000 多个。它不受政府控制,但得到了政府的大力支持。英国标准学会机构庞大而统一,其下设有 300 多个技

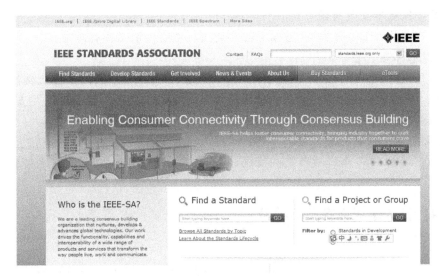

图 9-27　美国电子电气工程师协会检索主页

术委员会和分委员会。它的标准每 5 年复审一次。英国国家标准在世界上有较大影响,因为英国是标准化先进国家之一,它的标准为英联邦国家所采用,所以英国国家标准在国际上备受重视。

BSI 是国际标准化组织(ISO)、国际电工委员会(IEC)、欧洲标准化委员会(CEN)、欧洲电工标准化委员会(CENELEC)、欧洲电信标准学会(ETSI)创始成员之一,并在其中发挥着重要作用。

英国国家标准号的构成如下。

①BS＋顺序号—制定(或修订)年份,如 BS 1069—1997,其名称为"棉制帆布传送带标准"。

②BS＋ 顺序号 ＋ 分册号—制定(或修订)年份,如 BS 6912 pt.2—1993,其名称为"土方机械安全(第二部分)"。

如果没有专业代号,则表明为一般标准;如果出现"pt."字样,则表示同号标准分出的部分。

2. 英国国家标准文献检索

检索英国国家标准的主要工具是《英国标准学会目录》,年刊,原名为《英国标准年鉴》。英国标准多年来一直不分类。该目录由标准号目录、主题索引、ISO 标准和 IEC 标准同 BS 标准对照表三部分组成。也可以登录英国标准学会的网站检索,其网址是 http://www.bsigroup.com/。

9.4.3　德国国家标准及其检索

1. 概况

德国国家标准由原联邦德国标准学会(简称 DIN)制定。东、西德国统一之后,DIN 标准取代了东德国家标准(TFL),成为全德统一的标准。DIN 是一个经注册的私立协会,大约有 6 000 个工业公司和组织为其会员。DIN 标准号构成如下:DIN ＋ 顺序号—年份,如 DIN 13208—1985。

2. 德国国家标准文献检索

DIN 标准采用 UDC 分类法(国际十进分类法),主要检索工具有两种。

1)《DIN 技术规程目录》(年刊)

该目录采用德、英文对照形式,除收录 DIN 标准之外,还收录国内其他机构出版的标准与技术规程,以及各州政府部门公布的技术法规。该目录正文采用 UDC 分类法编排,目录后附有德、英文主题索引和标准顺序号索引。

2)《英文版联邦德国标准目录》(年刊)

该目录收录近 4000 个译成英文的德国标准,按 UDC 分类编排,并附有序号索引和主题索引等。

9.4.4 日本国家标准及其检索

1. 概况

日本国家标准主要指日本工业标准(Japanese Industrial Standards,简称 JIS),由日本通产省属下的日本工业标准调查会(Japanese Industrial Standard Committee,简称 JISC)制定,由日本标准协会负责发行。在国际上,JISC 代表日本参加国际标准化活动。

日本工业标准采用字母与数字相结合的混合标记分类法,用一个字母表示一个大类,共 17 个大类,大类之下再用数字细分为 146 个小类。但这些类别中不包含药品、化肥、农药、蚕丝、畜产、水产品和农林产品等。它们有另外的标准。

JIS 标准号构成如下:

JIS+字母类号+数字类号+标准序号—制定(或修订)年份,如 JIS D6802—1990,其标准名称为"自动输送车辆的安全标准",D68 为分类号,02 为标准序号,1990 为年份。

2. 日本国家标准文献检索

1)《日本工业标准目录》

它包括分类目录和主题目录。分类目录按 JIS 的大类和小类的英文字母顺序排列;主题目录按日文的 50 音图字母顺序排列,供用户从分类途径和主题途径进行检索。

2)《日本工业标准年鉴》

这是一本英文版的总目录,我国有不定期的中文译本。

另外,在国家标准化管理委员会、中国知网、万方数据库等网站也能检索到国际标准和国外标准的题录。

第 10 章　专利文献检索

10.1　专利概述

专利是在一定时期内受法律保护的发明创造。专利是知识产权的一部分,专利的英文名称是 patent,源自拉丁文 Royal Letters Patent(皇家特许证书),是中世纪的君主用来颁布某种特权的证明,后来指英国国王亲自签署的独占权利证书。

专利起源于专利制度的诞生。专利制度是依照专利法授予发明创造专利权,保护和鼓励发明创造,促使发明创造的推广应用,维护市场经济秩序,推动科技发展和进步的一种法律制度。专利法既是专利制度的依据,也是实行专利制度的保证。国际上一般认为英国 1623 年的《垄断法规》是近代专利保护制度的起点,至今已有三百多年的历史。接着,美国在 1790 年、法国在 1791 年、印度和巴西在 1859 年、德国在 1877 年、日本在 1885 年都先后颁布了专利法。

在我国,19 世纪末 20 世纪初才开始有涉及专利的活动。新中国成立后于 1950 年颁布了《保障发明权与专利权暂行条例》,后又颁布了《中华人民共和国发明奖励条例》。1980 年 1 月成立了中华人民共和国专利局,着手拟定我国的专利法和专利制度。1983 年 3 月,我国正式加入了世界知识产权组织(WIPO)。我国正式实施的专利制度是 1984 年 3 月 12 日第六届全国人民代表大会常务委员会第四次会议正式通过的《中华人民共和国专利法》(简称《专利法》),1985 年 4 月 1 日起正式实施,标志着我国专利制度的开始。《专利法》分别在 1992 年、2000 年和 2008 年进行了三次修改。1992 年 9 月,第一次修订的《专利法》,扩大了保护范围,延长了保护期,增加了进口权等。2008 年,对专利的创新性提出了更高的要求,要求"绝对创新",不仅要求在国内新颖,还要求在世界范围内新颖,并与世界接轨。与《专利法》配套的《中华人民共和国专利法实施细则》(简称《实施细则》)也经历了三次修订。

10.1.1　专利的含义

专利是专利权的简称,它是指一项发明创造向国家专利行政部门提出专利申请,经依法审查合格后,向专利申请人授予的在规定的时间内对该项发明创造享有的专有权。由此可见,专利是一种财产权,是运用法律保护手段"跑马圈地"、独占现有市场、抢占潜在市场的有力武器。专利是一种无形资产,在有效期限内像有形资产一样,可以交换、投股、继承、转让等。

从不同的角度叙述,专利有不同的含义,现代意义上的专利通常包含如下三个方面的内容。

一是从法律角度来说,专利是指专利权,即国家专利行政部门按《专利法》授予专利申请人在一定时间对其发明创造成果享有的独占和垄断权。专利权只在一定期限内有效,期限届满后,它所保护的发明创造就成为社会的公共财富,任何人都可以自由使用。

二是从技术角度来说,专利是受到《专利法》保护的发明创造,即发明创造成果本身,也就是通常所说的专利技术。

三是从文献角度来说,专利是指专利文献,即记载着发明创造详细内容、受法律保护的技术范围的法律文书。人们习惯上所说的专利主要是指专利权。

10.1.2 专利的类型

由于各国的专利法不同,专利类型的划分也不尽相同。比如美国分为发明专利、外观设计专利和植物专利,我国、日本和德国等分为发明专利、实用新型专利和外观设计专利。

1. 发明专利

发明专利是专利中最重要的一种类型,是指对产品、方法或者其改进所提出的新的技术方案。发明专利要求有较高的创造性水平,必须具有突出的实质性特点和显著的进步。所谓"实质性特点"是指该发明与现有的技术相比具有明显的区别,对于发明所属的技术领域的普通技术人员来说并不是显而易见的,他不能从现有的技术中得出构成该项发明的全部必要的技术特征,也不能通过逻辑分析、推理或者试验而得到。"显著的进步"是指从发明技术上看与现有技术相比具有长足的进步,解决了人们一直渴望解决、但始终未能解决的问题,或者该发明克服了技术偏见,提出了一种新的研究路线,或者该发明取得了意想不到的技术效果,代表某种新技术的趋势。

发明专利又分为产品发明和方法发明。产品发明是指一切以有形形式出现的发明,即用物品来表现其发明,如机器、设备、仪器、用品等。方法发明是指发明人提供的技术解决方案是针对某种物质以一定的作用使其发生新的技术效果的一种发明,它是通过操作方式、工艺过程的形式来表现其技术方案的。

2. 实用新型专利

与发明专利相比,实用新型专利也被称为"小发明""小专利",是指对产品的形状、构造或者其结合所提出的适于实用的新的技术方案。实用新型专利在创造性水平上略低于发明专利,它只适用于有形产品的发明,不适用于方法发明。实用新型专利的申请无须进行实质审查,保护期限较短,有利于促进发明创造活动的开展和技术的更新换代。

3. 外观设计专利

外观设计专利是指对产品的形状、图案、色彩或者其结合做出的富有美感并适于工业应用的新设计。外观设计专利要与产品结合,其设计既可以是立体的,也可以是平面的,要有视觉可见性且不能违反社会公德,能为大家所接受。它是针对工业产品的设计,不是艺术品,要求能够进行工业化量产。

10.1.3 授予专利的条件

一项发明创造必须符合《专利法》规定的条件,才能被授予专利权。根据《中华人民共和国专利法》第二十二条的规定:"授予专利权的发明和实用新型,应当具备新颖性、创造性和实用性。"世界各国也都做了相应的规定。

1. 新颖性

这是专利的最基本条件,所谓新颖性是指申请日以前没有同样的发明创造在国内外出版物上公开发表过、在国内外公开使用过或者以其他方式为公众所知;也没有同样的发明创造由他人向专利局提出过申请,并记载在以后公布的专利申请文件中。简言之,新颖性就是指申请专利的发明创造必须是新的、前所未有的。

2. 创造性

所谓创造性是指发明必须不同于现有技术中的类似东西,它必须是独创的,同现有技术相比,该发明具有突出的实质性特点和显著进步。创造性是在新颖性的基础上,比现有技术前进一大步。有的国家称之为"先进性""非显而易见性"。

3. 实用性

实用性是指申请专利的发明或实用新型专利能够制造或者使用,并能够产生积极效果。发明创造的实用性应具备可实施性、重复再现性和有益性。可实施性是指申请专利的发明创造必须符合自然法则,在技术上有实施的可能性,还要有具体的实施方案,才能付诸实施;重复再现性是指发明创造能够在非特定的条件下反复地实施,即能在工业上重复地制造出产品来;有益性是指发明创造实施后能够产生一定的经济、技术或社会效益,如提高产品质量、节约能源等。

《专利法》规定,授予专利权的外观设计应当同申请日以前在国内外出版物上公开发表过或国内公开使用过的外观设计不相同并且不相近似。

10.1.4 专利的特点

1. 专有性

也称独占性,指专利权人对其发明创造所享有的独占性的制造、使用、销售和进口的权利。也就是说,任何单位和个人未经专利权人许可不得以生产经营为目的,制造、使用、销售和进口其专利产品。否则就是侵犯专利权,将追究经济赔偿和法律责任。

2. 地域性

除签有国际公约或双边互惠协定外,指一个国家依照本国专利法授予的专利权,仅在该国法律管辖的范围内有效,对其他国家没有任何约束力,外国对其专利权不承担保护的义务。也就是说,如果一项发明创造只在我国取得了专利权,那么若有人在别国制造、使用、销售该发明创造,则不属于侵权行为。

人们欲使一项新发明技术获得多国专利保护,就必须将其发明创造向多个国家申请专利。同一项发明创造在多个国家申请专利而产生的一组内容相同或基本相同的文件出版物,称为一个专利族。随着国际经济交流的日益发展,知识产权也正朝着国际化发展。

3. 时效性

时效性是指专利权人对其发明创造所拥有的专有权只在法律规定的时间内有效,期限届满后,专利权人对其发明创造不再享有制造、使用、销售和进口的专有权,这时任何单位和个人都可无偿使用该项技术。我国现行专利法规定发明专利的保护期限自申请日起为20年,规定实用新型专利、外观设计专利的保护期限自申请日起为10年。美国专利的保护期限自1995年6月8日及之后提出申请的发明专利和植物专利保护期为自实际申请日起20年;外观设计的专利保护期为专利授权日起算14年。我国专利权消亡原因是专利期限届满

(发明专利 20 年,实用新型专利和外观设计专利 10 年),或者不缴纳年费或书面声明放弃专利权(年费随保护时间的增加而增加,年费在专利制度中起经济杠杆的作用),经复审宣告无效。

10.2　专　利　文　献

10.2.1　专利文献含义

专利文献是指各国专利局及国际性专利组织在审批专利过程中产生的官方文件及其出版物的总称。专利文献按一般的理解主要是指各国专利局的正式出版物。作为公开出版物的专利文献主要有《专利说明书》《专利公报》《专利文摘》《专利索引》和《专利分类表》等。

根据中华人民共和国知识产权行业标准 ZC 0007—2004 的规定,专利文献是指国家知识产权局按照法定程序公布的专利申请文件和公告的授权专利文件。

专利文献的核心是专利说明书。专利说明书一是公开技术信息,二是限定专利权的范围。平时所说的专利文献,一般是指专利说明书。

专利文献是申请或批准专利的发明创造,即包含已经申请或被确认为发现、发明、实用新型和工业品外观设计的研究、设计、开发和试验成果的有关资料,以及保护发明人、专利所有人及工业品外观设计和实用新型注册证书持有人权利的有关资料,已出版或未出版的文件的总称。

广义的专利文献,包括申请说明书、专利说明书、专利公报、专利分类表、专利法规和专利诉讼文件等;从狭义上来说,专利文献指的是申请说明书和专利说明书。

专利文献也经历了一个漫长的发展过程,从最初的萌芽状态到被公开出版、广泛传播,最终成为占全世界每年各种图书期刊总出版量四分之一的出版物。世界知识产权组织的研究结果表明,全世界最新的发明创造信息,90% 以上首先都是通过专利文献反映出来的。

10.2.2　主要专利文献介绍

1. 专利说明书

专利说明书类文献的划分基于以下几种考虑:专利权种类、不同审批程序中出版的说明书、说明书出版时的编号系列。专利局编辑出版的说明书全文包括发明专利申请公布说明书、发明专利说明书和实用新型专利说明书。专利说明书类文献的组成包括三部分。

(1)扉页,即专利文献著录项目。为克服语言障碍,便于世界范围内识别专利文献著录项目,也为便于计算机管理,巴黎联盟专利局间情报检索国际合作委员会(ICIREPAT)为专利文献著录项目制定了统一代码(INID)。

(2)发明内容(包括权利要求)。

(3)附图。此外,有些机构出版的申请公布说明书还附有检索报告。

保密专利申请与保密专利不出版说明书全文。应注意将我国的说明书种类与其他国家或地区的相区别。

2. 专利公报

专利公报是各工业产权局根据各自工业产权法、公约及条约的法律要求,报道有关工业产权申请的审批状况及相关法律法规信息的定期连续出版物。专利公报是二次专利文献，也由专利局出版，且通常与一次专利文献同步出版，是对一次专利文献内容的补充，如对一项已公布的专利申请的法律状况及权利变更进一步公告。专利公报可用于了解近期专利申请和授权的最新情况，也可用于进行专利文献的追溯检索，还有助于掌握各项法律事务变更信息。

专利公报内容包括：
(1)申请的审查和授权情况。
①有关申请报道；
②有关授权报道；
③作为地区、国际性专利组织的成员国，有关地区、国际性专利组织在该国的申请及授权报道；
④与所公布的申请和授权有关的各种法律状态的变更信息。
(2)其他信息。
①由专利局(工业产权局)及其他机构通过的有关工业产权领域的决定决议；
②上述机构的有关法律事件或相关程序报道；
③专利文献的定购、获得信息；
④专利分类的使用及检索方法；
⑤负责某项内容报道的人员姓名、签名、职务或有关机构；
⑥工业产权局的图书馆服务的有关信息；
⑦权利继承人、申请人、发明人或专利权人准备签订许可合同的有关信息；
⑧设计工业产权问题的书籍、文章。

10.2.3 优先权、优先权号、专利族、同族专利与同族专利的作用

1. 优先权

优先权源自1883年签订的《保护工业产权巴黎公约》，目的是便于缔约国国民在其本国提出专利或者商标申请后向其他缔约国提出申请。所谓优先权是指专利申请人就其发明创造第一次在某国提出专利申请后，在法定期限内，又就相同主题的发明创造在其他缔约国提出专利申请的，根据有关法律规定，其在后申请以第一次专利申请的日期作为其申请日，专利申请人依法享有的这种权利，就是优先权。专利优先权的目的在于，排除在其他国家抄袭此专利者，有抢先提出申请，取得注册之可能。

发明和实用新型专利的优先权期限为12个月，外观设计专利的优先权期限为6个月。

2. 优先权号

优先权号本身就是申请号。

3. 专利族

专利族具有共同优先权的，在不同国家或国际专利组织多次申请、多次公布或批准的，内容相同或基本相同的一组专利文献称为专利族。

4. 同族专利

同一专利族中的每件专利文献被称作专利族成员，同一专利族中的每件专利互为同族专利。

5. 同族专利的作用

同族专利属于发明主题基本相同的一组专利的集合,即专利族。它们用相同或不同文字分别向不同的国家或国际专利组织多次申请、多次公开或批准,内容相同或基本相同的一系列专利,优先权将其联系在一起,构成专利族。其作用如下。

(1)同族专利可以提供有关该相同发明主题的最新技术发展、法律状态和经济情报。

通过同族专利检索,可以得知有关申请人就该相同发明主题在哪些国家申请了专利,这些专利的审批情况和法律状况如何。另外,通过同族专利之间的相互比较,可以获悉那些在基本专利中没有记载的最新技术进展。通常情况下,越重要的发明创造,申请的国家越多,技术发展也越活跃,所以对于从事技术创新的企业和科研机构来说,不论是在开题准备阶段,还是在技术研发过程中,都应当在检索或跟踪专利信息时,对同族专利的作用予以特别关注。当你遇到一篇有价值的专利文献时,一定不要忽视对其同族专利的查寻。

(2)同族专利可以帮助阅读者克服语言障碍。

专利读者在阅读专利文献时,经常会遇到手里的专利文献或手边的检索结果由于语言不通而无法阅览的情况。为解决这个问题,最佳的解决办法就是查找同族专利。通过同族专利检索,即可能获得使用你所熟悉的语言公开出版的专利文献,从而解决读者语言障碍问题。

(3)同族专利可以为专利机构审批专利提供参考。

审查员在审查专利时可以借助同族专利共享其他专利机构在审批该相同发明主题专利申请时的检索报告或检索结果,参考其审批结果及对权利要求保护范围和申请文件的修改等。

(4)同族专利可以解决对专利文献的收藏不足问题。

由于受到专利文献服务机构收藏的限制,如果你所需要查阅的专利文献无法获得,可以借助于同族专利查找到属于该专利族的其他专利文献。

10.2.4 专利文献的用途

专利文献蕴藏着技术情报、法律情报和经济情报。

所谓技术情报,是指读者通过专利说明书可了解到有关课题的详细技术发展情况。实践表明,专利文献是技术知识的大百科全书。通过专利文献的交流,科技人员可以互相了解、互相启迪、互相促进,从而使科学技术发展得更快。

所谓法律情报,是指通过著录项目可了解到发明人、申请人、专利权人、申请日、优先权日、授权日等信息;通过权利要求书可了解到专利保护范围。

所谓经济情报,是指通过著录项目中的申请人或专利权人可了解到有关企业的专利申请情况、有效专利有多少等,从而分析研究其技术动向、产品动向和市场动向;根据同族专利的数量及国别,可了解到其经济势力范围。

由于专利文献含有多方面的情报,它的用途很广。

1. 专利性检索

一项新发明在申请专利之前,申请人或代理人要进行专利性检索,以便更清楚地了解该发明是否具有新颖性和创造性,从而对是否申请专利做出决策。专利性检索,主要是检索相关的专利文献和专业期刊。

《国际专利合作条约》规定,七国两组织的专利文献(追溯到1920年)为最低文献量。这七个国家和两个组织是:美国、日本、苏联、德国、英国、法国、瑞士,欧洲专利组织(EPO)和专利合作条约(PCT)组织。

专利性检索可以分为法律状态检索和专利申请检索。

专利法律状态检索属于比较简单和客观的检索,可分为专利有效性检索和专利地域性检索。

专利有效性检索是指对一项专利或专利申请当前所处的法律状态进行的检索。其目的是了解该项专利申请是否被授权,授权专利是否有效,即是否还在有效期内,是否因欠费终止等。可检索的其他专利法律状态信息还包括:专利或申请的著录事项、变更信息,专利申请、审查或复审过程中的信息,授权后的专利权转移、许可、异议等法律活动信息等。

专利地域性检索是指对一项发明创造都在哪个国家和地区进行了申请而进行的检索,其目的是确定该项专利申请的地域范围。对专利地域性检索的有效方式之一是进行专利族检索。

专利申请检索是以被检索的专利或者专利申请为对象,对包括专利文献在内的各种科技信息进行检索,从中获得评价该对象专利性的对比文件。一件专利申请从申请、专利局审批乃至授权之后的整个专利保护期内,申请人、专利审查员和社会公众都可能进行不同目的的专利性检索。

2. 侵权检索

任何一个单位或个人在从事新课题研究之前,应当查阅专利文献,了解是否有侵权的危险,避免盲目研究。

根据检索者与侵权方、被侵权方的关系,侵权检索包括防止侵权检索和被控侵权检索。

企业向国外出口新产品时,也应检索专利文献,判断是否会造成侵权。

当一个企业被控告侵犯他人专利权时,应对有关的专利文献进行仔细研究,判断是否真的侵权。此外,还可进行更广泛的专利文献检索,力求找出相关的专利文献,然后反诉,请求专利局宣告该专利权无效,从而摆脱侵权纠纷的险境。

3. 开发新产品、解决技术问题检索

专利文献记载着技术发明的详细内容,是很有价值的技术情报。据世界知识产权组织的材料介绍,在研究工作中经常查阅专利文献可以缩短研究时间60%,节省研究费用40%。

4. 技术引进前的检索

在技术引进工作中,对拟引进的技术或设备,应通过专利文献了解有关技术的先进程度,是哪个年代的水平,是否申请了专利,专利权是否有效等,以便切实掌握情况,避免上当吃亏。

从总体上看,技术贸易检索一方面要查找专利的有效性、专利的地域效力等法律信息,另一方面还要了解所引进技术的技术水平及实施的可能性等技术信息。因此,技术贸易检索可以看作一种法律信息与技术信息的综合检索。

此外,根据所检索的专利文献内容,还可以进一步进行决策,是引进还是自行研制更为有利。

5. 技术评价与预测检索

把同一技术领域不同时间的专利情报联系起来,进行分析研究,便可了解该技术领域的现状与发展方向，了解竞争对手或同行研究情况，从而使企业合理地选择研究开发目标，以最佳方案、最少的投资，谋求最大的发展化成果。

根据有关的技术领域所含的分类号，统计专利数量和国别，便可评价和预测哪些技术领域处于活跃阶段，哪些国家处于技术领先地位。如美国专利商标局成立的技术评价和预测处(OTAF)，出版有关的综合性刊物。国外许多大企业的专利部都利用计算机储存专利文献，进行预测检索。

这种通过对相关领域的专利文献进行检索和分析，揭示技术发展点，进而制定自身技术研发方向以及专利布局战略的检索，也叫专利战略检索。我国的华为就是一个很好的例子。

6. 反映一个国家、一个地区技术的进步程度

一个国家或地区所拥有专利的数量和质量，可以反映出该国家或地区的科技水平。为此，2008年6月5日国务院制定颁发了《国家知识产权战略纲要》，目的是提升我国知识产权创造、运用、保护和管理能力，建设创新型国家，实现全面建设小康社会目标。

2008年12月8日下午，河南省政府新闻办、省知识产权战略工作领导小组办公室联合召开新闻发布会，宣布《河南省知识产权战略纲要》(简称《战略纲要》)正式发布实施。《战略纲要》提出，知识产权制度欠发达的河南，要用五年时间明显提升知识产权水平，到2020年，建成制度体系完善、实施效果明显的知识产权强省。《战略纲要》中明确提出了重点领域知识产权和重点产业知识产权的战略任务。在专利、商标和地理标志、版权、植物新品种、传统知识、民间艺术和遗传资源、商业秘密和集成电路布图设计六个重点领域，不断加强知识产权创造和保护。

10.2.5 专利文献的特点

专利文献是科技文献之一。它与其他的科技文献(图书、期刊、样本说明书、研究报告、会议论文、技术标准、学位论文)相比，有其独特之处。

1. 传播最新科学技术信息

专利是世界上最大的技术信息源，据统计分析，专利包含了世界科技信息的90%～95%。由于构成专利起码要符合新颖性、先进性和实用性三个条件，因此，专利反映的发明都是首先取得、在此之前不曾发表过的有关文献，在技术上有独到之处并对实际应用有价值。

2. 内容广泛

在应用技术方面，专利文献涉及领域之广是其他科技文献所无法比拟的。目前，全世界每年公布的发明说明书约一百万件，其内容极其广泛，大到飞机、火车、雷达，小至扳手、纽扣、圆珠笔尖，从小改小革到高精尖技术，各种水平的发明应有尽有。经验告诉我们，几乎没有一个技术课题在专利文献中查找不到。这是因为各厂家或个人为了达到单独占有的目的，对产品和工艺发展的每一个环节都力求获得专利权。因此，哪怕是极微小的细节，在专利文献中都有所反映。

国际专利分类表把可申请专利的技术领域分成约6万多个细目，美国专利分类表则将其分成10万个以上的细目。从这里也可看出专利文献所包含的内容之广泛。据国外调查统计，专利文献中报道的技术内容，只有5.77%刊载于其他文献中。这个数字表明，要了解新技术发明，如果不善于查阅专利文献，就会失去大量的新技术信息。

3. 内容详尽

各国专利法规定，发明说明书的撰写必须十分详尽，达到内行人能据以实施的程度。国际专利合作条约对撰写专利说明书做了明确的规定。其要求是，申请说明书所公开的发明内容务必完全清楚，以内行人能实施为标准。撰写时应包括六部分内容：①发明所属技术领域；②技术发展背景；③发明实质；④简明图解；⑤应用的最佳方案；⑥工业实施条件。

我国《专利法》第二十六条也规定："说明书应当对发明或者实用新型作出清楚、完整的说明，以所属技术领域的技术人员能够实现为准；必要的时候，应当有附图。"因此，专利文献较之其他科技文献，在技术内容的叙述上往往更为具体，因而也更为实用。不过，在查阅专利文献时，应当注意，由于专利申请的单一性原则，一项产品的全部设计和生产技术，是不可能只包括在一件专利中的。只有通过一系列核心的和外围的专利才能完整地了解某一产品的全貌。例如，英国皮尔金顿兄弟有限公司对浮法玻璃生产技术申请过一百多件专利。因此，对某个课题进行全面专利调研时，要特别注意这个问题。

4. 报道速度快

世界上绝大多数国家实行的是先申请制，对内容相同的发明，专利权授予最先申请的人。因此，发明人通常力求抢先提出专利申请。在实行早期公开的国家，如英国、德国、日本、中国等，自申请日起满 18 个月，专利局就公开出版发明说明书，也可以提出提前审查申请，这大大加快了技术交流的过程。据统计，专利文献对发明成果的报道，往往早于其他文献。例如，电视机见之于专利文献是 1923 年，而在其他文献上发表是 1928 年，相差 5 年。喷气式发动机在专利文献上公布的日期是 1936 年，其他文献第一次公布是 1946 年，相隔 10 年。异氰酸酯和聚氨酯的生产技术，期刊文献于 20 世纪 60 年代初才略有报道，而第二次世界大战后早已涌现了很多专利，相差时间达 10 余年之久。由此可见，专利文献对于及时了解各个技术领域的最新发展水平是很有价值的。

5. 格式雷同化

各国专利说明书，虽然文种往往不同，但在著录项目和发明内容及权利要求的叙述上都具有雷同化的特征。

首先，著录项目都采用了国际统一的识别代码符号。例如，〔19〕国别，〔32〕优先权申请日期，〔51〕国际专利分类号，〔72〕发明人。因此，不懂原文的人也能识别专利说明书上的一些重要特征。

其次，各国的专利说明书和权利要求书在内容的叙述和安排上，也都大致相同。因为各国专利法对怎样撰写专利申请文件都有具体的规定，而这些规定大同小异，因而专利文献的格式呈现雷同化。

6. 大量重复报道

目前全世界每年公布的发明说明书在一百万件以上，其中一半以上是重复报道的。其原因有二：一是同一发明在若干个国家提出专利申请，因而各国重复公布；二是实行早期公开延迟审查的国家，对一件发明说明书公布两三次。这为查阅专利文献的读者提供了选择文种和国别的方便。

7. 文字晦涩

由于专利文献是技术文件和法律文件的结合物，需按专利法的有关规定撰写，才有利于审查通过，因而从技术角度来看，内容显得重复、烦琐。此外，申请人为了获得尽可能大的保护范围,往往采用概括性很大的术语,例如,有时把钢笔概括为书写工具,把梯子称为攀登工具,把筛子叫作分离装置等。读来感到文字晦涩,尤其是在权利要求书中,语句比较难懂。

10.3 专利文献分类

国际专利分类法(IPC)是目前使用最广泛的,也是目前唯一国际通用的专利文献分类法。我国也采用国际专利分类法。

世界知识产权组织在1999—2005年对国际专利分类表进行了改革,将第八版IPC分成了基本版和高级版两级结构,基本版条目约20 000条,高级版约70 000条,高级版包括基本版及对基本版进一步细分的条目。高级版供属于PCT最低文献量的工业产权局和大的工业产权局使用,用来对大量专利文献进行分类。2016年,IPC已经出版了第2016版,基本上一年修订一次。

10.3.1 IPC 的分类原则

国际专利分类法是按照专利文献内容所含的技术主题来设立类目的。国际专利分类法采用的是按功能分类和按应用分类相结合的分类原则和以功能分类为主的办法。

功能性分类指的是对发明的技术主题按其固有的内在性质或功能进行分类。凡是按这种分类原则设立的类目称为"功能",也叫"一般类"。

应用性分类指的是一项发明按其所使用的特定技术领域进行分类,或者说,按发明所限定的使用范围进行分类。按照这种分类原则设计的类目称为"应用类",或叫"专门类"。

10.3.2 IPC 的体系结构

IPC采用五级分类的方法,即部、大类、小类、主组、分组。

1. 部

"部"用大写英文字母A~H中的一个字母表示。8个部的内容如下。

A——人类生活必需

B——作业;运输

C——化学;冶金

D——纺织;造纸

E——固定建筑物

F——机械工程;照明;加热;武器;爆破

G——物理

H——电学

2. 大类

大类号由部类号加上两位阿拉伯数字组成。例如:

A47　家具;家庭用的物品或设备;咖啡磨;香料磨;一般吸尘器

H03　基本电子电路

3. 小类

小类号由大类号加上一个大写辅音字母组成。例如:

A47C 椅子;沙发;床
H03F 放大器

4. 主组

主组号由小类号加上一至三位阿拉伯数字,然后划一条斜线,再加上两个零组成。例如:

A47C1/00 适于特殊目的的椅子
H03F3/00 只用电子管或半导体器件作为放大元件的放大器

5. 分组

分组号是在主组号的斜线之后加上至少两位的数字(/00 除外)组成。例如:

A47C1/14 海滨用椅
H03F3/20 功率放大器,例如乙类放大器、丙类放大器

由上述实例可以看出,一个完整的国际专利分类号通常由代表部、大类、小类、主组、分组的符号结合而成。例如,适于海滨用的椅子,这一技术主题的国际专利分类号是 A47C1/14,其等级体系结构如图 10-1 所示。

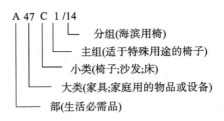

图 10-1 IPC 等级体系结构

10.3.3 IPC 标记法

各国专利局用 IPC 对专利文献进行分类时,对有关发明均标识完整的国际专利分类号。在专利文献上所标识的国际专利分类号按其标记系统可分为两种:发明信息分类标记和附加信息分类标记(也称为非强制性分类标记),用"I"和"N"标示。

1. 发明信息分类标记

发明情报(invention information)指专利文献中有关发明主题的情报,即权利要求书中所描述的情报。在专利文献上,标明发明情报的国际专利分类号是各国应尽的义务。因此,发明情报的标记系统也称为强制性分类(obligatory classification),当发明情报含有几个国际专利分类号时,应首先列出最能代表该发明的分类号。例如,室内空气净化装置及方法,中国专利局按其发明情报的内容,给出了国际专利分类号是:A61L9/20(2006.01)I;A61L9/014(2006.01)I;A61L9/01(2006.01)I。

2. 非强制性分类标记

非强制性分类(non-obligatory classification)指专利文献中所公开的某些技术内容,虽然不是该发明的组成部分,但对检索人员有一定的参考价值。非强制性分类也叫作附加信息(additional information)分类。例如,前面的室内空气净化装置及方法,还能给出的附加分类号为:A61L101/02(2006.01)N;A61L101/32(2006.01)N;A61L101/46(2006.01)N。

10.4 专利文献编号

专利文献的编号包括申请号和文献号。

专利申请号是指申请专利时国家专利局分配的号码,具有唯一性。当申请授权时,专利号码里面的数字部分与申请时相同。

专利文献号是指国家知识产权局按照法定程序,在专利申请公布、申请公告和专利授权公告时给予的文献标识号码。

自中国实行专利制度以来,由于专利申请量的大幅度增加和专利法的三次修改,中国专利文献的编号已经经历四个编号阶段。目前中国专利文献编号体系包括以下六种专利文献号:①申请号,是国家知识产权局受理一件专利申请时给予该专利申请的一个标识号码;②专利号,是授予专利权时给予该专利的一个标识号码;③公开号,是发明专利申请公开时给予出版的发明专利申请文献的一个标识号码;④审定号,是发明专利申请审定公告时给予公告的发明专利申请文献的一个标识号码,在实用新型专利申请公告时给予出版的实用新型申请文献的一个标识号码;⑤公告号,是外观设计专利申请公告时给予出版的外观设计申请文献的一个标识号码,在发明专利授权时给予出版的发明专利文献的一个标识号码;⑥授权公告号,是实用新型专利授权时给予出版的实用新型专利文献的一个标识号码,在外观设计专利授权时给予出版的外观设计专利文献的一个标识号码。

10.4.1 专利申请号

自 2003 年 10 月 1 日起,执行 2003 年 7 月 14 日制定的《专利申请号标准》(ZC 0006—2003),本标准规定,专利申请号用 12 位阿拉伯数字表示,包括申请年号、申请种类号、申请流水号三个部分。

按照由左向右的次序,专利申请号中的第 1~4 位数字表示受理专利申请的年号,第 5 位数字表示专利申请的种类,第 6~12 位数字(共 7 位)为申请流水号,表示受理专利申请的相对顺序,第 13 位为校验号。

专利申请号中使用的每一位阿拉伯数字均为十进制。

1. 申请年号

专利申请号中的年号采用公元纪年,例如,2004 表示专利申请的受理年份为公元 2004 年。

2003 年 10 月 1 日以前是 2 位年代号,之后是 4 位年代号。

2. 申请种类号

专利申请号中的申请种类号用 1 位数字表示,所使用数字的含义规定如下:1 表示发明专利申请;2 表示实用新型专利申请;3 表示外观设计专利申请;8 表示进入中国国家阶段的 PCT 发明专利申请;9 表示进入中国国家阶段的 PCT 实用新型专利申请。

上述申请种类号中未包含的其他阿拉伯数字在作为种类号使用时的含义由国家知识产权局另行规定。

3. 申请流水号

2003 年 10 月 1 日之前的流水号为 5 位数字,2003 年 10 月 1 日之后是 7 位数字。

现阶段专利申请号中的申请流水号用 7 位连续数字表示,一般按照升序使用,例如从 0000001 开始,顺序递增,直至 9999999。

每一自然年度的专利申请号中的申请流水号重新编排,即从每年 1 月 1 日起,新发放的专利申请号中的申请流水号不延续上一年度所使用的申请流水号,而是从 0000001 重新开始编排。

4. 专利申请号与校验位的联合使用

国家知识产权局在受理专利申请时给予专利申请号和校验位。校验位位于专利申请号之后,在专利申请号与校验位之间使用一个下标单字节实心圆点符号作为间隔符。除法律法规和行政规章另有规定以外,在专利法、专利法实施细则及其他相关法规规定的各种法定程序中均应将专利申请号与校验位(包括两者之间的间隔符)联合使用。

5. 专利申请号与中国国家代码 CN 的联合使用

可以将中国国家代码 CN 与专利申请号联合使用,以表明该专利申请是由中国国家知识产权局受理。代码 CN 应位于专利申请号之前,如果需要,可以在 CN 与专利申请号之间使用 1 位单字节空格。

6. 专利申请号编号规则

中国专利申请号组成规则示意图如图 10-2 所示。

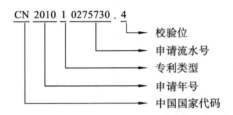

图 10-2 中国专利申请号组成规则示意图

7. 专利申请号的书写及印刷格式

除法律法规、行政规章规定专利申请号(包括与校验位联合使用的情况)的所有数字必须连续书写或印刷以外,在专利申请号的年号与种类号、种类号与流水号之间可以分别使用 1 位单字节空格。

在表示年号及流水号的数字段内、流水号与间隔符之间、间隔符与校验位之间不得使用空格。

10.4.2 专利文献号

专利文献号是指国家知识产权局按照法定程序,在专利申请公布和专利授权公告时给予的文献标识号码。

从 2004 年 7 月 1 日起,执行 2004 年 1 月 7 日制定的《专利文献号标准》(ZC 0007—2004)。本标准规定:一件专利申请形成的专利文献只能获得一个专利文献号,该专利申请在后续公布或公告(如该专利申请的修正版、专利权部分无效宣告的公告)时被赋予的专利文献号与首次获得的专利文献号相同,不再另行编号。该专利申请在不同程序中公布或公告的专利文献种类由相应的专利文献种类标识代码确定。

1. 专利文献号的组成结构

专利文献号用9位阿拉伯数字表示,包括申请种类号和流水号两个部分。

专利文献号中的第1位数字表示申请种类号,第2~9位数字(共8位)为文献流水号,表示文献公布或公告的排列顺序。

2. 专利文献号与中国国家代码 CN,以及专利文献种类标识代码的联合使用

中国国家代码 CN 和专利文献种类标识代码均不构成专利文献号的组成部分。然而,为了完整地标识一篇专利文献的出版国家,以及在不同程序中的公布或公告,应将中国国家代码 CN、专利文献号、相应的专利文献种类标识代码联合使用,联合使用的具体内容参见本标准附录。排列顺序应为:国家代码 CN、专利文献号、专利文献种类标识代码。如果需要,可以在国家代码 CN 与专利文献号、专利文献号与专利文献种类标识代码之间分别使用1位单字节空格。如下所示:

CN ×××××××× A
CN ×××××××× B
CN ×××××××× C
CN ×××××××× U
CN ×××××××× Y
CN ×××××××× S

(注:A、B、C、U、Y、S 为专利文献种类标识代码。)

3. 专利文献种类标识代码中字母的含义

A　发明专利申请公布

B　发明专利授权公告

C　发明专利权部分无效宣告的公告

U　实用新型专利授权公告

Y　实用新型专利权部分无效宣告的公告

S　外观设计专利授权公告或专利权部分无效宣告的公告

4. 专利文献号组成结果

中国专利文献号组成结构示意图如图10-3所示。

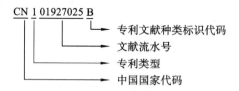

图 10-3　中国专利文献号组成结构示意图

5. 专利文献号的书写及印刷格式

除法律法规、行政规章规定专利文献号的所有数字必须连续书写或印刷以外,为了保证专利文献号的易读性,在印刷及数据显示格式中,允许在申请种类号与文献流水号之间使用1位单字节空格。

在文献流水号的数字段内不得使用空格。

10.4.3 我国专利文献编号发展的四个阶段

中国专利文献编号体系的调整分为四个阶段：1985—1988年为第一阶段；1989—1992年为第二阶段；1993—2004年6月30日为第三阶段；2004年7月1日以后为第四阶段。

1. 第一阶段

1985—1988年的专利文献编号基本上采用的是"一号制"，即各种标识号码均以申请号作为主体号码，然后，以文献种类标识代码标识各种文献标号。具体编号如表10-1所示。

表10-1 中国第一阶段专利文献编号体系表

	申请号	公开号	公告号	审定号	专利号
发明	88100001	CN88100001A		CN88100001B	ZL88100001
实用新型	88210369		CN88210369U		ZL88210369
外观设计	88300457		CN883004578		ZL88300457

对此阶段的编号说明：

（1）三种专利申请号均由8位数字组成，按年编排。例如88100001，前两位数字表示申请的年份，第三位数字表示专利申请的种类，其中：1——发明，2——实用新型，3——外观设计，后5位数字表示当年申请顺序号。

（2）一号多用，所有文献号沿用申请号。专利号的前面冠以字母串"ZL"，ZL为"专利"的汉语拼音的声母组合，表明该专利申请已经获得了专利权。公开号、公告号、审定号前面的字母"CN"为中国的国别代码，表示由中国国家知识产权局（或中国专利局）出版。公开号、公告号、审定号后面的字母是文献种类标识代码，其含义为：A——发明公开，B——发明审定，U——实用新型公告，S——外观设计公告。

（3）由于专利局刚开始受理专利申请时的几年没有使用校验位，所以那时的专利申请号不带圆点（.）和圆点后面的校验位。由于当时的公开号、公告号、审定号和专利号均沿用申请号，所以当时的这些专利文献号均不带圆点（.）和圆点后面的校验位。

第一阶段的编号体系的特点是一个专利申请在不同的时期（如申请、公开、公告、授权等）共用一套号码，共用一套号码的编号方式的突出的优点是方便查阅，易于检索。其不足之处是专利审查过程中的撤回、驳回、修改或补正，使申请文件不可能全部公开或按申请号的顺序依次公开，从而造成专利文献的缺号和跳号（号码不连贯）现象，给文献的收藏与管理带来诸多不便。因此，1989年中国专利文献编号体系做了调整。于是，自1989年起中国专利文献编号体系进入了下述的第二阶段。

2. 第二阶段

为了克服"一号制"的出版文献的缺号和跳号（号码不连贯）现象，便于专利文献的查找和专利文献的收藏和管理，从1989年起，采用"三号制"的编号体系，申请号、公开号（发明）、审定号（发明）、公告号（实用新型和外观设计）各用一套编码，专利号沿用申请号。异议程序以后的授权公告不再另行出版专利文献。具体编号如表10-2所示。

表 10-2　中国第二阶段专利文献编号体系表

	申请号	公开号	公告号	审定号	专利号
发明	8910002.X	CN1044155A		CN1014821B	ZL89100002.X
实用新型	89200001.5		CN2043111U		ZL89200001.5
外观设计	89300001.9		CN3005104S		ZL89300001.9

对此阶段的编号说明：

(1) 自 1989 年开始出版的专利文献中，三种专利申请号由 8 位数字、1 个圆点(.)和 1 个校验位组成，按年编排，如 89103229.2。

(2) 自 1989 年开始出版的所有专利说明书文献号均由 7 位数字组成，按各自流水号序列顺排，逐年累计。起始号分别为：发明专利申请公开号自 CN1030001A 开始，发明专利申请审定号自 CN1003001B 开始，实用新型申请公告号自 CN2030001U 开始，外观设计申请公告号自 CN3003001S 开始。其中的字母(或字母串)，如 CN、A、B、U、S，与第一阶段的含义相同。字母串 CN 后面的第一位数字表示专利申请的种类：1——发明，2——实用新型，3——外观设计。第 2～7 位数字为流水号，逐年累计。

3. 第三阶段

1992 年 9 月 4 日《关于修改〈中华人民共和国专利法〉的决定》，取消了三种专利授权前的异议程序。发明专利申请的审定公告、实用新型和外观设计申请的公告被取消，并均用授权公告代替之。具体编号如表 10-3 所示。

表 10-3　中国第三阶段专利文献编号体系表

	申请号	公开号	授权公告号	专利号
发明	93100001.7	CN1089067A	CN1033297C	ZL93100001.7
指定中国的发明专利的国际申请	98800001.6	CN1098901A	CN1088067C	ZL98800001.6
实用新型	93200001.0		CN2144896Y	ZL93200001.0
指定中国的实用新型专利的国际申请	98900001.X		CN2151896Y	ZL98900001.X
外观设计	93300001.4		CN3021827D	ZL93300001.4

对此阶段的编号说明：

(1) 由于 1992 年修改的《专利法》取消了"异议期"，取消了"审定公告"(发明)和"公告"(实用新型和外观设计)，因此，自 1993 年 1 月 1 日起出版发明专利授权公告(含发明专利说明书)、实用新型专利授权公告(含实用新型专利说明书)、外观设计专利授权公告时授予的编号都称为授权公告号，分别沿用原审定号(发明)或原公告号(实用新型和外观设计)的序列，文献种类标识代码相应改为：C——发明，Y——实用新型，D——外观设计。

(2) 自 1994 年 4 月 1 日起，中国专利局开始受理 PCT 国际申请。指定中国的 PCT 国际申请进入中国国家阶段的申请号经历了下面几个历程。

① 在开始受理指定中国的 PCT 国际申请进入中国国家阶段的申请时，为了把 PCT 国际申请和国家申请加以区分，因此，指定中国的发明的 PCT 国际申请进入中国国家阶段的申请号的第四位用数字 9 表示，指定中国的实用新型的 PCT 国际申请进入中国国家阶段的申请号的第四位也用数字 9 表示，如 94190001.0 或 94290001.4。

②由于指定中国的发明的PCT国际申请进入中国国家阶段的数量的急剧增长,容量仅为1万件的流水号很快就不能够满足需求。于是,1996年和1997年的发明的PCT国际申请进入中国国家阶段的申请号的第四位除了用数字9表示以外还用数字8表示,如97180001.6。

③为了从根本上解决指定中国的PCT国际申请进入中国国家阶段的申请号的容量不足问题,从1998年开始,就把指定中国的PCT国际申请进入中国国家阶段的申请当作新的专利申请类型看待。因此,自1998年起,指定中国的发明的PCT国际申请进入中国国家阶段的申请号的第三位用数字8表示,指定中国的实用新型的PCT国际申请进入中国国家阶段的申请号的第三位用数字9表示,如98800001.6或98900001.X。这样,从根本上解决了PCT国际申请进入中国国家阶段的申请号的容量不足问题。

(3)指定中国的PCT国际申请进入中国国家阶段的公开号、授权公告号、专利号不另行编号,即与发明或实用新型的编号方法一致。PCT国际申请无外观设计专利申请。

(4)对确定为保密的发明专利申请和实用新型专利申请,授权后解密的,出版解密的发明或实用新型专利说明书,同时在专利公报上予以公告。关于解密专利文献的编号,在一般的授权公告号的前面冠以"解密"二字,对发明专利申请公开号的表示,如解密CN1××××××C;对实用新型专利申请公告号的表示,如解密CN2××××××Y。

4. 第四阶段

为了满足专利申请量的急剧增长的需要和适应专利申请号升位的变化,国家知识产权局从2004年7月1日起启用新标准的专利文献号,就是我们前面所讲的内容。

10.4.4 主要国家或组织专利号代码

CH 瑞士
DE 德国
EP 欧洲专利局
FR 法国
GB 英国
JP 日本
RU 俄罗斯联邦
US 美国
WO 世界知识产权组织(WIPO)
CA 加拿大

10.4.5 主要国家或组织的文献种类及代码

1. 世界知识产权组织(WIPO)专利文献种类及其代码

第1组:用于在发明专利申请基础上形成的并作为基本或主要编号序列的文献。

第一公布级 A
第二公布级 B
第三公布级 C

第2组:用于具有与第1组文献不同编号序列的实用新型文献。

第一公布级 U

第二公布级 Y

第3组：用于专利文献的专门序列。

工业品外观设计专利文献 S

2. 美国专利文献种类及其代码

1）文献种类

专利说明书，文献类型识别代码 A(B1、B2)；

专利申请公布说明书(Patent Application Publication)，文献类型识别代码(A1)；

植物专利说明书(United States Plant Patent)，文献类型识别代码 P(P2、P3)；

再版专利(Reissued Patent)，文献类型识别代码(E)；

再审查证书(Reexamination Certificate)，文献类型识别代码 B1、B2(C1、C2、C3)；

依法登记的发明(Statutory Invention Registration)，文献类型识别代码 H；

设计专利（United States Design Patent)，文献类型识别代码 S。

2）文献编号体系

自2001年月1日2日起，美国出版的专利说明书开始全面采用 WIPO 制定的专利文献标准 ST.16《专利文献种类识别的标准代码建议》。从此，美国专利说明书以 ST.16 规定的专利文献种类代码标注，易于识别，便于检索。新的号码形式为"国家代码＋专利号＋文献种类代码"，如图10-4所示。

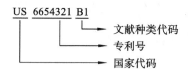

图10-4 美国专利文献号结构示意图

3. 欧洲专利文献种类及其代码

A1（申请说明书）：未经实质性审查尚未授予专利权的带专利权评价报告的说明书。

A2（申请说明书）：未经实质性审查尚未授予专利权的不带专利权评价报告的说明书。

A3（专利权评价报告）：未经实质性审查尚未授予专利权的说明书的专利权评价报告。

A4（补充专利权评价报告）：未经实质性审查尚未授予专利权的说明书的补充专利权评价报告。

A8（修改的申请说明书扉页）：未经实质性审查尚未授予专利权修改的说明书扉页。

A9（修改的申请说明书）：未经实质性审查尚未授予专利权修改的说明书。

B1（专利说明书）：经实质性审查授予专利权的说明书。

B2（修改后的专利说明书）：经实质性审查授予专利权修改后的说明书。

B8（修改的专利说明书扉页）：经实质性审查授予专利权修改的说明书扉页。

B9（修改的专利说明书）：经实质性审查授予专利权修改的说明书。

C8（第二次修改的专利说明书扉页）：经实质性审查授予第二次专利权修改的说明书扉页。

C9（第二次修改的专利说明书）：经实质性审查授予第二次专利权修改的说明书。

4. 日本专利文献种类及其代码

1）文献种类

公开特许公报（专利申请公开说明书），文献类型识别代码 A。

特许公报（专利公告说明书、专利说明书），文献类型识别代码 B2。

公表特许公报（国际申请说明书日文译本），文献类型识别代码 A。

公开实用新案公报（实用新型申请公开说明书），文献类型识别代码 U。

公表实用新案公报（实用新型国际申请说明书日文译本），文献类型识别代码 U1。

实用新案公报（实用新型公告说明书），文献类型识别代码 Y2。

登录实用新案公报（注册实用新型说明书），文献类型识别代码 U。

实用新案登录公报（实用新型注册说明书），文献类型识别代码 Y2。

意匠公报（外观设计公报），文献类型识别代码 S。

2）文献标号体系

(1) 日本发明专利说明书文献编号体系如表 10-4 所示。

表 10-4　日本发明专利说明书文献编号体系

说明书名称	文献号		
	编号名称	2000 年前	2000 年后
公开特许公报 A（专利申请公开说明书）	特许出愿公开番号（专利申请公开号）	特开平 5-344801	P2000-1A
公表特许公报 A（国际申请说明书日文译本）	特许出愿公表番号（专利申请公开号）	特表平 1-500001	P2000-500001A
再公表特许 A1（日本国际申请的再公开）	国际公开番号（国际公开号）	WO98/23680	WO00/12345A
特许公报 B2（专利公告说明书）	特许出愿公告番号（专利申请公告号）	1996.3.29 日为止 特公平 8-34772	
特许公报 B2（专利说明书）	特许番号（专利号）	1996.5.29 第 2500001~	许第 2996501 号（P2996501）
特许明细书 C（专利说明书，1885—1950 年）	特许番号（专利号）	1-216017，1950 年以后的专利号继续沿此序列接排。1996 年改法后从 2500001 号开始顺排	

(2) 日本实用新型说明书、外观设计文献编号体系如表 10-5 所示。

表 10-5　日本实用新型说明书、外观设计文献编号体系

说明书名称	文献号		
	编号名称	2000 年前	2000 年后
公开实用新案公报 U（实用新型公开说明书）	实用新案出愿公开番号（实用新型申请公开号）	实开平 5-344801	

续表

说明书名称	编号名称	文献号	
		2000 年前	2000 年后
登录实用新案公报 U（注册实用新型说明书）	实用新案登录番号（实用新型注册号）	1994.7.26 日开始 第 3000001 号～	实用新案登录第 3064201 号（U3064201）
公表实用新案公报 U1（实用新型国际申请说明书日文译本）	实用新案出愿公表番号（实用新型申请公开号）	实表平 8-500003	U2000-600001U
实用新案公报 Y2（实用新型公告说明书）	实用新案出愿公告番号（实用新型申请公告号）	1996.3.29 日为止 特公平 8-34772	
实用新案登录公报 Y2（实用新型注册说明书）	实用新案登录番号（实用新型注册号）	1996.6.5 日开始 第 2500001 号～	实用新案登录第 2602201 号（U2602201U）
登录实用新案明细书 Z（注册实用新型说明书，1905—1950 年）	实用新案登录番号（实用新型注册号）	1-406203，1950 年以后的注册号继续沿此序列编排，1994 年新申请的注册号从 3000001 号开始，1994 年前老申请的注册号从 2500001 号开始	
意匠公报 S（外观设计公报）	意匠登录番号（外观设计注册号）	自 1 号开始顺接	

10.5 专利文献检索概述

专利文献检索的实质，就是根据课题的要求，通过专利检索工具或专利数据库找出所需专利的文献的过程。

10.5.1 专利检索的流程

专利文献检索流程图如图 10-5 所示。

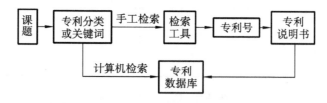

图 10-5 专利文献检索流程图

从以上专利文献检索流程图可以看出，检索时首先必须把课题的内容转换为检索语言——专利分类号或关键词，因为专利文献检索工具主体部分通常采用专利分类号或关键词来表示特定的技术内容，从而才能检索出有关课题的专利文献。例如，放大器保护电路这一技术主题，国际专利分类号是 H03F1/52。

确定专利分类号或关键词之后，通过利用有关的检索工具或者专利数据库查找该技术课题的专利文献。常用的专利文献检索工具有中国专利文摘光盘、中国专利数据库、中国专利公报和美国专利公报、WPI(《世界专利索引》)、CPI(《中心专利索引》)、EPI(《电气专利索引》)和GMPI(《一般和机械专利索引》)及因特网上的专利文献检索系统。

常用的专利检索网站有：

中华人民共和国国家知识产权局 http://www.sipo.gov.cn/

中国知识产权网 http://www.cnipr.com

中国专利信息网 http://www.patent.com.cn

中国专利技术网 http://www.alfm.com/seach-patent

已知专利分类号或关键词，通过专利文献检索上具，便可检索到涉及该课题的一系列专利号。有了专利号，便可获取专利说明书全文。

从课题的提出到获取所需的专利文献(摘要、说明书、权利要求书、附图)的过程，即为专利文献检索。如果要看专利文献全文，必须已知专利号。

10.5.2 专利检索步骤

1. 了解需求、分析课题

课题"铂络合物用作抗肿瘤剂"与"金属离子络合物的抗癌作用"的情报要求是不同的。前者具有专指性，检索对象单一；而后者包括多个检索对象。

2. 选择分类号和检索用词

如果IPC分类号准确，优先采用IPC分类号检索，否则采用标题或摘要等检索。通常将上述字段与其他相关的检索入口结合起来进行检索。

3. 确定检索途径

将选定的检索词按主次轻重排列写出，以便确定检索途径。比如是否可以某一个检索词为主，其他检索词作为限制词，互相配合使用。

4. 反馈查找

通过检索过程中发现的新线索，确定检索结果与检索目标的符合程度，进一步修正检索式，通过扩大或缩小技术范围，调整或改变检索策略。

10.6 专利文献的网络检索

10.6.1 中华人民共和国国家知识产权局

中华人民共和国国家知识产权局的网址是 http://www.sipo.gov.cn/，主页如图10-6所示。

1. 网站概况

在这个网站上，除了专利检索功能，还提供了非常丰富的有关专利的各种信息，对于我们了解专利及其相关知识是非常有用的。它的主要内容包括政务、服务、互动和资讯等，具体如下。

①国家知识产权局概况，包括机构介绍、年度报告、发展规划、联系方式等。

②信息公开和新闻发布，提供最新《发明专利公报》《实用新型专利公报》和《外观设计专利公报》的在线阅读，提供最新专利审查政策并及时提供与专利有关的消息报道。

图 10-6　中华人民共和国国家知识产权局主页

③政策法规，提供国内外各种专利及相关法律文件。

④专利代理管理和申请，包括相关规定、代理指南、代理机构名录、代理人资格考试、委托服务、专利检索、专利申请指南[包括申请须知、专利费用、申请表格（可下载）]等。

⑤国际合作，主要为国际往来情况、国际专利组织介绍、国际合作、协议等情况的发布。

⑥执法维护，主要为专利执法动态、政策文件、工作通知、维权快讯、专利案例精选等情况的发布。

⑦统计信息，提供国内外三种专利每月的申请、专利授权、有效的统计表；提供自 2005 年至 2010 年 5 年间国内外三种专利申请受理状况总累计表。

⑧文献服务，提供专利知识咨询、教育培训、学习园地、远程学习、专利检索等。

2. 专利检索

用户通过免费注册，获得专利检索资格，可进入国家知识产权局综合服务平台查阅专利信息（见图 10-7）。点击专利检索及分析入口进入到专利检索及分析界面（见图 10-8）。

图 10-7　国家知识产权局综合服务平台

检索功能：常规检索、表格检索、药物专题检索、检索历史、检索结果浏览、文献浏览、批量下载等。

分析功能：快速分析、定制分析、高级分析、生成分析报告等。

第 10 章 专利文献检索

图 10-8 专利检索及分析界面

数据范围：收录了 103 个国家、地区和组织的专利数据，以及引文、同族、法律状态等数据信息，其中涵盖了中国、美国、日本、韩国、英国、法国、德国、瑞士、俄罗斯、欧洲专利局和世界知识产权组织等。

数据更新：中外专利数据，每周三；同族、法律状态数据，每周二；引文数据，每月更新。

高级检索界面（见图 10-9）包括申请（专利）号、发明名称、摘要、申请日、公开（公告）日、公开号、分类号、申请（专利权）人、发明（设计）人等，还可以自由配置检索界面和字段，提供

图 10-9 高级检索界面

灵活的个性化检索服务。同时还有说明书浏览器下载。检索时,首先选择国家地区,如果不选择,则默认为在全部范围内检索。

例如检索专利号码为99120331.3,可键入"99120331"或"99120331.3",如果不选择地区范围,键入"99120331",可检索出19条结果,包括了欧洲、中国、日本等国家的专利号码包含有"99120331"的所有专利文献,如图10-10所示。

图 10-10　检索结果界面

点击任意结果的"详览"可查看词条专利文献的著录项目(见图10-11)、全文文本(见图10-12)、全文图像(见图10-13)。

图 10-11　专利检索结果著录项目界面

第 10 章 专利文献检索

图 10-12　专利检索结果全文文本界面

图 10-13　专利检索结果全文图像界面

专利检索及分析平台同时提供药物专利检索，如图 10-14 所示。

10.6.2　中国知识产权网

网址为 http://www.cnipr.com，主页如图 10-15 所示。

点击右侧"中国知识产权大数据与智慧服务系统"可进行专利、商标、版权的检索（见图 10-16）。

中国知识产权大数据与智慧服务系统提供中国专利文献全文阅读和检索。

图 10-14 中国药物专利检索系统界面

图 10-15 中国知识产权网主页

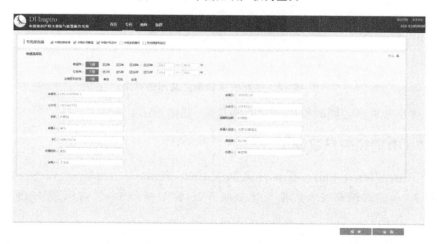

图 10-16 中国知识产权网专利检索界面

10.6.3 中国专利信息中心

中国专利信息中心网址为 http://www.cnpat.com.cn,主页如图 10-17 所示。

图 10-17 中国专利信息中心主页

中国专利信息中心成立于 1988 年,是国家知识产权局直属事业单位、国家级大型专利信息服务机构,拥有国家知识产权局赋予的专利数据库管理权、使用权和综合服务经营权。

专利信息中心是以 IT 系统运行维护、软件开发和系统集成、专利信息服务和专利信息处理为支柱的现代化信息集团。于 2009 年 7 月 23 日正式通过 ISO20000 国际标准第三方认证机构加拿大 TCIC 公司和奥地利 CIS 认证机构审核,2010 年 6 月 26 日正式通过了 CMMI ML3 认证,2011 年 9 月 30 日正式通过 ISO9001 质量管理体系认证。用户通过免费注册,可进行中国和世界专利检索。

1. 检索入口

点击网站主页导航栏的"专利检索",或者左侧的"检索"或"高级检索",进入到专利之星检索系统的检索界面,如图 10-18 所示。

系统提供申请号、申请日、公开/公告号、公开/公告日、IPC 分类号、范畴分类号、优先权号、发明名称、申请人、发明人、申请人地址、主权利要求、国省代码、代理机构、关键词等表格检索和专家检索界面。

与中国国家知识产权局和中国知识产权网专利检索数据库检索入口不同的是,中国专利信息中心检索入口有主权利要求和范畴分类号。

主权利要求(CL):说明发明或者实用新型的技术特征,清楚并简要地表述请求保护的范围。

范畴分类号(CT):国家知识产权局在对中国专利文献处理的过程中,对每一篇专利文献,除了标注国际专利分类号外,还标出了一个中国专利范畴分类号,该分类号是根据中国专利范畴分类表给出的。范畴分类号可在分类导航界面中左侧看到,与 IPC 一样,可直接选择分类号链接进行检索(见图 10-19)。

图 10-18　中国专利信息中心专利之星智能检索界面

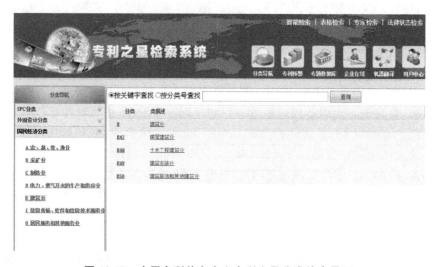

图 10-19　中国专利信息中心专利之星分类检索界面

另外,在中国知识产权网的国省代码,可以输入中文名称,也可以输入代码号,但是在中国专利信息中心的数据库检索中,只能输入国家或者省的组织代码号。

2. 中文表格检索

点击"表格检索"标签,进入表格检索界面(见图10-20)。

中文表格检索是一种简单、方便的检索模式,用于根据资源数据库中提供的索引项准备检索要素并构建检索式进行检索。通过中文表格检索中的功能,用户可根据索引块快速确定检索要素并构建检索式进行检索。

例如,在表格检索中检索申请人是叶建荣的专利文献,我们可以得到276条记录(见图10-21),点击结果中的任意专利题名,可查看专利文献的著录项信息、全文 PDF 格式文本、权利要求书、说明书、法律状态信息等(见图10-22)。

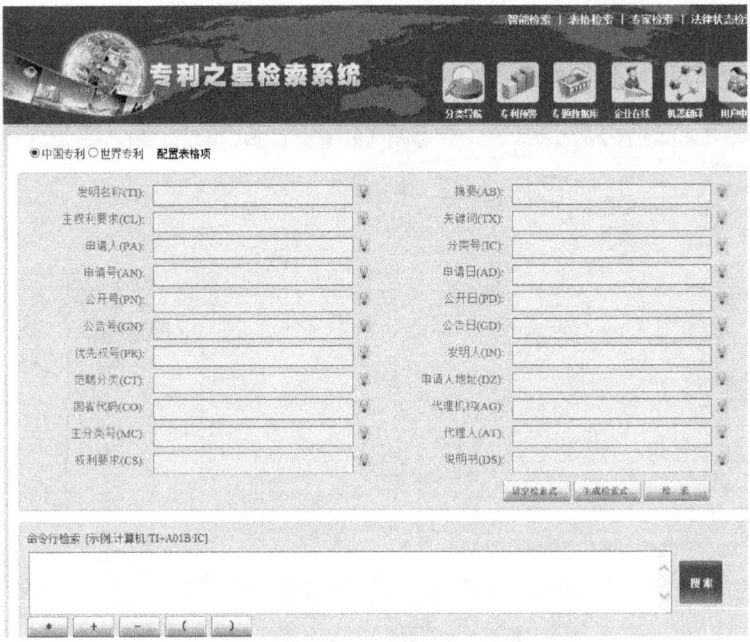

图 10-20　中国专利信息中心表格检索界面

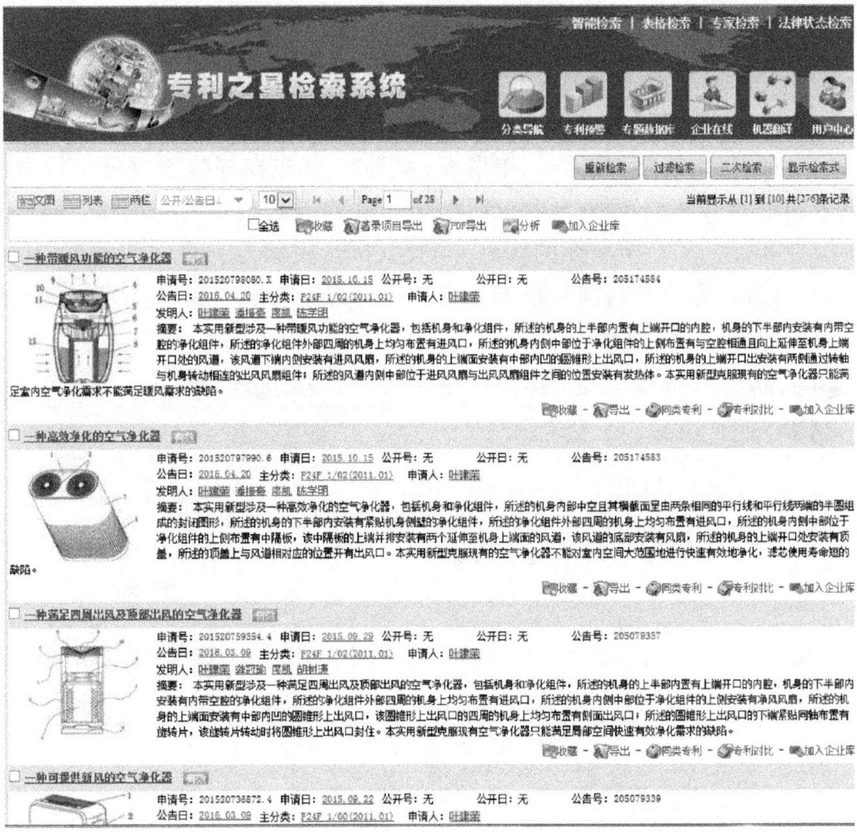

图 10-21　中国专利信息中心专利检索结果列表界面

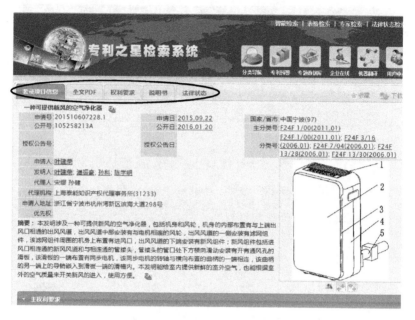

图 10-22 专利结果预览界面

10.6.4 中国知网专利数据库

中国知网专利数据库包含中国专利全文数据库(知网版)和海外专利摘要数据库(知网版)。专利文献资源来源于国家知识产权局知识产权出版社。可以通过申请号、申请日、公开号、公开日、专利名称、摘要、分类号、申请人、发明人、优先权等检索项进行检索,国内专利一次性下载专利说明书全文,国外专利说明书全文链接到欧洲专利局网站。可查询从 1985 年至今的中国专利,从 1970 年至今的国外专利。目前,中国专利全文数据库(知网版)共计收录专利 1700 万条。海外专利摘要数据库(知网版)共计收录专利 8000 万条。中国知网专利文献检索界面如图 10-23 所示。

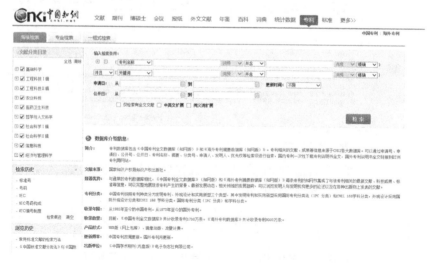

图 10-23 中国知网专利文献检索界面

10.6.5 万方数据知识服务平台专利数据库

万方数据知识服务平台专利数据库,收录有始于 1985 年的 4500 余万项专利,年增 25 万条,涉及十一国两组织。其中,十一国为中国、美国、澳大利亚、加拿大、瑞士、德国、法国、英国、日本、韩国、俄罗斯,两组织为世界专利组织、欧洲专利局。提供简单检索(见图 10-24)、高级检索(见图 10-25)和专业检索三种方式。

图 10-24 万方数据知识服务平台专利数据库简单检索界面

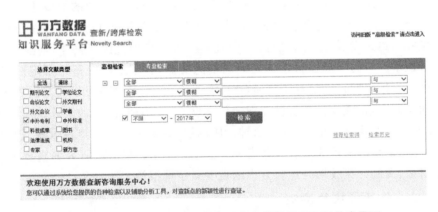

图 10-25 万方数据知识服务平台专利数据库高级检索界面

思考题

1. 中国专利有哪几种类型?在专利号中各用什么数字代替?三种专利的保护期限各是多长?从什么时候开始计算保护期限?
2. 在哪些数据库中既能检索到中国申请的专利,又能检索到其他国家申请的专利?
3. 哪些数据库能够进行法律状态检索?

第 11 章 会议文献、学位论文和科技报告检索

11.1 会议文献检索

11.1.1 会议文献概述

11.1.1.1 概况

会议文献是指在各种学术会议上宣读的论文、产生的记录、发言稿、评述、总结等形式的文献,包括会议前参加会议者预先提交的论文文摘、在会议上宣读或散发的论文、会上讨论的问题、会上的经验交流、会后形成的文件等经编辑加工而成的正式出版物。广义的会议文献包括会议论文、会议期间的有关文件、讨论稿、报告、征求意见稿等;而狭义的会议文献仅指会议录上发表的文献。会议论文是最主要的会议文献,许多学科中的新发现、新进展、新成就,以及所提出的新研究课题和新设想,都是以会议论文的形式向公众首次发布的。

随着科学技术迅速发展,世界各国的学会、协会、研究机构及国际性学术组织举办的各种学术会议日益增多。为了加强科学家之间的信息交流,各学术组织每年都定期或不定期地召开学术会议。据美国科学信息研究所(ISI)统计,20 世纪 80 年代以来,全世界每年召开的学术会议约 1 万个,正式发行的各种专业会议文献 5000 多种,产生的会议论文约 10 余万篇,每年出版的各种专业会议录达 3000 余种。所以说,会议文献是了解各国科技水平、科技动态的重要文献,是跟踪和预测科技发展趋势、进行情报分析和情报研究的重要参考资料,是传递科技情报、交流科技成果与经验方面的重要科技情报源之一。

11.1.1.2 会议文献的类型

(1)学术会议文献可按规模和组织形式分为国际性会议文献、区域性会议文献、全国性会议文献、学会或协会会议文献、同行业联合会议文献。

(2)学术会议文献可按会议召开时间分为会前文献、会间文献、会后文献。

会前文献一般是指在会议进行之前预先印发给与会代表的论文、论文摘要或论文目录、会议议程和发言提要,同时包括会议预告。

会间文献是那些开会期间发给与会者的文献,包括开幕词、闭幕词、演讲稿、讨论记录、会议简报、会议决议,以及行政事务和情况报道性材料等会议资料。

会后文献主要指会议结束后,经会议主办单位等机构正式出版的会议论文集。会后文献有会议论文集、学术讨论论文集、会议论文汇编、会议记录、会议报告集、会议辑要等,其中会议录是会后将论文、报告及讨论记录整理汇编而公开出版或发表的文献。

由于每年召开的各类学术会议数量众多,会议文献数量庞大,且出版、发行方式灵活,速

度快,常见的有图书、期刊、科技报告、试听资料、网络文献等形式。

11.1.1.3 会议文献的特点

(1)传递信息针对性强。会议文献通常都是围绕该次会议主题撰写的相关研究论文。

(2)传递信息内容新颖。能反应各个学科领域现阶段研究的新水平、新进展,即时性强。

(3)文献信息连续性。会议文献是随着会议的召开而出版的,而大多数会议又都是连续性的,召开一届,出版一集,连续发行。随着现在技术的推广和应用,以及各领域交流的逐渐加强,连续性的会议及会议文献越来越多。

(4)语言单一性。不同级别的会议,都会要求用统一规范的语言进行交流,国际会议一般用英语,国内会议一般用汉语,所以,会议文献具有文字单一的特性,在使用时较好地克服了语言障碍。

11.1.2 会议文献的网络检索途径

目前,会议文献的情况较为复杂,有定期的,有不定期的;有会前出版会议资料的,也有会后出版正式会议记录的;有只出版会议资料摘要的,也有根本不出版的。书本式会议文献检索工具,往往有几个月时间的滞后,不能及时、全面地反映会议信息,不能动态地修改和补充会议的消息。而且会前文献发行范围很小,一般不容易获得。利用因特网检索会议消息和文献,弥补了书本式检索工具的上述缺点。

会议文献的网络检索途径主要有以下几种。

1. 综合的大型搜索引擎

国外会议文献常以 conference、proceeding、meeting、symposium 等命名,这些可以作为搜索引擎的关键词进行查询,可以检索到许多会议网站的链接,通过这些网站就能得到一些会议的召开消息及相关信息。

2. 专业学科搜索引擎

专业学科搜索引擎严格地选择适合专业学习和研究需要的网络资源,采用精细的标引方法,由专家撰写网页摘要,利用专业分类建立细致的目录,帮助人们在互联网上准确地查找专业信息资源。例如:

①SciCentral(自然科学),http://scicentral.com(见图 11-1)。

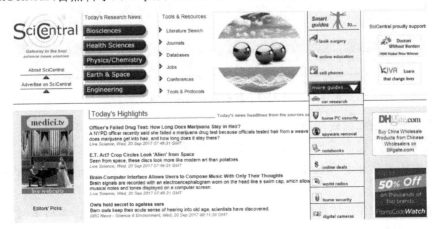

图 11-1 自然科学搜索引擎主页

②PhysLink.com（物理），http://physlink.com（见图 11-2）。

图 11-2　物理搜索引擎主页

③Math Archives（数学），http://archives.math.utk.edu（见图 11-3）。

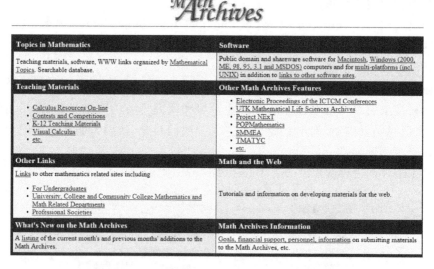

图 11-3　数学搜索引擎主页

3. 专业学会、协会、科研院所网站

这些网站会公布它们召开的会议信息或过去会议的一些会议录论文。例如：

①美国电子电气工程师协会（IEEE）主页，http://www.ieee.org/conferencesearch（见图 11-4）。

本网站提供了 IEEE 主持的会议消息，包括会议名称、时间、地点、主持人或单位、参加人数、联系人、展览信息等，内容很详尽。

第11章　会议文献、学位论文和科技报告检索

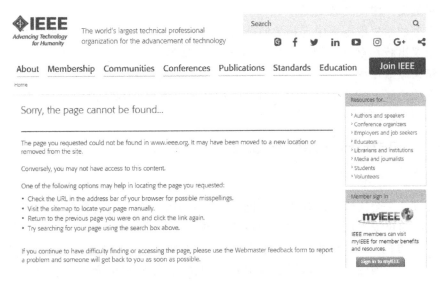

图 11-4　美国电子电气工程师协会主页

②英国电气工程师学会（IET）主页，http://www.theiet.org/（见图 11-5），可以看到由 IET 主办的会议论文集目录和会议日历。

图 11-5　英国电气工程师学会主页

4. 联机数据库中的会议文献

一些大型的联机数据库中有相关的会议文献。例如，OCLC 中的《在会议上提交的文章索引》和《会议出版物索引》，DIALOG 中的《会议论文索引》。

5. 会议文献数据库

这是查找会议文献的主要途径。目前因特网上有许多会议文献数据库，有全文库也有目录库。以下做详细介绍。

11.1.3 中国知网国际会议论文全文数据库

11.1.3.1 简介

国际会议论文全文数据库是中国知网（CNKI）的国际会议论文数据库。其文献是由国内外会议主办单位或论文汇编单位书面授权并推荐出版的重要国际会议论文，文献来源于 2564 家单位主办的 2416 个国际学术会议，收录 1999 年以来，中国科协系统及其他重要会议主办单位举办的在国内召开的国际会议上发表的文献，部分重点会议文献回溯至 1981 年。截至 2017 年 1 月，已收录出版国内外学术会议论文集 4152 本，累积文献总量 70 万篇。其分为十大专辑：基础科学、工程科技Ⅰ辑、工程科技Ⅱ辑、农业科技、医药卫生科技、哲学与人文科学、社会科学Ⅰ辑、社会科学Ⅱ辑、信息科技、经济与管理科学。十大专辑下分为 168 个专题。CNKI 会议文献检索主页如图 11-6 所示。

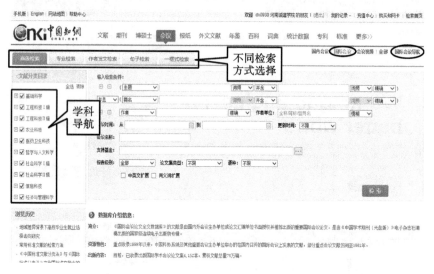

图 11-6　CNKI 会议文献检索主页

11.1.3.2 会议文献检索方法

可以在学科导航中选择学科范围。根据学术文献检索的需求，提供了高级检索、专业检索、作者发文检索、句子检索、一框式检索五种面向不同需要的检索方式。

1. 高级检索

在高级检索中，将检索过程规范为三个步骤。

第一步：输入发表时间、会议名称、支持基金、媒体形式、作者等检索控制条件。

第二步：输入篇名、主题、关键词等内容检索条件。

第三步:对检索结果的分组排序,反复筛选修正检索式得到最终结果。

2. 专业检索

使用逻辑运算符和关键词构造检索式进行检索。

3. 作者发文检索

作者发文检索是通过作者姓名、单位等信息,查找作者发表的全部文献及被引下载情况。通过作者发文检索不仅能找到某一作者发表的文献,还可以通过对结果的分组筛选情况全方位地了解作者的主要研究领域、研究成果等情况。

4. 句子检索

句子检索是通过用户输入的两个关键词,查找同时包含这两个词的句子。由于句子中包含了大量的事实信息,通过检索句子可以为用户提供有关事实的问题答案。①可在全文的同一段或同一句话中进行检索。同句指两个标点符号之间,同段指五句之内。②点击 ➕ 增加逻辑检索行,点击 ➖ 减少逻辑检索行,在每个检索项后输入检索词,每个检索项之间可以进行三种组合(并且、或者、不包含)。

5. 一框式检索

一框式检索即简单检索,提供类似搜索引擎的检索方式,如图11-7所示。

图11-7　CNKI会议文献来源会议检索界面

11.1.3.3　检索结果分组

检索结果页面将平台检索到的结果以列表形式展示出来,并提供对检索结果进行分组分析、排序分析的方法,来准确查找文献。

检索结果分组类型包括学科类别、研究资助基金、研究层次、文献作者、作者单位、关键词等(见图11-8)。

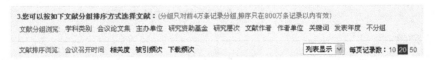

图11-8　CNKI会议文献检索结果分组类型

1. 分组分析

可以选择任意分组类型,会出现按此划分的分组情况,如按学科类别分组(见图 11-9),分组结果一共有三页。

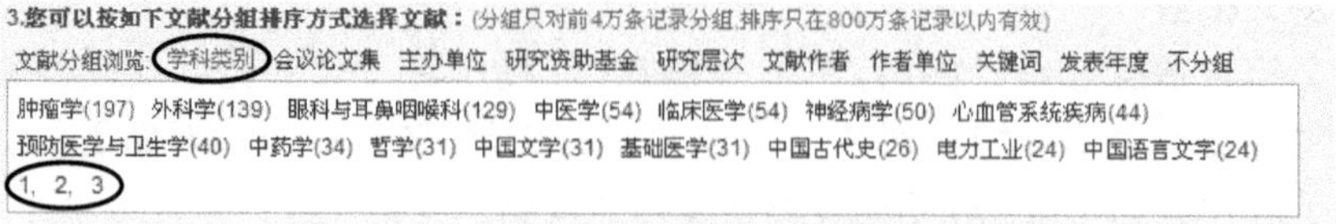

图 11-9 CNKI 会议文献分组分析选择界面

2. 结果排序

检索结果排序方式有会议召开时间、相关度、被引频次、下载频次四种。

会议召开时间:根据会议召开的时间先后顺序降序排列。

相关度:根据检索结果与检索词相关程度进行排序。

被引频次:根据文献被引用次数进行排序。

下载频次:根据文献被下载次数进行排序。

11.1.3.4 会议导航检索

根据会议论文的特点,国际会议论文全文数据库在文献检索平台的基础上,还向用户提供了基于会议分类检索的会议导航,并又将会议导航细分为学科导航、行业导航和党政导航。

1. 学科导航

CNKI 会议文献学科导航检索界面如图 11-10 所示。

图 11-10 CNKI 会议文献学科导航检索界面

2. 行业导航

行业导航以国民经济行业分类为基础,自行编制的行业分类,共分为 18 个门类,71 个行业。

3. 党政导航

党政导航分8个门类。

11.1.3.5　主办单位检索

CNKI会议主办单位检索界面如图11-11所示。

图11-11　CNKI会议主办单位检索界面

11.1.4　中国知网中国重要会议论文全文数据库

中国重要会议论文全文数据库的文献是由国内外会议主办单位或论文汇编单位书面授权并推荐出版的重要会议论文。

重点收录1999年以来，在中国科协系统及国家二级以上的学(协)会、高校、科研院所、政府机关举办的重要会议及国内召开的国际会议上发表的文献。其中，国际会议文献占全部文献的20%以上，全国性会议文献超过总量的70%，部分重点会议文献回溯至1953年。截至2011年6月，已收录出版国内外学术会议论文集近16 300本，累积文献总量150多万篇。内容分为十大专辑：基础科学、工程科技Ⅰ辑、工程科技Ⅱ辑、农业科技、医药卫生科技、哲学与人文科学、社会科学Ⅰ辑、社会科学Ⅱ辑、信息科技、经济与管理科学。十大专辑下分为168个专题。

CNKI重要会议文献检索界面如图11-12所示。

中国知网的中国重要会议论文全文数据库的检索方法等同其国际会议论文全文数据库，在此不再赘述。

11.1.5　万方会议论文全文数据库

11.1.5.1　简介

万方会议论文全文数据库是万方数据知识服务平台(http://www.wanfangdata.com.

图 11-12　CNKI 重要会议文献检索界面

cn/)的一个子系统。该数据库收录了由国际及国家级学会、协会、研究会组织召开的各种学术会议的会议论文,数据范围覆盖自然科学、工程技术、农林、医学等领域,是了解国内学术动态不可缺少的数据库。

11.1.5.2　检索方法

万方会议文献检索主页如图 11-13 所示。

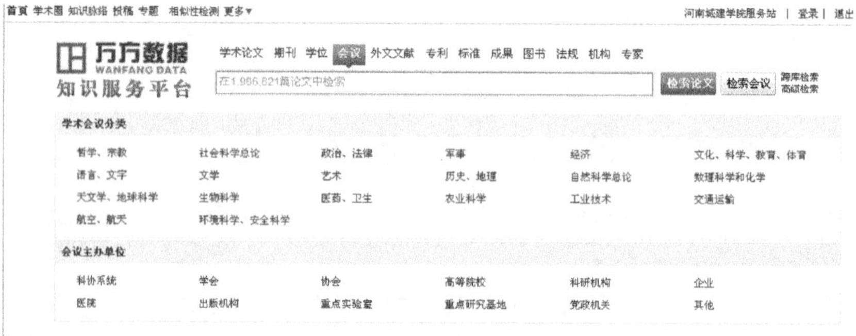

图 11-13　万方会议文献检索主页

万方会议论文全文数据库的检索方法有初级检索、高级检索、经典检索和专业检索四种,同时可以在万方数据知识服务平台上进行跨库检索,即可以在其学术期刊、学位论文、会议等多个数据库中同时进行检索。

11.1.5.3　二次检索

如果对初次的检索结果不满意,可以在结果中进行二次检索。可以在"题名"栏输入某些检索词,或在"关键词"栏输入检索词之后,点击"在结果中检索",实现二次检索(见图 11-14)。

11.1.5.4　全文获取

当找到所需要的文献以后,点击"查看全文"或者"下载全文"按钮,即可获取全文(见图 11-15)。

第 11 章 会议文献、学位论文和科技报告检索

图 11-14 万方会议文献二次检索示例

图 11-15 万方会议文献全文获取界面

11.2 学位论文检索

11.2.1 学位论文概述

11.2.1.1 学位论文概况

学位论文是指的完成一定学位必须撰写的论文,其格式等方面有严格要求,学位论文是学术论文的一种形式。GB/T 7711.1—2006 中的定义是:作者提交的用于其获得学位的文献。

还有人将学位论文定义为:高等学校或研究机构的学生为取得学位,在导师指导下完成的科学研究、科学试验成果的书面报告。

学位制度起源于中世纪的欧洲。1180 年,巴黎大学授予第一批神学博士学位。学位论文答辩制度是由德语国家首创的,以后各国相继效仿。凡经答辩通过的学位论文,一般都是具有独创性的研究成果,能显示论文作者的专业研究能力。由于各国教育制度规定授予学

位的级别不同,学位论文也相应有学士学位论文、硕士(或副博士)学位论文、博士学位论文之分。日本只有硕士和博士学位论文。其中,博士学位论文具有较高的学术价值。

20世纪中后期,世界上每年产生的博士和硕士学位论文约10万篇。学位论文除少数在答辩通过后发表或出版外,多数不公开发行,只有一份复本被保存在授予学位的大学的图书馆中以供阅览和复制服务。为充分发挥学位论文的参考作用,一些国家的大学图书馆将其制成缩微胶卷,编成目录、索引,并形成专门的学位论文数据库。也有少数国家对学位论文进行集中管理,如:英国学位论文统一存储在不列颠图书馆,不外借,只对外提供原文的缩微胶片;日本的学位论文也由日本国立国会图书馆统一管理。1938年,美国大学缩微胶卷国际公司编辑出版《国际学位论文文摘》月刊,分 A 辑(人文与社会科学)、B 辑(科学与工程),1976年增加 C 辑(欧洲学位论文,季刊)。该公司1973年出版的《学位论文综合索引》报道了1861—1972年美国、加拿大和其他一些国家的400所大学的博士学位论文41.7万篇,可按主题和著者姓名进行检索。

在我国,1979年恢复实行学位制度后,国务院学位委员会指定北京图书馆、中国科学技术信息研究所和中国社会科学文献情报中心图书馆负责收藏学位论文。中国科学技术信息研究所、北京图书馆是收藏国外学位论文较多的单位。随着网络的普及和信息技术的发展,很多信息机构都建成了学位论文数据库,用户的使用更加便捷。

11.2.1.2 学位论文的种类

(1)学位论文从内容角度划分,可分为理论研究型和调研综述型两种。

理论研究型:论文作者通常在搜集、阅读了大量参考资料之后,依据前人提出的论点和结论,经过深入研究或大量实验,进一步提出自己的新论点和新假说。

调研综述型:作者主要是以前人关于某一主题领域的大量文献资料为依据,进行科学的分析、综合,依据充实的数据资料进行核实后,对其专业领域的研究课题做出概括性的总结,提出自己独到的论点和新见解。

(2)学位论文从学位名称角度划分,可分为学士论文、硕士论文、博士论文三种。

学士论文是合格的本科毕业生撰写的论文。其毕业论文应反映出作者能够准确地掌握大学阶段所学的专业基础知识,基本学会综合运用所学知识进行科学研究的方法,对所研究的题目有一定的心得体会,论文题目的范围不宜过宽,一般选择本学科某一重要问题的一个侧面或一个难点,选择题目还应避免过小、过旧和过大。

硕士论文是攻读硕士学位的研究生所撰写的论文。它应在基础学科或应用学科中选有价值的课题,对所研究的课题有新的见解,并能表明作者在本门学科上掌握了坚实的基础理论和系统的专门知识,具有独立从事科学工作或独立承担专门技术工作的能力。硕士论文具有一定的深度和较好的科学价值,对本专业学术水平的提高有积极作用。

博士论文是攻读博士学位的研究生所撰写的论文。它要求作者在博导的指导下,选择学科前沿的课题或对国家经济建设和社会发展有重要意义的课题,要突出论文在科学和专门技术上的创新性和先进性,并能表明作者在本门学科上掌握的坚实宽广的基础理论和深入系统的专门知识,具有独立从事科学研究工作的能力。博士论文内容丰富,具有较高的学术价值,是一种很好的信息源。

11.2.1.3 学位论文的特点

(1)理论性、系统性较强,阐述详细。

(2) 具有新颖性和独创性。学位论文层次不同,水平也参差不齐,层次越高,新颖性、独创性越强,所以一般情况下学位论文的收集只限于硕士和博士论文。

(3) 参考文献多、全面,有助于对相关文献进行追踪检索。

(4) 数量多而收集和出版有限。许多信息公司能够收集到的论文非常有限,本校收集的论文,多数不对外出版发行,有的还有一定的保密性,所以收集起来比较困难,不便于交流和利用。

以下分别介绍几个常见的学位论文数据库。

11.2.2 CNKI中国知网中国优秀硕士/博士论文数据库

11.2.2.1 简介

CNKI中国知网中国优秀硕士/博士论文数据库,由清华同方股份有限公司、清华大学光盘国家工程研究中心、中国学术期刊(光盘版)电子杂志社等单位联合发行,是国内内容最全、质量最高、出版周期最短、数据最规范、最实用的硕士/博士学位论文全文数据库。分为硕士论文数据库和博士论文数据库。

1. 中国优秀硕士学位论文全文数据库

简称CMFD,网址为http://kns.cnki.net/KNS/brief/result.aspx?dbprefix=CMFD,重点收录985和211高校、中国科学院、社会科学院等的优秀硕士学位论文,内容覆盖基础科学、工程技术、农业、哲学、医学、哲学、人文、社会科学等各个领域。从1984年至2017年9月,收录来自727家培养单位的优秀硕士学位论文300万余篇。数据库分为十大专辑:基础科学、工程科技Ⅰ辑、工程科技Ⅱ辑、农业科技、医药卫生科技、哲学与人文科学、社会科学Ⅰ辑、社会科学Ⅱ辑、信息科技、经济与管理科学。十大专辑下分为168个专题。

2. 中国博士学位论文全文数据库

简称CDFD,网址为http://kns.cnki.net/KNS/brief/result.aspx?dbprefix=CDFD,收录全国985和211高校、中国科学院、社会科学院等的博士学位论文,内容覆盖基础科学、工程技术、农业、医学、哲学、人文、社会科学等各个领域。从1984年至2017年9月,收录来自738家培养单位的博士学位论文30万余篇。数据库同样分为十大专辑,十大专辑下分为168个专题。

11.2.2.2 检索界面

以硕士论文数据库为例,检索界面如图11-16所示。

11.2.2.3 文献检索方法

以下以硕士论文数据库为例,博士论文数据库的检索方法完全等同硕士论文数据库的检索方法。

1. 文献分类检索

在检索界面左边的"文献分类目录"提供按类直接查看文献的方法。其分为十大专辑:基础科学、工程科技Ⅰ辑、工程科技Ⅱ辑、农业科技、医药卫生科技、哲学与人文科学、社会科学Ⅰ辑、社会科学Ⅱ辑、信息科技、经济与管理科学。各专辑又包括相对应的学科内容。

1) 选择检索范围

①点击 全选 可一次性选择全部导航类目,点击 清除 可一次性清除全部所选导航

图 11-16　CNKI 硕士论文数据库检索界面

类目。

②点击学科名称类目前的 □，可将检索范围控制在一个类或多个类中进行检索。

③页面默认展开某一专辑下部分专题，点击 ⊞ 可展开所有专题，也可以跨专辑选择专题。

2) 按照选择导出其类别的文献

层层点击类目名称，可层层展开显示各层类目名称和类级，并可直接导出末级类目下的全部文献。例如只选择"工程科技Ⅰ辑"中的"材料科学"，点击检索，检索结果如图 11-17 所示。

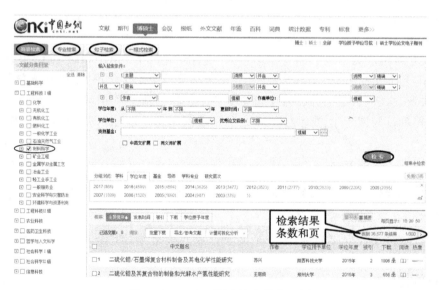

图 11-17　CNKI 硕士论文检索示例

2. 高级检索

在高级检索中，将检索过程规范为三个步骤。

第一步：输入发表时间范围、更新时间、学位单位、支持基金、优秀论文级别、作者、作者单位等检索控制条件。

第二步：输入主题、篇名、关键词等内容检索条件。

若一个检索项需要两个关键词做控制，可选择"并含""或含"或"不含"的关系，在第二个检索框中输入另一个关键词。

点击检索项前的 ➕ 增加逻辑检索行，添加另一个文献内容特征检索项；点击 ➖ 减少逻辑检索行；添加完所有检索项后，点击 检索文献 进行检索。

第三步：对检索结果的分组排序，反复筛选修正检索式得到最终结果。

3. 专业检索

使用逻辑运算符和关键词构造检索式进行检索。

多个检索项的检索表达式可使用 AND、OR、NOT 逻辑运算符共同组合在一个检索框中；三种逻辑运算符的优先级相同；如要改变组合的顺序，请使用英文半角圆括号()将条件括起。点击 检索表达式语法 ，可以查看专业检索语法表。

4. 句子检索

句子检索是通过用户输入的两个关键词，查找同时包含这两个词的句子。由于句子中包含了大量的事实信息，通过检索句子可以为用户提供有关事实的问题答案。

(1) 可在全文的同一段或同一句话中进行检索。同句指两个标点符号之间，同段指五句之内。

(2) 点击 ➕ 增加逻辑检索行，点击 ➖ 减少逻辑检索行，在每个检索项后输入检索词，每个检索项之间可以进行三种组合（并且、或者、不包含）。

5. 一框式检索

一框式检索即跨库检索，类似搜索引擎的检索方式，用户只需要输入所要找的关键词，点击 ⋯ 就可查到相关的学位论文文献。

11.2.2.4　检索结果分组

检索结果页面将平台检索到的结果以列表形式展示出来，并提供对检索结果进行分组分析、排序分析的方法，来准确查找文献。

检索结果分组类型包括学科、学位年度、基金、导师、学科专业、研究层次（见图 11-18）。

图 11-18　CNKI 硕士论文检索结果分组类型

11.2.2.5　检索结果排序

除了分组筛选的功能以外，还为检索结果提供了发表时间、被引、下载、学位授予年度等排序方式（见图 11-17）

11.2.2.6　学位授权单位导航

根据学位论文的特点，CNKI 硕士论文数据库在文献检索平台的基础上，还向用户提供了基于学科授予单位分类检索的学科授予单位导航，并又将学科授予单位导航细分为地域导航和学科专业导航（见图 11-19）。

图 11-19 CNKI 硕士授权区域单位导航检索界面

1. 地域导航

点击任何地区的名称,可以显示该地区下所有学科授予单位的名称;括号中的数字代表该地区下包括的学科授予单位的数量。

2. 学科专业导航

CNKI 硕士论文数据库学科专业导航检索界面如图 11-20 所示。

图 11-20 CNKI 硕士论文数据库学科专业导航检索界面

学科专业导航是根据数据库中收录的学位论文所属学科而设置的。

11.2.2.7 博士/硕士学位论文电子期刊

博士/硕士学位论文电子期刊,是目前我国唯一拥有国家批准标准刊号,正式全文出版博士/硕士学位论文的国家级学术电子期刊。本刊按学科领域分为 10 个专辑、168 个专题,同时以光盘版和网络版出版发行。本刊光盘版以 DVD-ROM 为载体,每月定期出版;网络版以中国知网为互联网出版平台,以论文为单位每天出版。目前,本刊已出版发表清华大学、北京大学、中国科学院、中国社会科学院等全国420多个博士培养单位的博士学位论文8万余篇。CNKI硕士学位论文电子期刊检索界面如图11-21所示。

图 11-21　CNKI 硕士学位论文电子期刊检索界面

专辑导航分为自然科学与工程技术类专辑和人文社会科学类专辑两大部分。默认的为初级检索界面，另外还有高级检索界面（见图11-22），检索方法不复杂，在此不再赘述。

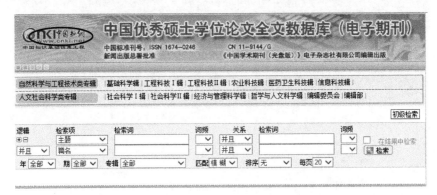

图 11-22　CNKI 硕士学位论文电子期刊高级检索界面

11.2.3　万方数据知识服务平台学位论文数据库

11.2.3.1　简介

万方数据知识服务平台是北京万方数据股份有限公司建设的全文数据库，其学位论文资源包括中文学位论文和外文学位论文。中文学位论文收录始于1980年，收录中文学位论文共计524万余篇，年增30万篇，涵盖理学、工业技术、人文科学、社会科学、医药卫生、农业科学、交通运输、航空航天和环境科学等各学科领域的博士/硕士学位论文；外文学位论文收录始于 1983 年,累计收藏 11.4 万余册,年增量 1 万余册。万方学位论文简单检索选择界面如图 11-23 所示。

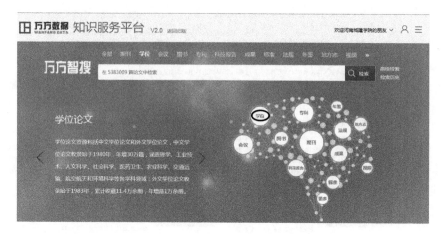

图 11-23　万方学位论文简单检索选择界面

11.2.3.2　检索方法

1. 按学科、专业目录检索

万方学位论文分为 12 个专业、21 个学科,这 12 个专业为哲学、经济学、法学、教育学、文学、历史学、理学、工学、农学、医学、军事学和管理学,这 21 个学科如图 11-24 所示。

图 11-24　万方学位论文数据库学科专业选择界面

2017 年万方数据知识服务平台新版的分类类目完全按照中图法进行列类和组织。点击任意一级类目,可以层层展开。选中任意级别的类目,可以得到此专业的所有相关文献。例如,点击"数理科学和化学→力学",得到硕士论文 30 篇,博士论文 18 篇,如图 11-25 所示。

点击文章题名,可以获得 PDF 格式全文,如图 11-26 所示。

第 11 章 会议文献、学位论文和科技报告检索

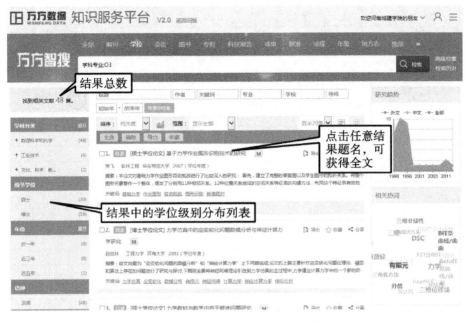

图 11-25 万方学位论文学科选择检索示例

图 11-26 万方学位论文检索全文获得示例

2. 按学位授权单位所在地检索

提供 31 个省、直辖市的检索,如图 11-27 所示。

点击任意地区,可得到此地区的高校校名,例如,选择"上海"地区后,在结果中选择复旦大学,就可以看到复旦大学的所有学科领域的学位论文分布情况和原文,如图 11-28 所示。

3. 检索方式

万方学位论文数据库除了提供简单检索外,还提供高级检索和专业检索方式,等同于万

图 11-27　万方学位授权单位所在地选择界面

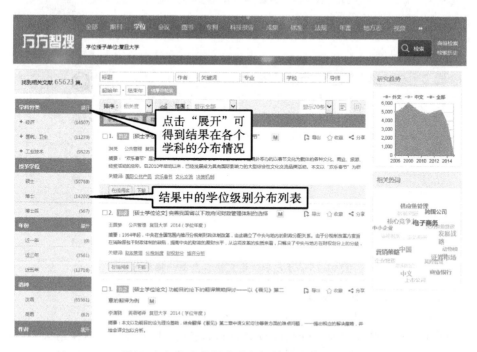

图 11-28　万方数据库学位授权单位选择示例

方的会议论文的检索方式,在此不再赘述。万方学位论文高级检索界面如图 11-29 所示。

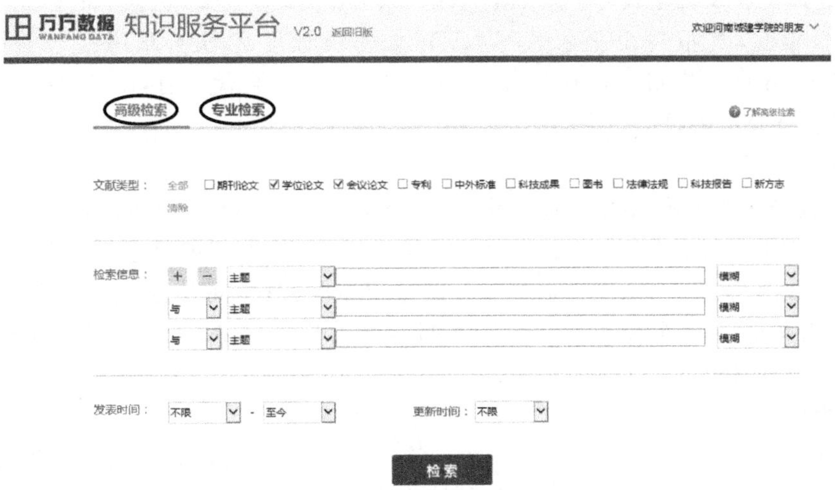

图 11-29　万方学位论文高级检索界面

11.3　科技报告检索

11.3.1　科技报告概述

11.3.1.1　科技报告概况

科技报告又称技术报告或研究报告,它是对一个研究计划或实验的内容、过程、结果等较为详细的记录。它可以是科研成果的总结,也可以是科研进展情况的实际记录。许多最新的研究成果,尤其是尖端学科的最新探索往往出现在科技报告中。

第二次世界大战结束以后,美国政府为了推动跨级报告的利用,对科技报告的收集、出版、发行和报道,做了大量的工作,从而形成了著名的四大科技报告系列,现简介如下。

1. PB 报告

早在 1945 年美国就在商务部下成立了出版局(Publication Board),负责收集、整理和报道来自德国等战败国的科技资料,并逐篇以 PB 字头编号,内部出版发行,统称 PB 报告。随着这批资料整理结束,报告来源逐渐以本国科研机构为主,内容也逐步从军事科学转向民用,并侧重于土木建筑、城市规划和环境污染等方面,每年约发行 1 万件。其报告号由报告代号"PB"+顺序号构成,从 1980 年起,由报告代号"PB"+年号+顺序号构成,如 PB2001-102980。

2. AD 报告

原为美国武装部队技术情报局(Armed Services Technical Information Agency,简称 ASTIA)收集出版的美国陆海空三军科研机构的报告,故以 AD 字头编号,表示 ASTIA Document 的意思。ASTIA 现已改名为 DTIC(国防技术信息中心),但 AD 报告的工作仍延续了下来。AD 报告除了收集出版本国国防军事科研机构的报告外,也收集来自本国公司企业、外国科研机构和国防组织的研究成果及一些译自苏联等国的文献,因此其内容不仅包括军事方面,还广泛涉及民用技术,包括航空、电子、通信、农业等 22 大类,每年发行量约 2 万件。从 1975 年起,其报告由报告代号"AD"+密级程度代号+顺序代号构成,如 AD-A259127,其中 A 即为密级程度代号,A 表示公开发行,其余代号有:B 表示控制发行,C 表示秘密、机密,D 表示美国军方专利。

3. NASA 报告

NASA 报告由美国国家航空航天局(National Aeronautics and Space Administration,简称 NASA)收集和出版发行,每年发行量约为 1 万件,其内容主要包括空气动力学、发动机,以及飞行器材、实验设备、飞行器制导及测量仪器等方面,同时也涉及机械、化工、冶金、电子、气象、天体物理、生物等学科。NASA 报告号由代号"NASA"或"N"+年号+顺序号构成,如 N2005013185。

4. DE 报告

由美国能源部(Department and Energy,简称 DOE)出版发行,又称 DE 报告。它涉及整个能源领域和与其相关的各个领域,如环境和安全等。其报告号由报告代号"DE"+年号+顺序号构成,如 DE2005828637。

随着科技和经济的发展,科技报告迅速增长,每年约达百万件,成为宝贵的科技信息源。科技报告起源于 20 世纪初,开始只是一种向研究机构的上级主管部门的汇报,包括研究任务的进展、完成情况及经费使用等。第二次世界大战后,世界各国政府对科技的投入增加,科研项目、研究成果越来越多,科技报告的发展随之加快。据统计,1945—1950 年间年产量在 7500~1 000 000 件之间,至 20 世纪 70 年代增至每年 5 万~50 万件,到 20 世纪 80 年代每年约达百万件。科技报告是当代科技人员的一种重要信息资源。

科技报告许多是国家部署、重点支持的高技术研究项目,是最新的研究成果,尤其是尖端学科的最新探索往往出现在科技报告中。科技报告是以积累、传播和交流为目的,由科技人员按照有关规定和格式撰写,真实而完整地反映科研人员所从事科技活动的内容和经验的特种文献。

11.3.1.2 科技报告的类型

按照不同的标准区分,科技报告可分为不同的类型。

(1)按内容可分为基础理论研究和工程技术两大类。

(2)按出版形式可分为技术报告书、技术札记、技术论文、技术备忘录、技术通报等。

技术报告书是公开出版发行、内容完整的正式技术文件,多是技术总结报告。技术札记是研究过程中的临时件记录或小结。技术论文是准备要在学术会议或期刊上发表的论文。技术备忘录是只供专业或机构内部人员沟通和交流信息用的资料。技术通报是对外公开、内容比较成熟的摘要性文献。

(3)按研究阶段可分为初期报告、进展报告、中间报告、总结报告等。

初期报告是研究机构对研究项目的一个计划性报告。进展报告提供研究项目的进展情况,包括工作小结和建议。中间报告是中期的研究工作小结及建议。总结报告是研究项目完成后的总结。另外,还有如预备报告、状况报告、年度报告、终结报告等。

(4)按流通范围可分为绝密报告、机密报告、秘密报告、非密限制发行报告、非密公开报告、解密报告等。

绝密报告、机密报告和秘密报告只限于少数有关人员参阅。非密限制性发行报告只能在规定范围内发行,数量也有限定。解密报告曾经是保密的科技报告,但经过一段期限后失去保密意义,解密为对外公开的科技报告。

11.3.1.3 科技报告的特点

科技报告作为科研工作成果的正式报告,或者对研究过程中每个阶段进展情况的实际记录等都具有明显的特点。

(1)在出版形式上,不拘形式。它是一篇一册的报告,每篇技术报告都是独立的专题文献,独自成册。有机构名称,有统一编号,出版不定期,篇幅长短各异,多至800页,少则1~5页。

(2)内容新颖,有严格陈述形式,题目专深而具体,往往涉及尖端学科的最新研究课题。内容比较详尽,包括各种研究方案的选择和比较,各种可供参考的数据和图表、成功与失败的实践经验等。

(3)传递迅速。由于有专门的出版机构和发行渠道,科研成果通过科技报告的形式发表通常比期刊早一年左右,能迅速反映新的科技成果。

(4)在数量和种类上,科技报告几乎涉及整个科学、技术领域,以及社会科学、行为科学和部分人文科学,数量大、种类多。据统计,全世界每年出版的科技报告数量达100万件以上。

(5)在级别上,基本都是一次文献,其他级别的文献数量甚少。

(6)是重要的科技信息资源。特别是经国家或部级鉴定的科技成果,在一定程度上代表了一个国家的科学技术水平。

(7)专业性强。对技术问题的论述都很具体,对于从事同类专业的科技人员具有重要的参考价值。

以下分别介绍科技成果的网络数据库检索。

11.3.2 中国科技项目创新成果鉴定意见数据库(知网版)

1. 数据库简介

中国科技项目创新成果鉴定意见数据库(知网版)主要收录正式登记的中国科技成果,按行业、成果级别、学科领域分类。每条成果信息包含成果概况、立项、评价,知识产权状况及成果应用,成果完成单位、完成人等基本信息。收录从1978年至今的科技成果,共计收录科技成果70万项。按照《中国图书馆分类法》(第四版)和GB/T 13745—2009《学科分类与代码》进行学科分类。

2. 特点

中国科技项目创新成果鉴定意见数据库(知网版)每项成果的知网节集成了与该成果相关的最新文献、科技成果、标准等信息,可以完整地展现该成果产生的背景、最新发展动态、相关领域的发展趋势,可以浏览成果完成人和成果完成机构更多的论述及在各种出版物上发表的文献。

3. 检索界面

提供高级检索、专业检索、一框式检索等检索界面,如图11-30所示。

4. 检索方法

中国科技项目创新成果鉴定意见数据库(知网版)提供的高级检索、专业检索和一框式

图11-30　中国科技项目创新成果鉴定意见数据库（知网版）高级检索界面

检索都容易掌握。

与其他数据库不同的是，该数据库可以进行"成果应用行业"和"成果课题来源"的选择。

11.3.3　万方科技报告检索平台

11.3.3.1　简介

万方中文科技报告，收录始于1966年，源于中华人民共和国科学技术部，20 000余份；万方外文科技报告，收录始于1958年，美国政府四大科技报告（AD报告、DE报告、NASA报告、PB报告），110万余份。

11.3.3.2　检索方法

万方科技报告检索界面如图11-31所示。

图11-31　万方科技报告检索界面

其提供行业分类、学科分类和地区分类。

11.3.4　国家科技成果网科技成果检索

国家科技成果网的网址是http://www.tech110.net/，其主页如图11-32所示。

第 11 章　会议文献、学位论文和科技报告检索

图 11-32　国家科技成果网主页

11.3.4.1　简介

国家科技成果网(NAST)是由科学技术部创建的以科技成果查询为主的大型权威性科技网站。该网站的建立旨在加快全国科技成果进入市场的步伐,促进科技成果的应用与转化,避免低水平的重复研究,提高科学研究的起点和技术创新能力。国家科技成果库拥有国内数量最多的技术项目资源。截止到 2014 年,已汇集重点科研院所、211 重点院校、重点企业直接报送的科技成果 80 万项。科技成果库内容丰富,信息翔实,覆盖国民经济所有行业。目前,该库已向社会免费提供服务,可通过行业分类目录、逻辑组配、关键字和中图分类号等进行网上查询。通过该信息网还可查询全国科研机构名录,获取有关科技成果的最新统计信息,浏览国家有关科技产业政策和科技成果政策信息等。

11.3.4.2　成果检索方法

本网站的科技成果按科图分类、中图分类、学科分类,同时提供高新技术领域的聚类方法。提供一般检索和高级检索方式,高级检索界面如图 11-33 所示。

11.3.5　国家科技图书文献中心

国家科技图书文献中心,网址为 http://www.nstl.gov.cn,主页如图 11-34 所示。

进入主页后,选择"国外科技报告",进入到国外科技报告数据库,检索界面如图 11-35 所示。

主要收录 1978 年以来的美国 AD、PB、DE 和 NASA 研究报告,以及少量其他国家学术机构的研究报告、进展报告和年度报告等,学科范围涉及工程技术和自然科学各个专业领域,每年增加报告 2 万余篇,每月更新,可用报告名称、关键词和作者等多种检索途径进行

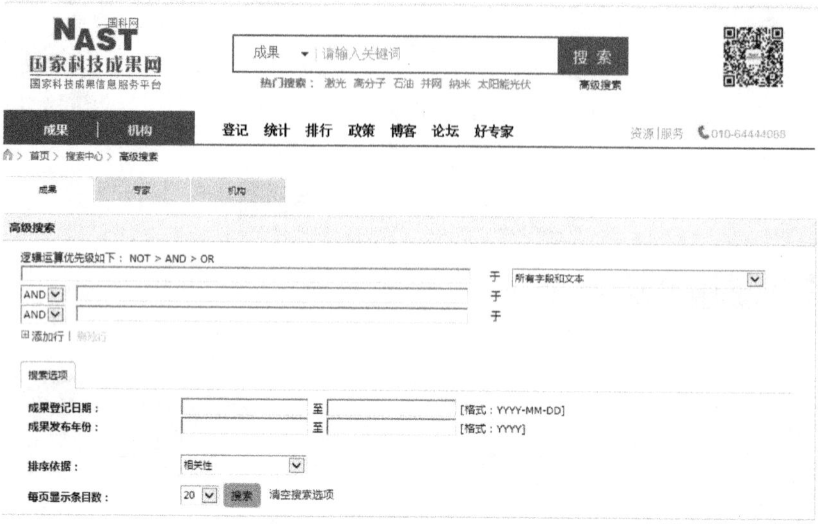

图 11-33 国家科技成果网高级检索界面

图 11-34 国家科技图书文献中心主页

检索。

11.3.6 国家科技成果信息服务平台

国家科技成果信息服务平台网址为 http://www.csta.org.cn，主页如图 11-36 所示。

11.3.6.1 简介

国家科技成果信息服务平台是根据《2004—2010 年国家科技基础条件平台建设纲要》，由国家科技部、财政部于 2005 年正式起动的平台项目之一，旨在对科技成果转化信息资源进行战略重组和系统优化，以促进全社会成果转化资源的高效配置和综合利用，提高我国的科技创新能力。

第 11 章 会议文献、学位论文和科技报告检索

图 11-35 国外科技报告检索界面

图 11-36 国家科技成果信息服务平台主页

国家科技成果信息服务平台是国内以提供科技成果信息服务为主的大型综合网站，旨在整合双方的各类科技成果信息服务力量，运用现代化的信息技术手段和高效的服务机制，以全国科技成果信息服务网络为基础，构建基本覆盖全国主要行业和区域的科技成果转化信息共享服务网络，促进科技成果转化信息服务深入到基层中小企业和农村。本网站收录全国各地区、各行业省市、部委登记的科技成果约 20 万项，且每年以 3 万～5 万项的数量增加，充分保证了成果的时效性。

国家科技成果信息服务平台是面向社会公众服务的公益性网站。通过注册可以发布自己的成果、转让信息。

11.3.6.2 国家科技成果信息服务平台成果检索系统

成果检索系统网址是 http://168.160.66.38/，主页如图 11-37 所示。

图 11-37 国家科技成果信息服务平台成果检索系统主页

11.3.7 科易网

科易网网址是 http://www.k8008.com/，主页如图 11-38 所示。

图 11-38 科易网主页

科易网是国家级的科技成果转化与科技服务门户网站，是国家科技部评定的"国家技术转移示范机构""国家现代服务业示范企业"，是国家奖励办批准建设的"国家科技成果转化服务示范基地",总部设在厦门特区。

11.3.8 美国国家技术信息服务中心

美国国家技术信息服务中心(NTIS)主页如图11-39所示。

图11-39 美国国家技术信息服务中心主页

美国国家技术信息服务中心网站（http://www.ntis.gov）的科技报告数据库以收录美国政府立项研究及开发项目的报告为主，即AD报告、PB报告、NASA报告、DE报告，少量收录西欧、日本及其他国家的科学研究报告。该网站的科技报告75%为跨级报告，其余为专利、会议论文、期刊论文等文献。

思考题

1. 如何利用CNKI会议论文数据库检索一个主题的会议论文？
2. 如何检索某一地区某高校的硕士专业有哪些？如何检索和查看某一专业的学位论文？
3. 科技报告有哪些类型和特点？如何开展检索？

第 12 章　国外文献信息检索

12.1　《工程索引》及其数据库

12.1.1　EI 概述

EI(The Engineering Index)是美国工程信息公司(Engineering Information Inc.)编辑出版的大型综合性文摘型检索工具,报道的文献主要是与工程相关的文献,涉及各个学科。EI 创刊于 1884 年,是检索世界各国工程领域学术文献的最主要和最权威的工具之一。因此,EI 与 SCI(Science Citation Index)、ISTP(Index to Scientific & Technical Proceedings)被学术界公认为三大检索工具。

1. EI 的收录范围

EI 报道的内容涉及应用科学与工程技术领域的各个学科,它报道的文献均为美国工程学会图书馆(The Engineering Society Library)所收藏的文献,其内容分为下面六大类:

①土木、环境、地质、生物工程;
②矿业、冶金、石油、燃料工程;
③机械、汽车、核能、宇航工程;
④电气、电子、控制工程;
⑤化工、农业、食品工程;
⑥工业管理、数理、仪表。

EI 名为索引,实为文摘性检索刊物,摘录文献以期刊和会议文献为主。EI 不报道纯理论方面的基础科学的文献,自 1969 年以来不收录专利文献,此前曾收录美国的专利文献。

1997 年,EI 收录了 2463 种连续出版物,1349 种会议文献;另外还收录了技术报告、论文集、政府出版物和图书。EI 所收录的文献来自世界上 50 多个国家、15 种文字,到 1997 年报道量达 18.5 万条,其中主要是英文文献,约占 2/3。1884—1997 年总共报道了约 400 万篇文献,侧重于北美、西欧、东欧等工业化国家,以美国工程技术方面的文献收录最全。

2. EI 的出版形式

为满足用户不同的检索需要,美国工程信息公司以下面几种形式出版 EI。

①印刷型:《工程索引月刊》(The Engineering Index Monthly)用于手工检索最新文献;《工程索引年刊》(The Engineering Index Annual)和《EI 累积索引》(The Engineering Index Cumulative Index,多为每 3 年出 1 期)用于手工回溯检索。

为适应特定技术领域用户检索需要,1993 年以来工程信息公司按月发行一些专题性印刷型出版物,内容涉及能源、生物工程与生物技术、土木与结构工程、计算机与信息系统、电子与通信、环境工程、制造与加工工程、材料科学与工程、机械工程等。

②缩微型：工程索引缩微胶卷（EI Microfilm），便于保存。

③机读型：工程索引磁带（EI Compendex Plus）收录 1970 年以来的文献，每周更新，它通过 DIALOG、ORBIT、ESA-IRS、STN、OCLC、DATA-STAR 等大型联机系统提供联机检索。

④光盘型：EI 的光盘文摘库 EI Compendex，收录 1987 年以来的 EI 文献，记录每月更新，用于光盘检索系统。另外，还有 EI Page One，它在 EI Compendex 的基础上扩大收录范围，共收录 5400 多种期刊、会议录、技术报告等的题录信息。

⑤网络版：EI 的网络版即 EI Compendex Web 数据库，它是美国工程信息公司为适应用户的网络检索需要在因特网上开设的，收录 1970 年以来的文献，其收录范围是 EI Compendex 与 EI Page One 之和，记录每周更新，用于网上检索。

12.1.2　EI Village 2

EI Compendex Web 是 The Engineering Index 的网络版数据库。其内容涵盖所有工程技术领域。EI Compendex Web 的文献选自 50 个国家的 5100 余种工程技术方面的期刊论文、会议论文、技术报告等。90% 的原文献为英文文献，数据库年增数据记录量约为 50 万条。与印刷型 EI 和光盘型 EI Compendex 相比，EI Compendex Web 增加了工程会议部分，而 EI Compendex Web 在光盘型 EI Compendex 的基础上增加了 EI Page One 的收录内容。EI Page One 部分不带文摘，只是文献的题录。EI Compendex Web 收录的文献起自 1970 年，与 DIALOG 系统中的 EI Compendex 报道的时间跨度相当，因此 EI Compendex Web 更容易满足用户追溯检索的要求。

1998 年 4 月，美国工程信息公司在清华大学图书馆建立了 EI Village 中国镜像站点，并正式开通服务。2000 年，该公司在 EI Village 的基础上又开发了 EI Village 2（简称 EV2），它是 EI Village 的第二代产品，除核心数据库 EI Compendex Web 外，还包括 1976 年以来的美国专利商标局（The United States Patent and Trademark Office）专利全文数据库，2000 个工业规范和标准，美国 CRC Press 出版的 145 种工程手册和 1 万多个网站信息文摘数据库。EI Village 2 支持在同一个检索平台上对这些数据库进行检索，每种数据库的基本检索界面相同，但可选的检索字段和索引词表不同。

12.1.2.1　检索方法

进入 Engineering Village 2，如图 12-1 所示。

EI Compendex Web 主要提供简易检索（Easy Search）、快速检索（Quick Search）和专业检索（Expert Search）等几种方式。

1. 快速检索（Quick Search）

系统默认进入快速检索界面，快速检索是字段与逻辑符号组配使用的检索方式，其检索步骤为：

①首先选择数据库。点击 Compendex 或 INSPEC 前的复选框（若全选，则点击 All 前的复选框），选择数据库进行检索。

②输入检索词或短语。在"SEARCH FOR"对话框中输入检索词，在"SEARCH IN"下拉列表中选择检索字段，也可以利用屏幕右侧的辅助索引工具，选择作者、作者单位、受控主

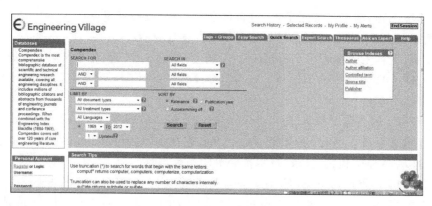

图 12-1　快速检索页面

题词、题名和出版社等索引库,选择检索策略。布尔逻辑组配方式为 AND、OR、NOT。

③EV2 提供对文献类型、学科类型、语种、时间等的限制检索。EV2 对时间的限制除了可以选择某年到某年外,还可以选择只对最近 1~4 次更新的数据进行检索,大大方便了用户对某一课题的跟踪研究。

快速检索界面将系统自动执行词干检索(除作者字段),如输入"management"后,系统会将 managing、manager、manage、managers 等检出。取消该功能,需点击"Autostemming off"前复选框。

④完成检索策略后,点击"Search"按钮,得到检索结果(见图 12-2)。若对检索结果不满意,可以点击"Refine Search"对检索策略进行修正,或者点击"Reset"进行全新检索。

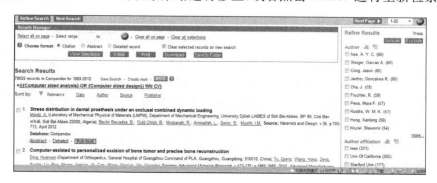

图 12-2　检索结果页面

2. 简易检索(Easy Search)

简易检索方式适用于一到两个检索词或词组进行较大范围的检索,检索界面非常简洁,如图 12-3 所示。在检索词对话框中输入词或词组,点击"Search"按钮即可。

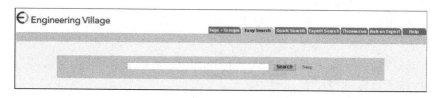

图 12-3　简易检索界面

进入检索结果界面,如需二次检索,可在"Refine Search"对话框中输入检索词,选择"Within results"检索。同时,可根据右侧检索结果导航条,对检索结果在各索引中的分布情况进行导航。

3. 专业检索(Expert Search)

针对高级用户,EV2提供功能强大而灵活的专业检索方式,与快速检索相比,可使用更复杂的布尔逻辑检索,检索式可包含更多的检索项。如图12-4所示,专业检索需要在检索输入框输入检索表达式,检索表达式由检索词、布尔逻辑算符(AND、OR、NOT)、截词符(*)、括号、位置算符等构成。

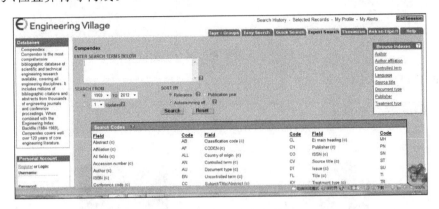

图12-4 专业检索页面

高级检索中有一个独立的检索框,用户采用"Within"命令(wn)和字段码,可以在特定的字段内进行检索,如"light weight steel"wn AB。

取词根功能:将检索以所输入词的词根为基础的所有派生词。操作符为$,例如,输入"$management",返回结果为 managing、managed、manager、manage、managers 等。在检索中,字段代码简写,检索"All Fields"字段时,不必加 wn ALL 代码。

4. 叙词检索(Thesaurus)

通过叙词途径进行检索,如图12-5所示。

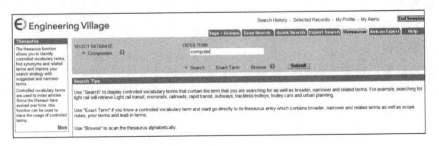

图12-5 叙词检索

在检索框输入检索词,然后选择"Search",点击"Submit"进行提交,显示结果为用户所输入的检索词在叙词表中的位置及其上位词、下位词和相关词,如图12-6所示。

在检索框中输入用户检索词,选择"Browse",然后提交,系统将会按字母顺序扫描叙词表,显示结果为含有检索词的条目。

系统提供在线帮助(见图12-7),EV2提供快速检索和高级检索的两种帮助方式,即在线

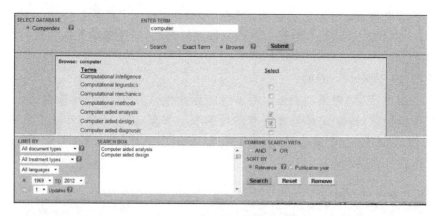

图 12-6　输入叙词在叙词表中的位置

HTML 和可打印的 PDF。

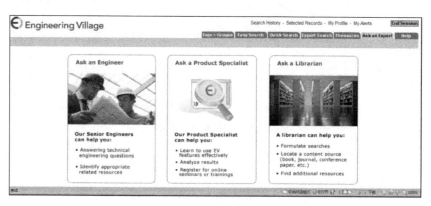

图 12-7　在线帮助

退出系统:完成检索后,点击"End Session"按钮,退出系统。

12.1.2.2　检索技术

1. 逻辑算符

逻辑算符包括 AND、OR、NOT。

2. 自动取词根

此功能将检索以所输入词的词根为基础的所有派生词。在检索界面将自动取所输入的词根,除非所检索的词在作者栏。例如 management,结果为 managing、managed、manager、manage、managers 等。点击"Autostemming off"可禁用此功能。

3. 截词

" * "为右截词符。截词命令检索到截词符止的前几个字母相同的所有词,例如输入 comput * ,得到 computer、computerized、computational、computability 等。为了避免意想不到的结果,用户用截词符时一定要注意。

4. 精确短语检索

如果输入的短语不带括号或引号,得到的结果将会好一些,因为如果带有这些符号,系统就要做相应的分类。但是,如果需要做精确匹配检索,就应使用括号或引号,如

"International Space Station"。如果检索的短语中包含 and、or、not、near,则需将此短语放入括号或引号中,如"water craft parts and equipment"。

5. 特殊符号

如果检索的短语中含有特殊符号,则需将此短语放入括号或引号中。

6. 大小写

Engineering Village 2 的界面不区分大小写,所输入的单词可以是大写或小写。

12.1.2.3 检索结果处理

(1)检索结果排序。Relevance(相关度)指对检索结果按检索词之间的接近程度和检索词在文献中出现的频率排序。

(2)检索结果的显示。其检索结果的显示形式有题录、文摘、详细记录三种。检索结果最初以题录的形式列出,这样可提供足够的信息以确定其来源。点击选中记录下的"Abstract"链接,可以看到该文献的简单题录信息。点击"Full-text"按钮可查看原文。题录信息中提供作者链接,通过点击作者姓名,可以链接到该作者被 EI 收录的所有文献;同时,提供 EI 受控主题词链接,通过点击主题词,可以链接到包含该主题词的文献。在数据库信息项,注明记录源自哪一个数据库,Compendex 或 INSPEC。点击"Detailed Record"链接,可以看到该文献的详细题录信息。

(3)无论是在简单题录还是在详细题录页面,均可通过点击"Search Results"按钮,直接返回记录列表页面;通过点击"New Search"按钮,重新开始新的检索;通过点击"Previous Page""Next Page"按钮查阅上一条或下一条记录。

(4)EV2 提供三种方式对记录进行标记:可以在每个单独记录框旁边的复选框做标记;可以在结果管理(Results Manager)栏,点击超级链接短语"Select all on page"选取当前页中的 25 条记录;或输入要选择的记录段的第一条记录和最后一条记录的序号,然后点击"go"按钮,如图 12-8 所示。点击"Clear all on page"或"Clear all selections"按钮,可以清除该页面的标记或全部标记。

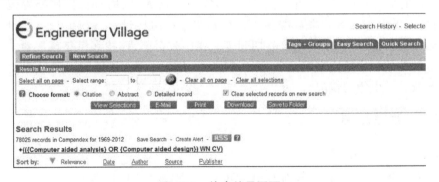

图 12-8 检索结果页面

EV2 同时提供多种浏览格式:选择标记后,用户需要选择要浏览的格式(Citation,题录;Abstract,文摘;Detailed record,全记录格式),点击"View Selections"按钮,查看选定的记录。

(5)对选定的记录可以多种方式进行存储与下载。

①电子邮件:点击电子邮件输出选项,用户可以将其检索结果用电子邮件发送给自己或

他人,此时将弹出一个电子邮件编辑框,用户可以输入电子邮件接收者的 e-mail 地址。

②打印:将对选择记录(Selected Records)页面重新排版,使其变为适合打印的格式。记录中与全文和本地的链接信息将自动删除,使出现在新窗口中的记录更便于打印。

③下载(Download):在对话框中用户可选择希望的下载格式。有两种格式可供选择(RIS 格式和 ASCII 格式)。RIS 格式与大多数目录系统应用程序兼容,但是用户的计算机必须安装一种相应的软件,以便将选择的记录输入到应用程序。

④保存选定的记录(Save to Folder):可以创建一个文件夹保存用户的检索结果。要求用户输入其账号和密码。如果用户无个人账户,则可以创建一个。用户最多可以创建三个文件夹,每个文件夹最多可容纳 50 条记录。

(6)检索历史。Engineering Village 2 中有一个历次检索记录,记录所进行的每一次检索。也可通过界面顶部的导航条来访问,检索历史(Search History)可以显示检索的次数、每次检索是在快速检索还是高级检索模式下进行的、检索策略、所检索记录的数量、数据库选择如何。也可点击检索历史中的任何一个检索来重新运行此检索,点击浏览全部检索历史(View Complete Search History)。

12.2 《科学引文索引》及其数据库

12.2.1 SCI 简介

《科学引文索引》(SCI)由美国科学信息所于 1961 年创办并编辑出版,1965 年改为月刊,1966 年改为季刊,1979 年改为双月刊,覆盖数、理、化、工、农、林、医及生物学等广泛的学科领域,其中以生命科学及医学、化学、物理所占比例最大,是世界上最具权威的国际性检索系统之一。

SCI 有一套严格的评价期刊质量的体系,入选的期刊每年都依此进行评价和调整;而且 SCI 收录文献的学科专业广泛。利用 SCI 不但能了解何人/机构、何时、何处发表了哪些文章,而且可以了解这些文章后来被哪些人在哪些文章中引用过;了解热门研究领域,掌握学术期刊的国际评价情况,借以确定核心期刊等。我国教育部、科技部每年都要对全国的科研单位和高等院校的学术研究情况进行评估,其主要依据之一就是统计 SCI 收录的有关单位的论文情况及其被引用的情况。

12.2.2 检索指南

12.2.2.1 检索技术

①支持布尔逻辑检索,逻辑算符有 AND(与)、OR(或)、NOT(非)。

②支持截词检索,ISI Web of Science 支持右截词和中间截词,其中"?"代表单个字符,"*"代表一个或多个字符。例如,"Diseas*"可表示 Disease、Diseases、Diseased 等。

③在检索词之间使用位置算符,来规定算符两边的检索词出现在记录中的位置,从而获得不仅包含有指定检索词,而且这些词在记录中的位置也符合特定要求的记录。

④禁用词是指在 ISI Web of Science 中出现频率高的某些词,不能在检索字段中单独输入禁用词进行查找,否则将返回零结果,如名词(LAB、MED、PHYS、RES、SCH、SCI、ST、

UNIV等)、冠词(如a、an、the等)、介词(如of、in、for、through等)、代词(如it、their、his等)和某些动词(如do、put等)。

⑤辅助检索工具:该系统提供作者索引、作者所在机构名称索引、来源期刊列表、英文单词缩写列表、引文著者索引、被引文献出版物索引和期刊名缩写列表等7种辅助检索工具,帮助用户准确使用检索词。

12.2.2.2 SCI检索方式

ISI Web of Science提供四种检索方式:普通检索(General Search)、引文检索(Cited Reference Search)、高级检索(Advanced Search)和化学结构检索(Structure Search)。

1. 普通检索(General Search)

普通检索是指根据需要查询的主题、已知的某个研究人员的姓名、已知的某篇文献的来源期刊、某个作者的地址等信息展开检索,并得到所需信息(见图12-9)。可以在输入框中输入单词、词组,可以使用布尔逻辑算符连接它们,可以使用各种截词符(*、?、$),不能使用字段代码和等号。系统默认多个检索途径之间为逻辑"与"关系。例如,检索国内2005—2012年有关计算机神经网络方面的相关文献,如图12-10所示。

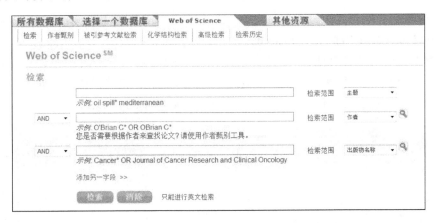

图12-9 普通检索

①主题检索(TOPIC):在方框内输入描述文献主题的单词或词组进行检索。可用逻辑算符(AND、OR、NOT、SAME或SENT)连接单词或短语,也可用截词符进行截词检索。

②著者检索(AUTHOR):在方框内输入论文著者名进行检索。检索词形式为:姓名的全拼+空格+名(包括中间名)的首字母缩写。点击"author index",可查到ISI Web of Science收录的所有作者名。

③团体作者检索(GROUP AUTHOR):通过团体单位机构名称检索,包括大学、学院、机构、团体、公司等单位名称。在"GROUP AUTHOR"方框内输入团体作者名时,可以参照"团体作者索引",点击"group author index",该表列出所有团体单位名称,通过它可以粘贴准确的单位名称。

④来源出版物检索(SOURCE TITLE):在方框内输入期刊的全称。期刊的全称可以参照来源出版物列表,点击"full source titles list",该表列出了ISI Web of Science收录的全部期刊,通过它可以粘贴准确的期刊名称。

⑤地址检索(ADDRESS):按著者所在机构或地理位置检索,包括大学学院、机构、公司、

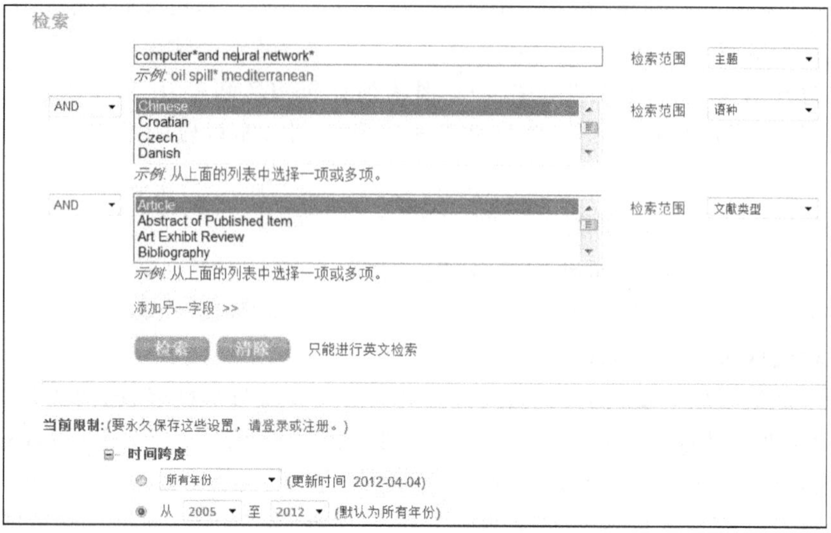

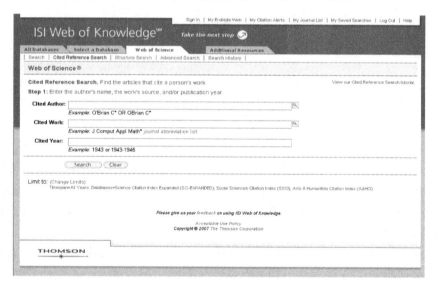

图 12-10　普通检索示例

国家、城市等地的名称和邮政编码等。点击"use abbreviations help",可查到地址的全称。

2. 引文检索(Cited Reference Search)

将一篇文献作为检索对象,直接检索引用该文献的文献,不受时间、主题词、学科、文献类型的限制,特别适用于检索一篇或一个课题的发展,并了解和掌握研究思路,以被引著者、被引文献和被引文献发表年代作为检索点进行检索,如图 12-11 所示。

图 12-11　引文检索

①被引著者检索(Cited Author):一般应以被引文献的第一著者名进行检索。点击"cited author index"可查看被引著者名。被引著者的输入方式为:姓在前,名的首字母在后(最多不超过 3 个),中间用空格分开。例如:Demand P ＊,Manning G H,Hambleton G ＊ OR Russell R ＊。

②被引文献检索(Cited Work):以被引文献出版物的名称进行检索。在被引用出版物字段中检索时,必须输入被引期刊刊名的缩写或被引图书名称的开头几个字母。点击"cited work index",可察看并复制粘贴准确的缩写刊名、书名、专利号等。

③被引文献发表年代检索(Cited Year):检索词为四位数字的年号。

说明:上面三个检索字段可以单独使用,也可以同时使用,系统默认多个检索途径之间为逻辑"与"的关系。

3. 高级检索(Advanced Search)

高级检索通过输入检索表达式来实现检索。在检索表达式中,可以使用字段代码、检索算符(布尔逻辑算符、位置算符、通配符等)限制检索条件,用"()"限定运算的优先级别,在高级检索界面的右侧,列出字段标识符,在检索表达式的输入框中有著者、团体著者和来源出版物的列表,同时还可以文献的语种和文献类型进行限定。

在高级检索界面下方还列出了检索历史,可以对检索历史进行逻辑运算。如果用户已经实施检索,将显示用户历次检索策略、代码、检索结果数量。可以用逻辑算符合并历次检索策略,构造新的检索式,检索式形式为"♯检索策略代码",如♯1 NOT ♯2(1、2为用户保存的检索策略的代码)。

4. 化学结构检索(Structure Search)

ISI Chemistry是专门为满足化学与药学研究人员的需求所设计的数据库,收集了全球核心化学期刊和发明专利的所有最新发现或改进的有机合成方法,提供最翔实的化学反应综述和详尽的实验细节,提供化合物的化学结构和相关性质,包括制备与合成方法。ISI Chemistry是一个事实性的化学数据库。自2003年升级到6.0版开始,ISI Web of Science将ISI Chemistry与SCIE完全整合到一起,从而为ISI Web of Science提供了化学结构信息的检索和更为丰富的化学内容。

化学结构检索可在结构绘制、化合物数据和化学反应数据三个部分进行。进行化学结构检索前,必须选择数据库 Current Chemical Reactions(CCR)、Index Chemicus(IC),下载并安装 ISI Web of Science 提供的化学结构绘图插件(Chemistry Plug-in)。

(1)在化合物数据部分检索时可以在以下字段中检索:化合物名称(Compound Name)、化合物生物活性(Compound Biol. Act.)、相对分子质量(Molecular Weight)等。

(2)在化学反应数据部分(Reaction Data)检索时可以在以下字段中进行检索:气体环境(Atmosphere)、反应时间(Time)、反应产率(Product Yield)、反应压力(Pressure)、反应备注(Reaction Comments)。可以选择回流标记(Refluxed Flag)。

12.2.2.3 检索结果与输出

(1)检索结果。检索后命中的结果在屏幕上以简洁格式显示。每条记录的内容包括:前三位著者,文献篇名及来源期刊名称、卷期、页码等信息。屏幕右侧显示命中结果的排序方式、检索结果的标记、检索分析等内容。屏幕下方显示检索结果命中的记录数。点击简洁格式中的文献篇名可以浏览该篇文献在ISI数据库中的全记录。在全记录屏幕上,可点击Cited Reference、Times Cited及Related Reference查看引文文献,被引用次数及文献,以及相关文献。

(2)输出。检索结果的输出主要有标记、打印、下载或者e-mail。在每条记录开始处的方框内做标记后,点击"SUBMIT";最后系统提示有多少篇文献被标记,直接点击数目,就会显示标记的文献,同时还在上方列出输出选项表,包括输出格式和输出方式(FORMAT FOR PRINT、SAVE TO FILE、EXPORT TO REFERENCE SOFTWARE、E-MAIL 等)的选择。常用的方式是 FORMAT FOR PRINT 或 E-MAIL。标记文献之后,系统提示用户选择进一步输出需要的文献字段及排序方式。点击"FORMAT FOR PRINT"后,显示文献的下载格式。用浏览器的命令可以打印或者保存结果。点击"E-MAIL",在"E-mail the records to"框中输入收件人地址,点击"SEND E-MAIL"发送。

(3)检索策略的保存和调用。点击"View your search history",可以浏览检索前或检索后的检索历史,还可以保存新的检索策略,或可以打开曾经存储的检索历史。检索策略存储在用户本地的硬盘或者软盘上,用户可以制定文件目录。

12.3 SpringerLink 数据库

12.3.1 概述

SpringerLink 数据库由世界著名的科技出版集团——德国施普林格公司(Spring-Verlag,简称 Springer)编制出版。主要提供学术期刊和电子图书的在线服务。2004 年 Springer 与 Kluwer Academic Publishers(KAP)合并后,SpringerLink 中已包含 1200 多种全文学术期刊和多套丛书,此外还将陆续添加 1997 年以前的过刊回溯数据,其中大部分期刊是被科学引文索引(SCI)、社会科学引文索引(SSCI)和工程索引(EI)收录的核心期刊。该数据库涵盖理、工、医、农、文等各个领域。

SpringerLink 在清华大学设有镜像站点,目前我国多数图书馆开通使用该数据库,SpringerLink 现已成为教学科研人员的重要信息源。SpringerLink 首页如图 12-12 所示。

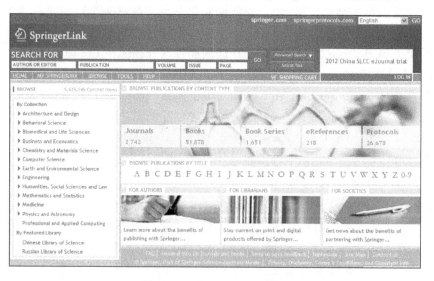

图 12-12 SpringerLink 首页

SpringerLink 具有如下特点。

(1)跨出版物类型检索,目标是解决您的特定问题,无论答案是在期刊、图书等哪一种类型的出版物中。

(2) Google 风格的检索方式。用户可以先进行模糊检索或浏览,得到一个较宽泛的检索结果,然后结合自己的检索需求,按照主题、著者、出版时间等检索条件进行进一步限定。

(3) 参考文献提供 CrossRef 链接。在线即可浏览参考文献全文,即使该参考文献由其他出版社出版。

12.3.2 数据库检索

12.3.2.1 浏览(Browse)

数据库可以通过四种方式浏览资源:出版物浏览、学科浏览、特色图书馆浏览、题名浏览。其中,特色图书馆的中国在线科学图书馆和俄罗斯在线科学图书馆,收录的是中俄作者发表在收录期刊上的文章。

1. 出版物浏览

SpringerLink 中分为期刊(Journals)、图书(Books)、丛书(Book Series)、参考工具(eReferences)、协议(Protocols)五种文献类型,如图 12-13 所示。

图 12-13　出版物浏览

以期刊浏览为例,在主页上点击"Journals"链接,可以浏览 SpringerLink 中所有的期刊。在检索结果中直接点击字母,即可浏览题名以该字母为起始部分的期刊文章,如图 12-14 所示。

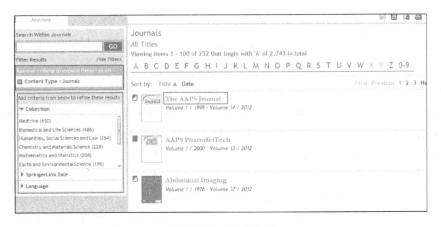

图 12-14　期刊浏览

如果在检索结果页面中进一步检索,可点击"Show Filters",利用左侧的精确检索导航栏进行不同方式的检索选择。

(1) 检索:输入检索词,选择在所有内容或检索结果中进行检索。

(2) SpringerLink Date:查阅当前结果中不同入库时间的文章。

(3)语种(Language):查阅当前结果中不同语种的文章。

(4)主题:按不同主题(Collection)浏览当前结果中的文章。

如果检索结果过少,可以在"Remove criteria to expand these results"一栏中减少限制条件。

点击期刊刊名链接,将显示该期刊的所有刊次。同样可以利用左侧导航栏精确检索结果,需要注意的是,除了在检索项可选择"在所有内容中检索"外,其余各项列出的信息仅限此种期刊内容。

点击某一期次链接,查阅该期刊该期次的所有文章,如图12-15所示。点击文章篇名,将显示这篇文章的相关信息和内容。在 References 链接中,用户可以直接链接有权限的全文。

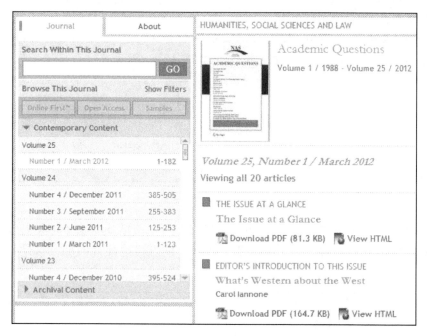

图 12-15 期刊详细页面

2.学科浏览

在主页上可以看到13个学科类目(见图12-16),分别是建筑和设计、行为科学、生物医学和生命科学、商业和经济、化学和材料科学、计算机科学、地球和环境科学、工程学、人文社科和法律、数学和统计学、医学、物理学和天文学、计算机职业技术与专业计算机应用等。

3.特色图书馆浏览

在主页上显示两个特色图书馆(见图12-17):中国在线科学图书馆(Chinese Library of Science)和俄罗斯在线科学图书馆(Russian Library of Science)。仅在订购后才能使用。

4.题名浏览

按照题名的字母顺序浏览,如图12-18所示。

12.3.2.2　检索方式

1.初级检索

在首页上方检索框内输入关键词,进行全文检索,如图12-19所示。检索词可以是单

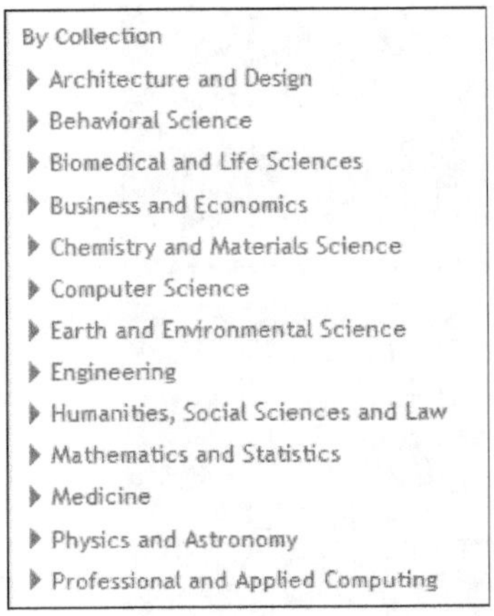

图 12-16　学科浏览 　　　　　　　　　　　图 12-17　特色图书馆浏览

图 12-18　题名浏览

词,也可以是短语,检索字段包括题名、作者、出版物、卷、期、页码等。在检索词输入框中还可以使用逻辑运算符进行组合检索。

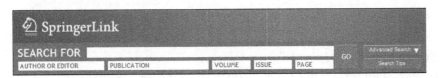

图 12-19　初级检索界面

所有检索结果默认按照相关度排序,也可选择按日期(Date)和题名(Title)排序。需要注意的是,在 SpringerLink 数据库中检索过程不能做精确检索,还要从结果中进行筛选和鉴别。初级检索的检索规则如下。

①使用算符 NEAR 相当于 AND 算符,要求检索结果中包含前后两个相邻的词。

②使用 OR 算符,如输入"color OR colour",可检索出 color 的各种拼写词。

③著者检索只输入姓氏即可,名在检索过程中常被忽略。检索结果一般只列出 3 个著者,用逗号分隔开。

④可对检索结果进行二次检索。在检索结果页左侧可以选择从主题(Collection)、出版年代(Copyright Year)、收录时间(SpringerLink Date)、作者(Author)、内容类型(Content Type)、语种(Language)等字段对结果进行筛选。

2. 高级检索

在 SpringerLink 主页上方点击"高级检索"按钮,可进入高级检索界面,如图 12-20 所示。在一个或多个检索框中输入检索词或词组,然后单击"检索"按钮,开始检索。多个检索条件之间的逻辑关系是"AND"。在高级检索中系统支持右截词,截词符号为 *;系统使用双星号可检出一个词的各种时态,如输入"sink * *",可检索出 sink、sinking、sank 和 sunk。

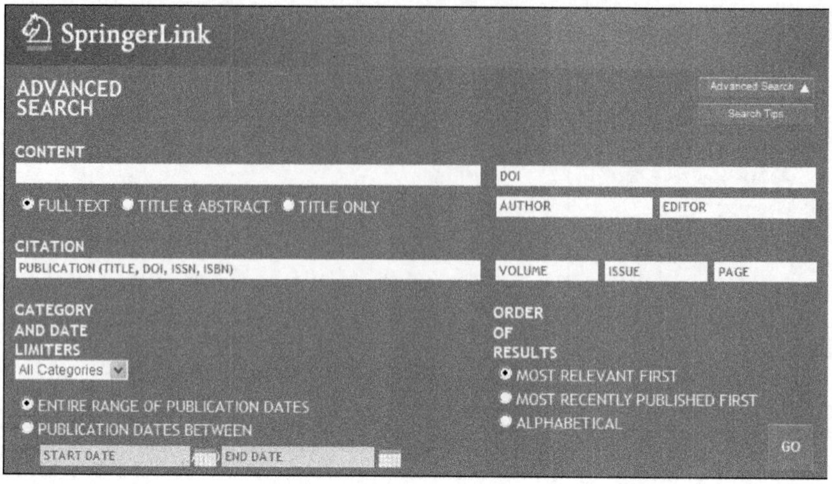

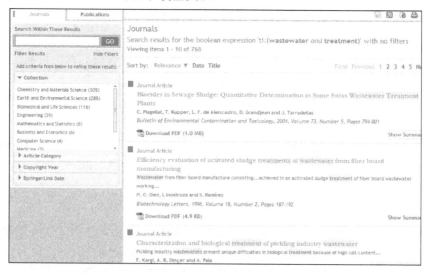

图 12-20 高级检索界面

在高级检索界面，可以限定在全文检索关键词，或在标题和文摘中检索，或只在标题中检索。限制分类（Categories）、出版时间或收录时间，选择检索结果排列方式：按相关度排序（MOST RELEVANT FIRST）、按出版时间排序（MOST RECENTLY PUBLISHED FIRST）、字母顺序（ALPHABETICAL）。

例如，检索近五年来"废水处理"方面的期刊论文，步骤如下。

①在检索式输入框输入检索表达式"wastewater and treatment"。

②检索范围选择"TITLE ONLY"。

③文献类型选择"Only Journal"。

④时间限定：START DATE 2008/1/1，END DATE 默认为当前时间。

⑤点击"Search"按钮，检索结果如图 12-21 所示。点击"Show Summary"可以查看论文文摘。点击"Download PDF"可以下载全文。

图 12-21 检索结果页面

12.3.3 其他功能

(1) 自动纠错功能。例如输入错误单词"orgaic chamstry",检索结果页面会自动提示正确的拼写,提示您要找的是不是"orgaic chemistry",如图 12-22 所示。

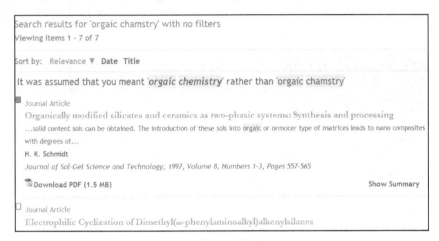

图 12-22 自动纠错功能

(2) 全文状态显示。在检索结果列表中可根据结果记录前方的"□"判断是否可访问全文。分别表示可访问全文,可访问部分内容,不能访问任何内容。

(3) 引文检索。通过输入文章的题名、国际标准书号 ISBN 或刊号 ISSN、卷、期、页码,检索被引用文献。

(4) 检索结果的输出。标记过的记录,可以暂时保存在系统中,也可以通过个性化服务功能,进行永久保存;检索结果可以通过多种方式输出(下载、RSS、打印或保存)。

12.4 CALIS 外文期刊目次数据库

12.4.1 概述

CALIS 外文期刊目次数据库(CALIS Current Contents of Western Journal,简称 CCC)(见图 12-23)是 CALIS"十五"建设子项目之一,作为"中国高等教育数字图书馆"的重要组成部分,重点在于构建从检索到全文获取的综合文献服务环境。CCC 的主要特点详列如下。

(1) 收录近 10 万种高校收藏的纸本期刊和电子期刊信息,其中有 4 万多种期刊的文章篇名信息每周更新,收录了 2.4 万种外文学术类期刊从 1999 年至今的全部目次数据。

(2) 覆盖了世界著名的 9 种二次文献数据库的大部分,这 9 种二次文献库是指:Biological Abstracts(生物学文摘)、Chemical Abstracts(化学文摘)、Current Contents(现刊篇名目次)、Engineering Index(工程索引)、INSPEC(科学文摘)、Medline(医学文摘索引)、Science Citation Index(科学引文索引)、Social Science Citation Index(社会科学引文索引)、AGRICOLA(农业文摘)。

(3) 揭示了全国三大图书馆系统(高校图书馆、公共图书馆和科学院图书馆)订购的 70%

以上纸本外文学术期刊的馆藏信息。

（4）实现了和国内联合采购的 15 种电子全文期刊库的链接，覆盖的电子全文期刊已达 8000 种以上。

（5）具备篇名目次检索、馆藏期刊的 OPAC 链接、电子期刊全文链接，揭示国内馆藏情况并提供各种分类统计数据，具备了强大、准确的揭示功能，完善的链接功能和各种统计分析功能。

图 12-23　CALIS 外文期刊目次数据库

CCC 以 Web 方式提供服务，服务器设在国内，采用 IP 控制方式，没有并发用户限制。检索出篇目的期刊如果本馆已购买，读者可以直接从本馆获取全文；如果本馆没有购买此种期刊，读者可以通过图书馆主页的文献传递栏目发出文献传递请求获取全文。

12.4.2　检索方法

系统提供期刊浏览、数据库导航、文章快速检索、篇目高级检索、图书馆馆藏等几种检索方法。

1. 期刊浏览

如图 12-24 所示，在期刊浏览页面，期刊浏览支持的有按学科浏览、起始字母浏览、纸本期刊浏览、电子期刊浏览的分类显示模式。

如果用户明确想要浏览的期刊，可以直接在期刊浏览页面上方输入期刊名、ISSN 号、刊名缩写或期刊的首字母缩写进行查询。匹配方式可以限定为包含、精确匹配或前方一致。

为了提高检索效率，系统还可以限定查询的全文数据库范围，系统收录了 AGRICOLA、AGRIS、AHCI、BIOLOGY、EI、ERIC、FSTA、INSPEC、MEDLINE、SCI、SSCI 等文摘库，可以选择查询全部期刊或上述其中某个文摘库。

如果用户已知期刊的首字母，可以进行限制，只查询以某个英文字母开头的期刊。

或者用户不明确期刊的详细信息，若已知学科范围，可以选择全部学科或某个特定学科进行浏览。学科分类有哲学、经济学、法学、教育学、文学、历史学、理学、工学、农学、医学、军事学、管理学及其他。

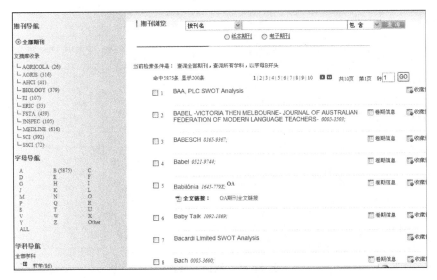

图 12-24 期刊浏览界面

注意:学科浏览和刊名首字母浏览是"AND"的关系;当用户进行刊名检索时,系统缺省是对所有期刊的检索,与学科导航和刊名首字母浏览没有"AND"的关系。

在期刊浏览页面中,向用户提供了一些标记信息。

①"卷期信息"表示系统收录有此期刊的篇目信息,点击即可浏览此期刊的卷期,并且可以选择查看任一卷期的篇目信息;如果本系统还没有收录此期刊的篇目信息,此按钮是不可见的。

②"全文链接"表示本馆购买的全文数据库包含此期刊,用户点击全文链接中的任何一个数据库名,可以直接链接到此数据库的源网站下载全文。

③"纸本刊链接"表示本校图书馆有纸本馆藏,点击它可以直接链接到本馆的 OPAC 查看更加详细的馆藏信息;如果用户馆提交的纸本馆藏没有包含此期刊,此按钮是不可见的。

④点击"收藏情况"可以查看本校图书馆和 CALIS 成员馆对此期刊的纸本收藏和电子资源购买情况。

2. 数据库导航

点击"数据库导航"可以查看本系统收录了多少个全文数据库和文摘数据库,用户可以浏览数据库并且点击某一数据库的期刊种数查看指定数据库的所有期刊信息(见图 12-25)。

3. 文章快速检索

在数据库的首页提供了文章快速检索的途径。快速检索是在下拉式菜单中选择检索项,填入相应的检索词,确定限制条件,进行联合检索。

在快速检索中,确定一个或几个检索词输入该文本框中,不必考虑词序、标点符号和区分大小写。词与词之间默认的逻辑关系是 AND,它的含义是检索结果中必须含有所有检索词。

CALIS 外文期刊网支持同词根、单复数检索,如输入检索词"compute",系统会将 computer、computering 和 computers 等都检索出来。

用户可以检索所有字段(将字段区域设定为"全面"),也可以将检索词限定在某一个字

图 12-25　数据库导航

段中出现,包括篇名、作者、刊名、ISSN。

点击首页上方"查找文章→篇目快速查询",可以限制检索日期,通过限制出版日期可以把检索结果限制在一定日期范围内,从而达到快速查准的目的;并且根据用户需要进行显示设置,每页显示 20、50 或 100 页;选择排序方式,按相关度排序或按出版日期排序,最大检索结果数量默认为 1000,检索结果数量超过 1000 时,系统自动转为相关度排序。

二次检索:执行检索之后,在显示结果页面有一个检索条件输入框,允许在检中结果中直接进行二次检索,或者选择重新检索。

4. 篇目高级检索

如图 12-26 所示,高级检索有多个检索条件输入框,可以输入一个检索条件进行简单查询或输入多个检索条件实现多个检索字段的组合检索。

多个检索条件默认的逻辑关系为 AND,表示检索必须同时满足多个检索条件。点击相应下拉框,可以根据需要改变为 OR、NOT。

"包含"指在检索点中包括输入的检索词,检索词的位置不分前后,每个词之间是"或者"的关系;"完全匹配"指在检索点中包括输入的检索词,检索词在检索点中的相对位置与输入是相同的;"前方一致"指句子的前方一致检索,检索词必须在检索点的最前面,而且位置也必须一致才可以,检索结果没有高亮显示。

检索限制:通过限制出版日期、限制文献种类,可以把检索结果限制在一定范围内,从而达到快速查准的目的。如果不改变这项设置,系统默认的检索范围是全部文献。

在篇目检索结果页面(见图 12-27)中,用户点击"全文链接"中的任何一个数据库名,可以直接链接到该数据库的源网站下载全文;点击"文摘库链接"中任何一个数据库名,可以链接到该数据库的源网站查看文摘;点击"文献传递",可以发送文献传递申请到本校图书馆的馆际互借系统请求文献传递;通过"收藏情况",可以查看本校图书馆和 CALIS 成员馆对此期刊的纸本收藏和电子资源购买情况,并且可以链接到本校图书馆 OPAC 来实时查看此刊的具体收藏信息。

5. 图书馆馆藏

通过"图书馆馆藏"可以查看任何一个高校图书馆的期刊馆藏情况。系统收录了教育部

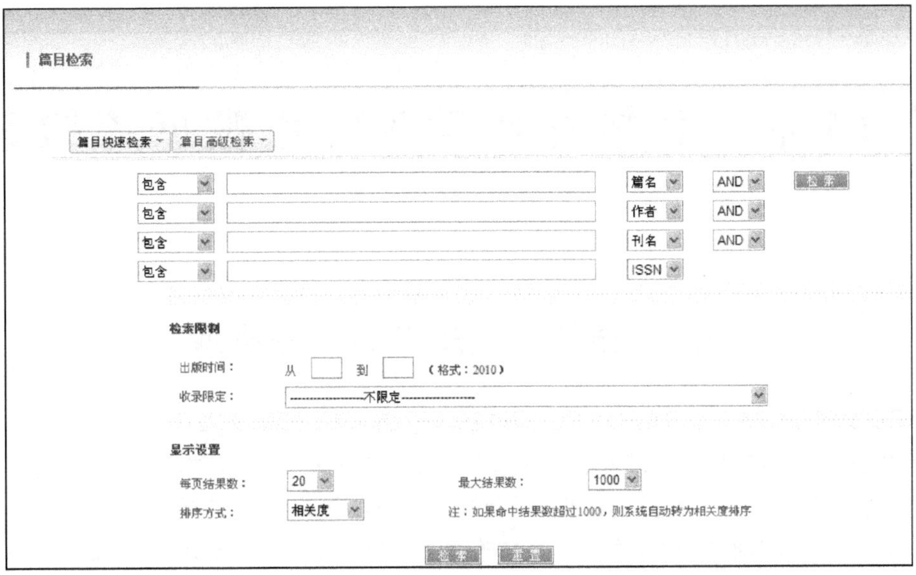

图 12-26　篇目高级检索界面

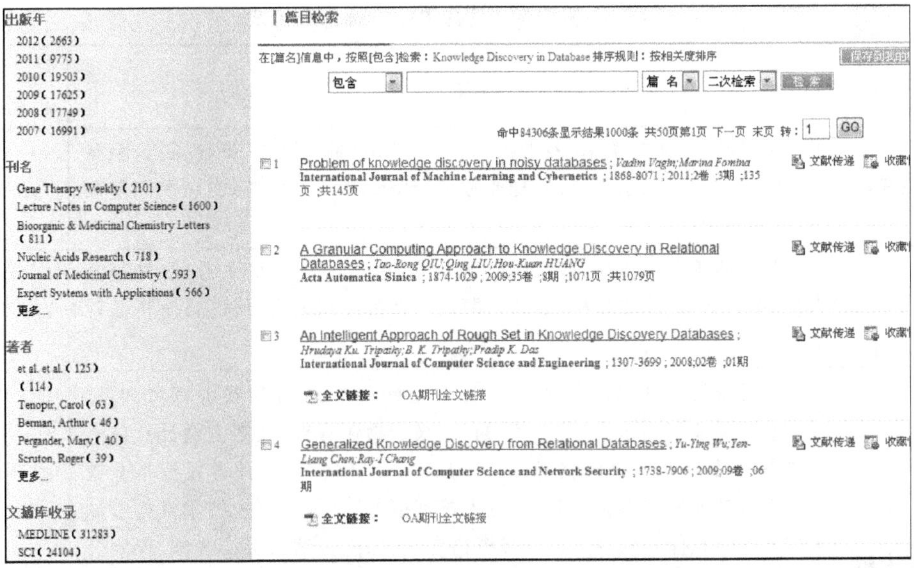

图 12-27　篇目检索结果页面

列出的 2089 个高校图书馆的名单,其中有 196 个馆的纸本期刊馆藏信息,512 个馆的电子资源馆藏信息。用户可以通过拼音首字母导航,或者按地域(省)导航,也可以通过 CALIS 成员馆的属性导航(CALIS 文献传递馆、全国中心、地区中心、省中心或数字图书馆基地)浏览所有高校图书馆,并且访问它们的主页;点击任一图书馆的期刊种数,可以查看指定图书馆的所有期刊信息。

第 13 章 高校在校学生常用数据库检索

13.1 银符考试题库 B12 数据库

银符考试题库 B12 数据库资源丰富,共涵盖十大考试专辑、300 大类二级考试科目、近 900 种考试资源、近 15 万余套试卷、1000 余万道试题(见表 13-1)。本题库紧扣国家资格类考试大纲,考题全面综合了大量的模拟考题和历年真题,可以在线答题、在线评分,交卷后有答案解析,适合进行考前的模拟练习。一站式服务,免除用户资源不足等困扰。其特色的专项训练、随机组卷、在线答题、近期考试等功能可对某一薄弱的单一题型进行有针对性的练习,提高学习效率。

表 13-1 银符考试题库 B12 数据库分类表

专辑类别	二级科目	截至 2017 年年底数据量
语言类专辑	公共英语、大学英语、专业英语、资格英语、翻译英语、职称英语、金融英语、商务英语、水平英语、托业考试、HSK 汉语水平考试、高职高专英语、小语种	18 494 套
计算机类专辑	计算机等级考试(一级、二级、三级、四级)、计算机水平考试(初级资格、中级资格、高级资格、公共试题)、计算机应用能力考试、计算机职称考试、计算机认证考试	14 076 套
经济类专辑	会计资格考试(初、中、高级)、注册会计师考试、注册税务师考试、国家会计从业资格考试、经济师(初、中级)、物业管理师、地方会计从业资格考试、银行业从业资格考试、证券业从业资格考试、证券投资基金销售人员从业资格考试、期货从业人员资格考试、统计专业技术资格考试(初、中级)、保险代理从业人员资格考试、保险公估人资格考试、保险经纪人资格考试、助理企业信息管理师、助理企业培训师、高级企业信息管理师、注册内部审计师(CIA)、外贸跟单员、国际商务师、PMP 项目管理资格认证、国际货运代理员、证券经纪人考试、管理咨询师、金融分析师(CFA)、国际商务单证员、价格鉴证师、农村信用社招聘考试、调查分析师(初、中、高级)、全国外经贸从业人员职业资格认证、专利代理人	21 990 套
研究生类专辑	研究生入学考试、法律硕士联考、在职法律硕士联考、在职攻读硕士联考、同等学力申请硕士学位、MBA 联考、中医综合、西医综合、研究生入学考试专业课、会计硕士联考(MPAcc)、金融学硕士联考、公共卫生硕士专业学位联考、考博英语、工程硕士(GCT)、硕士研究生学位课程、GMAT 考试(研究生管理学入学考试)、会计硕士	14 355 套

续表

专辑类别	二级科目	截至2017年年底数据量
公务员类专辑	国家公务员、地方公务员、外销员、选聘高校毕业生到村(社区)任职考试	15 576套
法律类专辑	司法考试(卷一、卷二、卷三、卷四、分类题)、企业法律顾问	3544套
医学类专辑	执业医师考试、执业药师考试、卫生资格考试、医疗卫生系统招聘考试、CGNS(美国海外护士资格认证考试)	27 266套
综合类专辑	导游资格考试、社会工作师、心理咨询师、教师资格考试、专升本、物流师、教师招聘考试、公共营养师、兽医资格考试、全国大学生英语竞赛、高职院校招生考试	9005套
工程类专辑	一级建造师、二级建造师、注册安全工程师、注册造价工程师、注册咨询工程师、注册城市规划师、注册监理工程师、注册设备监理师、公路工程监理工程师、投资建设项目管理师、房地产估价师、注册结构工程师、注册岩土工程师、环境影响评价师、公路工程试验检测员考试、勘察设计(注册)公用设备工程师、注册电气工程师、注册环保工程师、房地产经纪人、一级建筑师、二级建筑师、招标师、质量专业技术人员(初、中级)、土地代理登记人、土地估价师、资料员、测量员、注册化工工程师	20 901套
自考类专辑	公共课、财经类、计算机(工学类)、文法类、理工农医类、行政管理类	6436套
合计		151 643套

13.1.1 银符考试题库 B12 数据库基本功能介绍

进入数据库可以根据需要选择合适的模拟平台进行相关信息的查询及试题的测试(见图13-1)。

图13-1 银符考试题库 B12 数据库主界面

1. 统计信息

页面下方的统计信息里显示了题库里试卷的总数量(见图13-2)。

图13-2 统计信息界面

2. 晒成绩

晒成绩(见图13-3)里显示了用户的成绩。如果某用户答完试卷后点击"晒成绩"按钮,他的成绩就会显示在晒成绩中。

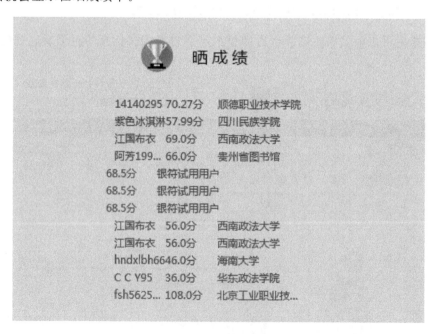

图13-3 晒成绩界面

在首页中点击"晒成绩",考生的成绩就会显示在页面中。也可以利用查询功能快速搜索到想要查找的用户的成绩(见图 13-4)。

图 13-4 快速搜索成绩界面

3. 试题库

(1)打开题库:选择科目类别,可以进入相应科目的题库。例如,选择工程类(见图 13-5 至图 13-7)。

图 13-5 选择科目题库界面 1

图 13-6 选择科目题库界面 2

选择二级或三级目录,进入相应题库。例如,在图 13-6 中选择三级目录"公路工程管理与实务"。

(2)在线答卷:点击图 13-7 中的"点击答题"便可打开试卷,显示答题界面(见图 13-8)。

(3)当您进入该试卷后未选择"开始答卷"时,试卷处于查看状态,图 13-8 中各个试题均为灰色,不可使用,您在此还不能进行答卷,点击图 13-8 中的"开始答卷"按钮后,便可进入

图13-7 选择科目题库界面3

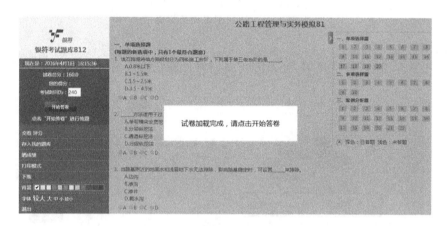

图13-8 在线答卷未开始界面

答卷状态(见图13-9),此时系统会为您自动倒计时。

图13-9 在线答卷开始界面

(4)在试卷中可以根据个人喜好改变背景颜色和字体大小。选择题只需在正确答案的序号上点击即可。答卷方法如图13-10所示。

(5)如果您在规定的时间内未答完试卷,系统会为您自动交卷;如果您在规定的时间里

第 13 章 高校在校学生常用数据库检索

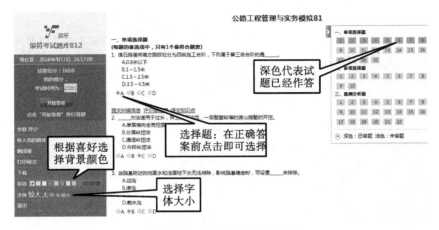

图 13-10　在线答卷功能界面

答完试卷,可以点击"交卷",该平台会自动调出存储在数据库中的该试卷的答案为您评分,同时给出客观题的得分和习题的详细讲解,如图 13-11 所示。

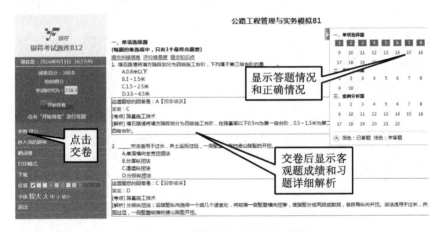

图 13-11　在线答卷交卷分析界面

(6)系统无法评判主观题的具体分数,需要您根据标准答案及解析为自己的主观题打分,在您点击交卷后系统给您的是客观题的总成绩,如果该试卷有主观题的成分,那么请根据主观题的标准答案及讲解为自己的主观题打上您认为合适的分数,但不能超过本题的总分数,然后点击"评分"得出该试卷的总成绩(见图 13-12)。对于没有回答的主观题,系统会直接显示回答错误并自动判为零分。

(7)用户如想保存该答完的试卷或中途未答完以后想继续作答的试卷,必须先登录(用户个人进行注册),才能保存该试卷。如果用户没有登录,则会弹出提示信息,登录后才可以保存试卷。

如果保存该试卷,系统会根据您的用户名存入"我的题库"的数据库中,以便您以后查看使用。点击"存入我的题库"按钮便可,如图 13-13 所示。

(8)点击"评分"按钮后,系统会根据用户的成绩提示用户此次考试的整体评价,如图 13-14 所示。

(9)评分后点击"晒成绩"按钮,系统会提示"是否晒成绩同时存入我的题库?",点击"确

225

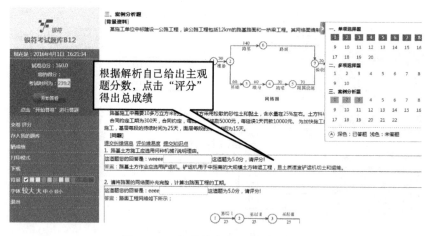

图 13-12　在线答卷主观题判卷界面

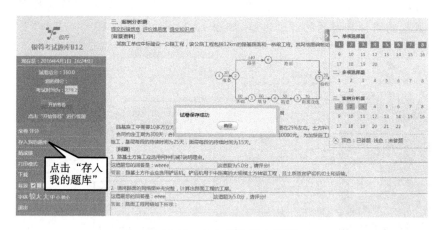

图 13-13　存入我的题库界面

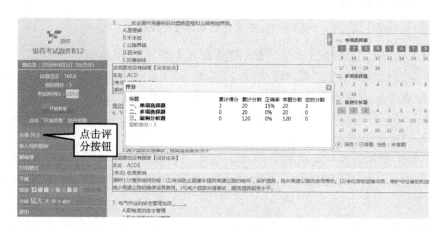

图 13-14　评分界面

定"按钮,此试卷会存入我的题库,并且此用户此次考试的成绩会显示在"晒成绩"中;点击"取消"按钮,此试卷会被保存到我的题库,但是此用户此次考试的成绩不会显示在"晒成绩"中,如图 13-15 所示。

图 13-15　评分后晒成绩界面

如果没有评分,直接晒成绩,系统会提示"您还没有评分",如图 13-16 所示。

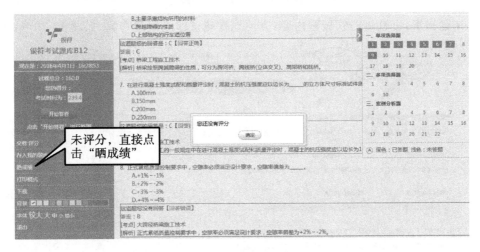

图 13-16　未评分晒成绩界面

13.1.2　银符考试题库 B12 数据库检索形式介绍

在首页中点击"搜索"按钮,进入检索界面,如图 13-17 所示。

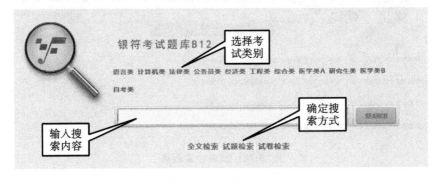

图 13-17　检索界面

(1) 全文检索:可综合检索试题、试卷、题目内容,如图 13-18 所示。

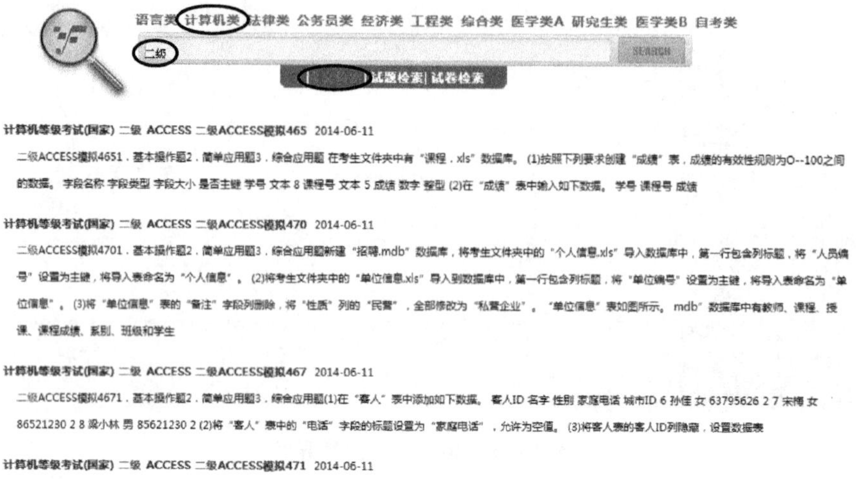

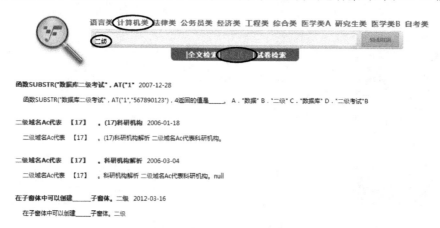

图 13-18 全文检索界面

(2) 试题检索:可直接检索试题内容,方便地找到试题或试题答案,如图 13-19 所示。

图 13-19 试题检索界面

(3) 试卷检索:可检索试卷名称对的试卷,如图 13-20 所示。

图 13-20 试卷检索界面

13.1.3　银符考试题库 B12 数据库常用工具介绍

1. 我的题库

主要存储的是本用户保存的试卷。点击"我的题库",界面如图 13-21 所示。

图 13-21　我的题库界面

(1)删除试卷:"全选"按钮用于选择试卷;选中试卷后点击"删除"按钮,即可删除试卷。

(2)试卷成绩统计:选择要统计的试卷后,点击"统计"按钮,对试卷进行统计,统计是按照正确率百分比进行排序的,一个点代表一份试卷。试卷成绩统计界面如图 13-22 所示。

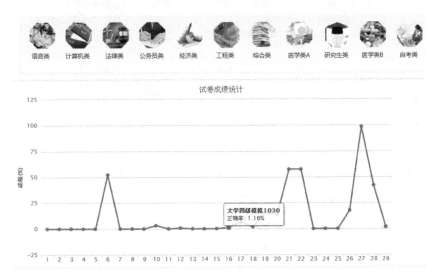

图 13-22　试卷成绩统计界面

(3)错题库:在我的题库中,点击相应试卷后的"错题库"按钮,进入错题库界面。用户在考试完成交卷并且评分后存入我的题库的试卷才会显示错题库,错题库中会显示相应试卷中答错的题目。

错题库包括错题预览和强化训练。错题预览只能浏览错题,不能答题;强化训练可以对错题进行强化训练,如图 13-23 所示。

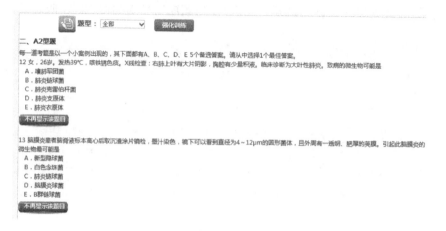

图 13-23 错题强化训练界面

2. 随机组卷

该功能既可用于在线练习,也可组出试卷打印成纸质试卷用于组织考试。只需根据专辑和科目选择组题模板,确定题量与分数,系统即随机地在对应题库中抽取试题组成模拟试卷,如图 13-24 所示。

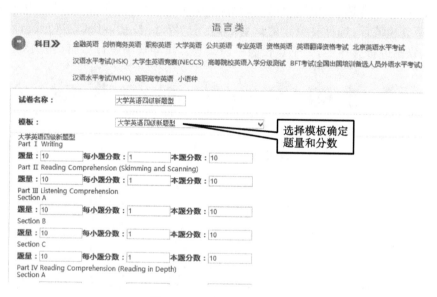

图 13-24 随机组卷界面

3. 专项训练

点击选择"专项训练",选择"语言类→剑桥商务英语",点选模板,在题型中选择相应的题型,显示总题量,用户可以根据自己的需要输入题量(小于总题量),输入每小题分数和本题分数,点击"开始练习"按钮就可以打开试卷进行练习了,如图 13-25 所示。

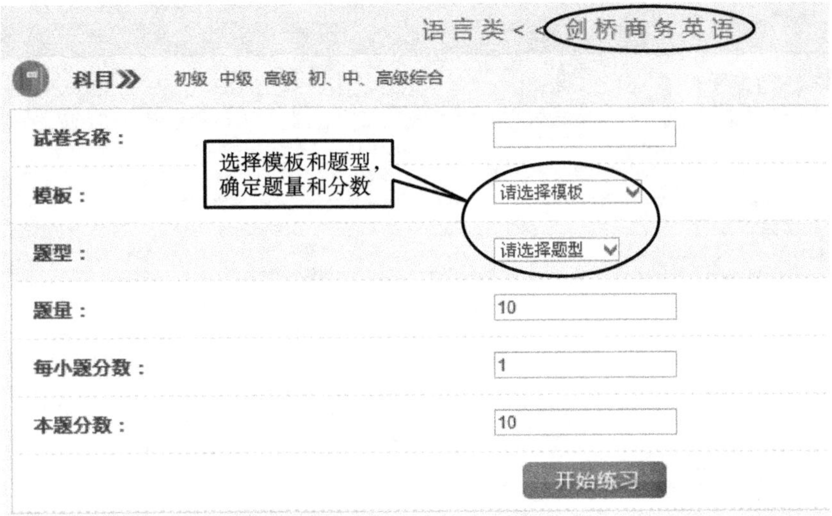

图 13-25　专项训练界面

4. 就业信息网

在功能栏中点击"就业信息网",就业信息网共包括八个模块,分别是创业指导、职业测评、职业规划、就业法规、网申技巧、面试技巧、简历制作、职场资讯,如图 13-26 所示。

用户若想进入各个模块,必须先登陆,如果用户没有登陆,则会弹出提示信息。用户在登陆就业信息网部分输入用户名和密码登录后便可进入各个模块,浏览相关内容。

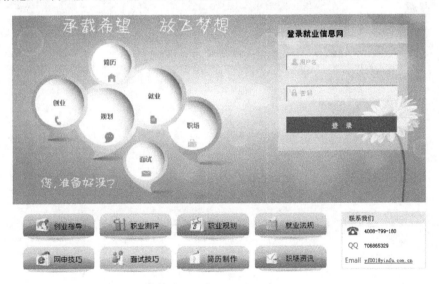

图 13-26　就业信息网界面

5. 多媒体库

(1)在主页工具栏中点击"多媒体库",进入高校自建多媒体库,如图 13-27 所示。

(2)高校多媒体库提供了外交电子书、英语、计算机、司法、公务员、会计、考研等与考试相关的音视频资源和电子书资源,供用户下载、播放。

(3)点击"英语",即可在首页的中间部分看到英语的相关资源,如图 13-28 所示。

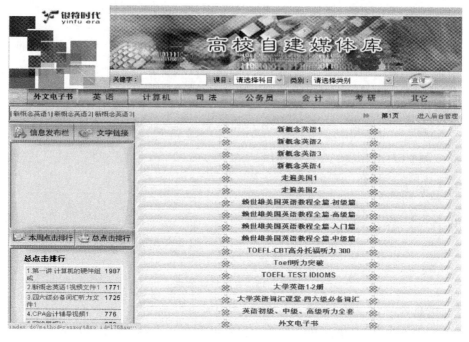

图 13-27　多媒体库界面

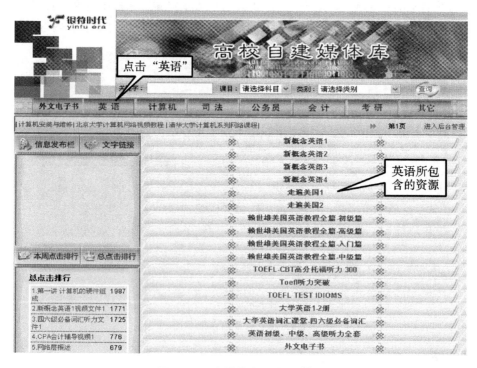

图 13-28　多媒体类别选择界面

6. 升级信息

升级信息里面显示的是每个月升级试卷的数量信息，如图 13-29 所示。

图 13-29 升级信息界面

7. 留言板

留言板是用户和系统之间进行信息交流的平台,用户点击开之后分别在各个必填项中填入相关内容,点击"提交"按钮后就可以留言了,如图 13-30 所示。

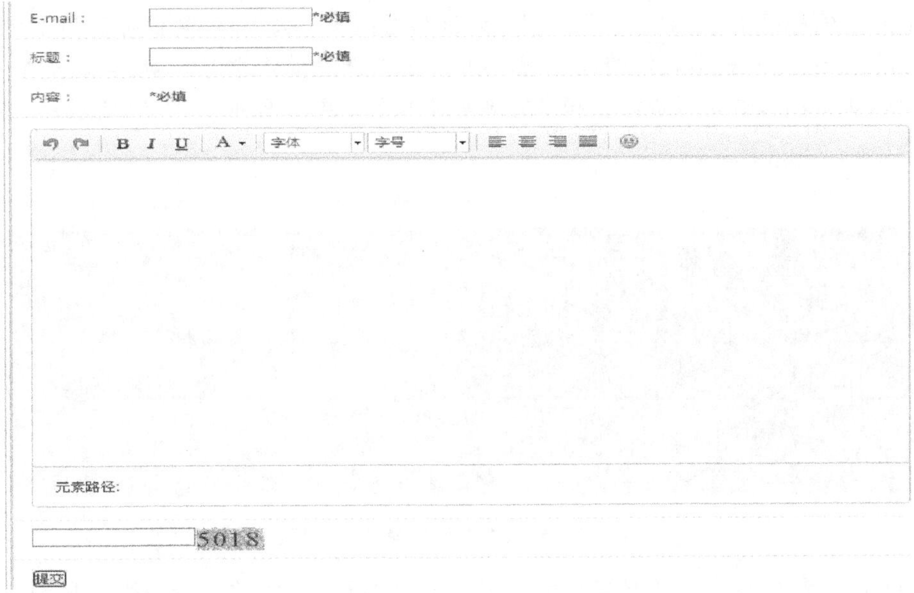

图 13-30 留言板界面

留言成功后,信息会显示在留言板内,如图 13-31 所示。

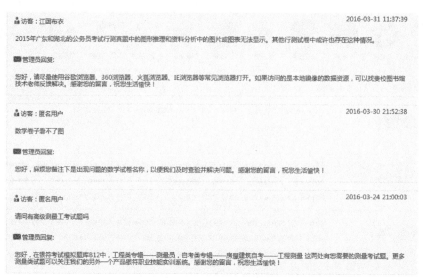

图 13-31　留言板结果界面

13.2　新东方多媒体学习库

新东方多媒体学习库是由新东方在线组织精英教师团队和优秀技术人员倾力打造的多媒体在线教育培训平台。依托于新东方强大的师资阵容和制作团队,新东方多媒体学习库向广大高校师生提供了丰富、实用的新东方原汁原味培训课程,内容涵盖国内考试、应用外语、出国考试、实用技能、大学生求职和职业认证与考试等六大类,让高校师生足不出校便能尽享新东方激情、幽默教学风格的魅力,获得卓越的在线互动式学习体验,是高校师生考试、出国、充电、求职的首选学习资源。新东方多媒体学习库主界面如图13-32所示。

图 13-32　新东方多媒体学习库主界面

(1)点击主界面"课程",选择需要的内容,进入学习,如"大学英语四级"(见图13-33和图13-34)。

(2)在主页检索框中输入检索词,如"英语四级",再进入检索结果界面进行使用(见图13-35和图13-36)。

图 13-33　课程界面

图 13-34　大学英语四级界面

图 13-35　检索界面

图 13-36　检索结果界面

13.3　新东方掌学平台

新东方掌上学习(简称新东方掌学)平台是新东方在线为各用户量身定制的专业化移动学习平台。新东方掌学平台以提供系统化、个性化、精准化的移动学习课程为己任,以满足广大用户对移动学习、趣味学习、碎片化学习的需求。新东方掌学平台支持校内校外访问、移动学习。目前,新东方掌学平台共有 532 门课程,5324 个知识点。

13.3.1　新东方掌学平台特点

1. 移动学习,随身随行

碎片化学习已经成为当下最流行的学习方式,新东方掌学平台 3 分钟一段阅读,5 分钟一段音频课,7 分钟一段视频课……最新、最潮的学习体验,让你轻松抓住零散时间,时刻充电,不断提升。

2. 课程体系特点:精、巧、全

精选应试类、应用类、基础类、提升类课程于一身,满足不同人群的移动学习需求;涵盖了视频、音频、文本、交互练习类课程,课程活泼有趣,展现形式丰富;听、说、读、写、译,课程内容齐全,应用技能一网打尽。

3. 个性化的移动学习体验

新东方掌学平台提供"我的错题""我的收藏""我的下载""学习记录"等功能服务,实现"一人一课堂"的服务宗旨,满足个性化的移动学习体验。

13.3.2 新东方掌学平台安装

(1)扫码下载。扫码,打开链接,跳转至安装页面,选择安装版本并下载(见图13-37)。
(2)苹果、安卓等手机,均可在应用商店选择"新东方掌学"自行下载安装,无须扫描二维码。

13.3.3 新东方掌学平台注册及登录

(1)安装完成后,进入登录页面。
(2)在页面右上角选择个人账号登录。
(3)选择学校名称"河南城建学院",输入个人借阅证号,即可登录,无须密码。
(4)注册成功,进入首页,开启移动学习之旅。新东方掌学平台登录界面如图13-38所示。

图13-37 新东方掌学平台安装页面　　　　图13-38 新东方掌学平台登录界面

今后便可使用个人账号及密码登录,选择"记住账号与密码",下次进入App时,即无须再输入用户名与密码,自动登录。

13.3.4 新东方掌学平台课程订阅

(1)在首页中点击进入"订阅空间",选择要订阅的模块和课程,如图13-39所示。
(2)返回首页,在"我的订阅"下点击相应模块,便可进入已经订阅的课程内容,开始学习,如图13-40所示。

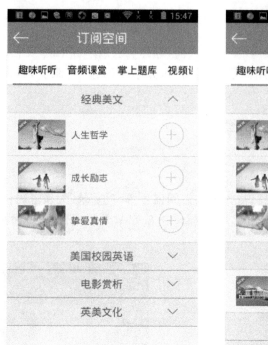

图 13-39 订阅空间界面

图 13-40 我的订阅界面

13.4 爱迪科森网上报告厅

爱迪科森网上报告厅共有 37 000 部优质视频资源，涵盖 18 个系列，积累时长 70 万分钟，包含 10 000 部高清视频课程、7000 部专有独家资源、5000 部名家大师精品、15 000 部经典收藏作品。网上报告厅首页如图 13-41 所示。

图 13-41 网上报告厅首页

网上报告厅检索观看方式如下。

1. 简单检索

在检索框中输入检索词(见图 13-42),选择检索范围,点击检索后,就得到所需要的检索结果。检索范围共两项,分为主题和主讲人。

图 13-42 网上报告厅简单检索

2. 高级检索

单击简单检索界面检索词输入区域,出现"使用高级检索",点击进入高级检索界面,输入检索词并设定检索词的逻辑关系进行检索,如图 13-43 和图 13-44 所示。

图 13-43 网上报告厅高级检索 1

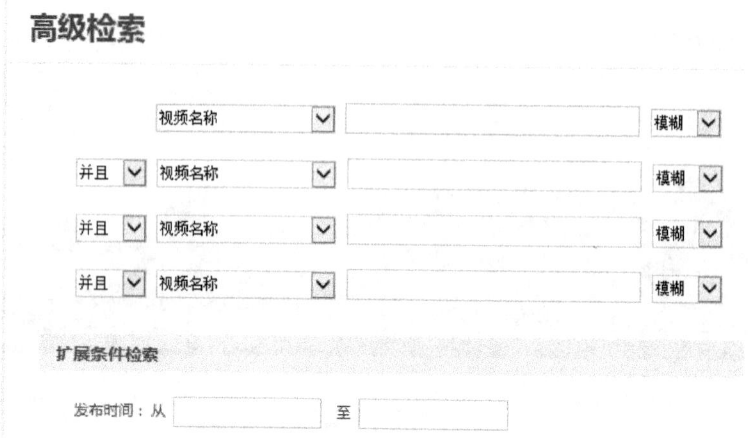

图 13-44　网上报告厅高级检索 2

3. 分类浏览

分类浏览分为学科浏览和学科专家浏览。

1）学科浏览

在网上报告厅主页面中上部，报告厅将所有视频分为学术报告和学术鉴赏两大类。学术报告又按学科类型分为理工系列、经管系列、文史系列、党政系列、医学系列、综合素质等若干小类，读者可以根据自己的需要来选择报告内容，如图 13-45 所示。

图 13-45　学科浏览

2）学科专家浏览

在网上报告厅主页面上部点击"学科专家"，浏览挑选专家课程进行观看，如图 13-46 所示。

图 13-46　学科专家浏览

13.5 超星名师讲坛

超星名师讲坛(又称超星学术视频)主要是各学科名师的讲课、讲座和专题报告,邀请国内外知名专家学者、学术权威,采用先进的数字化影像技术,将他们的学术思想和多年的研究成果系统地记录、保存并制作成超星学术视频,以互联网为媒介进行传播。目前已拍摄制作名师6439位,系列8149门,视频126 852集,视频包含了2011年教育部公布的13门学科分类,能满足不同用户的各种需求。超星名师讲坛首页如图13-47所示。

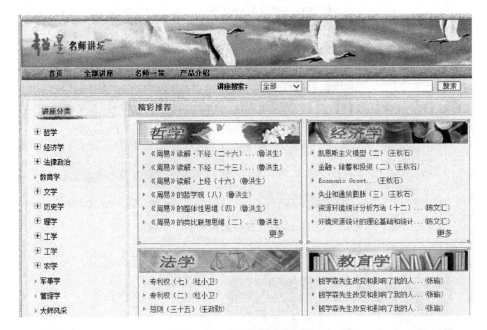

图13-47 超星名师讲坛首页

超星名师讲坛检索观看方式如下。

1. 简单检索

在主页右上方检索框中输入检索词,选择检索范围,点击检索,就可得到所需要的检索结果。检索范围共三项,分为讲座名称、主讲人和系列名称。

2. 分类浏览

点击主页左上方的"讲座分类"对各科类进行分类浏览,点击各科类进行二级目录浏览,选择所需课程进行观看,如图13-48所示。

3. 课程观看

当浏览或检索到所需视频时,点击即可播放,如图13-49所示。

(1)播放主界面:包括暂停/播放键、时间、声音、全屏等。

(2)讲座字幕:显示讲座的字幕。

(3)本专题其他讲座:系列讲座列表。

(4)其他功能:位于播放主界面下方,包括下载讲座、收听音频、问题帮助、投它一票等。

图 13-48　分类浏览界面

图 13-49　课程观看界面

第 14 章 文 献 传 递

以信息高速公路和多媒体技术为标志的信息技术革命,在一定程度上推动了传统图书馆的电子化、自动化、数字化。当今的图书馆不断向信息实体虚拟化、信息资源数字化、信息传递网络化、信息利用共享化的模式转变,其不仅是一种工具、一种方法、一种手段,更是一种环境、一种理念、一种学习的方式,在这个过程中,资源的利用,资源的共建、共知、共享显得尤为重要。

文献传递是将用户所需的文献复制品以有效的方式和合理的费用,直接或间接传递给用户的一种非返还式的文献提供服务,它具有快速、高效、简便的特点。现代意义的文献传递是在信息技术的支撑下从馆际互借发展而来,但又优于馆际互借的一种服务。通过开展文献传递服务,不仅缓解了图书馆经费、资源不足与读者日益增长的文献需求之间的矛盾,还对教学科研起到了很好的支撑作用。

14.1 中国高等教育文献保障系统文献传递

14.1.1 中国高等教育文献保障系统介绍

中国高等教育文献保障系统(China Academic Library & Information System,简称 CALIS),是经国务院批准的我国高等教育"211 工程""九五""十五"总体规划中三个公共服务体系之一。CALIS 的宗旨是:在教育部的领导下,把国家的投资、现代图书馆理念、先进的技术手段、高校丰富的文献资源和人力资源整合起来,建设以中国高等教育数字图书馆为核心的教育文献联合保障体系,实现信息资源共建、共知、共享,以发挥最大的社会效益和经济效益,为中国的高等教育服务。

河南城建学院图书馆也有幸成为 CALIS 三方服务的成员馆之一。

CALIS 馆际互借与文献传递网(简称文献传递网)为所有高校读者或文献服务机构提供馆际互借与文献传递服务。

该文献传递网由众多成员馆组成,包括利用 CALIS 馆际互借与文献传递应用软件提供馆际互借与文献传递的图书馆(简称服务馆)和从服务馆获取馆际互借与文献传递服务的图书馆(简称用户馆)。

读者以馆际互借或文献传递的方式通过所在成员馆获取 CALIS 文献传递网成员馆丰富的文献收藏。

14.1.2 CALIS 注册

CALIS 馆际互借与文献传递系统是 CALIS 公共服务软件系统的重要组成部分。目前,该系统已经实现了与 OPAC 系统、CCC 外文期刊篇名目次数据库综合服务系统、CALIS 统一检索系统、CALIS 文科外刊检索系统、CALIS 资源调度系统的集成,读者可以直接在网上提交馆际互借申请,并且可以实时查询申请处理情况。

CALIS 馆际互借读者网关系统(http://gateway.calis.edu.cn/)如图 14-1 所示。

图 14-1　CALIS 馆际互借读者网关系统

14.1.3　CALIS 检索

进入 CALIS 检索主页(http://www.calis.edu.cn/calisnew),如图 14-2 所示。

图 14-2　CALIS 主页

还可通过"切换站点"直接链接到 CALIS 河南省文献信息服务中心进行检索,如图 14-3 所示。

第 14 章 文献传递

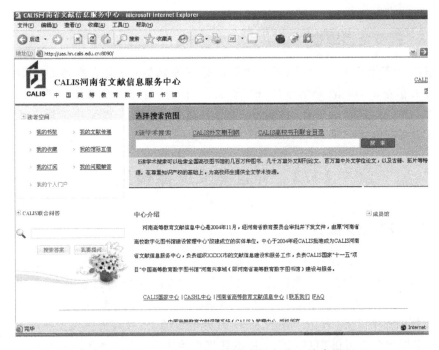

图 14-3　CALIS 河南省文献信息服务中心检索界面

CALIS 外文期刊目次数据库(见图 14-4)收录了全国著名高校 3 万多种外文期刊的篇名目次数据,其中有 2.2 万种现刊的篇名目次每星期更新一次,无缝链接 CALIS 馆际互借与文献传递系统,读者检索后可以通过 CALIS 馆际互借网关逐篇提交文献传递请求获取全文。网址为 http://ccc.calis.edu.cn/。

图 14-4　CALIS 外文期刊目次数据库

14.1.4　用户注册

申请 CALIS 文献传递的用户,需要首先进入河南省高校文献保障中心进行注册,注册后得到所在学校图书馆的批准才能使用文献传递系统。一般高校每年都会为本校读者的文献传递提供一定的补贴。

14.1.5 提交传递申请

正式用户可在检索 CALIS 外文期刊目次数据库之后,提交文献传递申请;亦可登录 CALIS 馆际互借系统,单击"申请管理"的"提交申请",填写并提交需传递的文献信息,其中文献的作者、出版物名称、出版者、卷期号、费用限制为必选项。提交申请后 2 天内,文献就会发送到申请者的电子邮箱。

14.2 开世览文文献传递

14.2.1 开世览文简介

开世览文的网址为 http://www.cashl.edu.cn/。开世览文(中国高校人文社会科学文献中心,简称 CASHL)是唯一的全国性人文社会科学文献收藏和服务中心,汇集全国 17 所著名高校和 70 所重点大学的外文文科资源。CASHL 现有外文图书 172 万种,核心期刊和重要期刊 2.4 万余种,2860 种电子期刊及 41 万种电子图书,另有许多大型特藏、古籍文献及精品中文学术期刊全文可供用户查阅。提供数据库检索和浏览、书刊馆际互借与原文传递、相关咨询服务等。

CASHL 的资源和服务体系由两个全国中心、五个区域中心和十个学科中心构成,其职责是收藏资源、提供服务。CASHL 的全国中心设在北京大学和复旦大学,区域中心设在武汉大学、吉林大学、中山大学、南京大学、四川大学,学科中心设在北京师范大学、东北师范大学、华东师范大学、兰州大学、南开大学、山东大学、清华大学、厦门大学、浙江大学、中国人民大学。CASHL 项目管理中心设在北京大学。

14.2.2 开世览文注册

在本校图书馆加入 CASHL 成为 CASHL 的成员馆后,读者可登录 CASHL 主页注册,并得到图书馆的批准,成为 CASHL 正式用户,获得 CASHL 的服务。

个人用户注册步骤如下。

(1)点击"开世览文"左下角"个性化服务"区的"注册"按钮,在弹出的注册表中填写用户基本信息和详细信息,红色星号表示为必填项。

(2)点击"提交"后进入 CASHL 馆际互借读者网关注册页面,继续填写相关信息,其中带星号标记的为必填项;请注意务必正确选择所属学校。

(3)点击"提交"完成注册。新注册用户需要等待所属学校图书馆的馆际互借员审核身份并确认后,才能提交文献传递申请。

14.2.3 文献查询及文献传递

成为 CASHL 的正式用户后,读者可用有效登录名、密码登录进入 CASHL,进行文献检索。CASHL 提供期刊、图书、文章、数据库、大型特藏文献和学科特色资源等六种文献类型的检索,如图 14-5 所示。

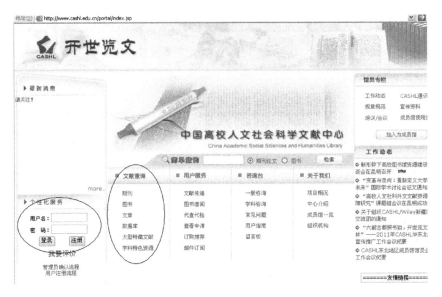

图 14-5　开世览文主页

在"开世览文"门户主页的"文献查询"栏目下,可按照"期刊""图书""文章""数据库"查询并提交文献传递请求。也可通过"用户服务"栏目下的"文献传递"和"图书节借阅"检索与提交申请。

1. 期刊检索

期刊检索为整刊检索,提供题名和 ISSN 两种检索途径,可浏览具体卷期的题录,发送文献传递请求。

2. 图书检索

图书检索(见图 14-6)有简单检索和高级检索两种检索方式,简单检索为一框式检索,高级检索可采用布尔检索,选择前方一致、精确检索或包含(即模糊检索)三种匹配方式,检索途径有题名、著者、主题、ISBN、出版机构等。在检出结果中,可以对检索结果进行二次检索,或选择图书,导出图书详细记录。

单击选中的图书题名,打开详细记录,单击"我要部分章节",申请部分章节的文献传递,或单击"我要借书"申请馆际互借,如图 14-7 所示。

3. 文章检索

文章检索是从篇名检索具体文献,提供"文章简单检索"和"文章高级检索"两种方式。

简单检索为一框式检索,可对文章的出版时间、馆藏地址、期刊类别等进行限制,如图 14-8 所示。

高级检索提供菜单式布尔检索,可选择前方一致、精确检索或包含(即模糊检索)三种匹配方式,如图 14-9 所示。

4. 数据库检索

2007 年,中国高校人文社会科学文献中心(CASHL)出资购买了 JSTOR、PAO、ECCO、EEBO 四个全文数据库,并采用 IP 地址控制访问权限。CASHL17 家中心馆(北京大学图书馆、复旦大学图书馆、武汉大学图书馆、吉林大学图书馆、中山大学图书馆、南京大学图书馆、四川大学图书馆、北京师范大学图书馆、东北师范大学图书馆、华东师范大学图书馆、兰州大

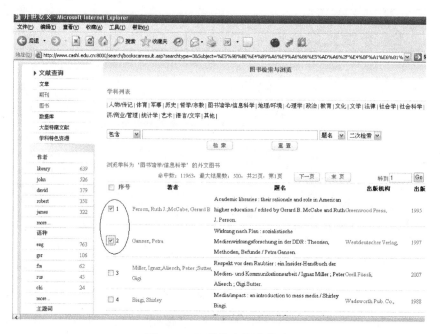

图14-6　开世览文图书检索

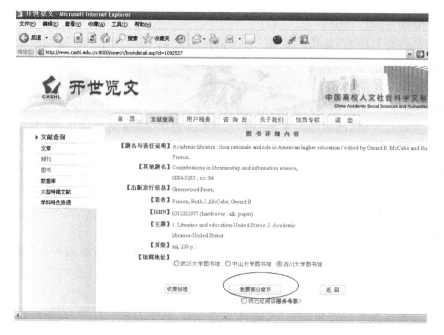

图14-7　开世览文文献传递申请

学图书馆、南开大学图书馆、山东大学图书馆、清华大学图书馆、厦门大学图书馆、浙江大学图书馆、中国人民大学图书馆)校园网用户可通过合法IP直接访问,检索与下载文献。

2008年,CASHL大型特藏引进了EAI,该特藏收藏在北京大学,校园网用户可通过合法IP直接访问。所有CASHL用户均可通过检索图书,发送文献传递请求。

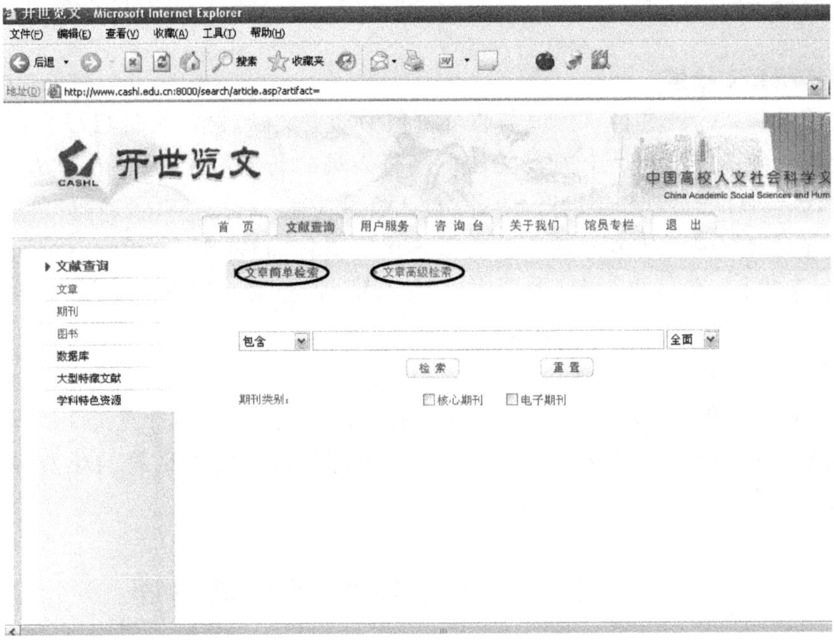

图 14-8 文章简单检索界面

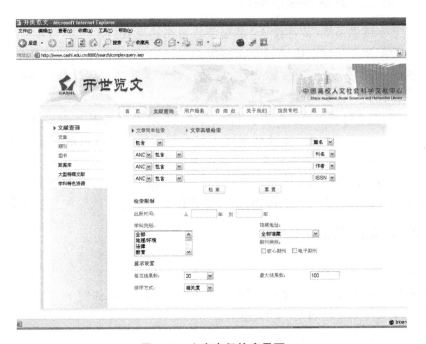

图 14-9 文章高级检索界面

2009年,由CASHL管理中心组织的MyiLibrary电子书联盟采购顺利完成。参与联盟采购的10家高校(北京大学、复旦大学、南京大学、清华大学、武汉大学、厦门大学、浙江大学、中国人民大学、中山大学、上海交通大学)校园网用户可通过合法IP直接访问,检索与下载文献。

非以上高校范围的 CASHL 用户检索到文献后,可以通过 CASHL 文献传递服务获取所需文献。

5. 大型特藏文献检索

特藏文献被公认为极具科研价值与收藏价值的珍贵文献,但因其价格昂贵,诸多高校图书馆无力购买收藏。为了满足全国人文社科科研人员的研究需求,也为了弥补高校图书馆收藏的空白,CASHL 于 2008 年度开始大批购入特藏文献。

首批引进大型特藏文献多为第一手的原始档案资料,涵盖历史、哲学、法学、社会学、语言学、经济学等多个一级重点学科,涉及图书、缩微资料、数据库等不同介质,是北京大学、复旦大学、武汉大学等知名高校强力推荐的。

6. 学科特色资源检索

CASHL 的资源和服务体系由两个全国中心、五个区域中心和十个学科中心构成。这 17 家图书馆都各自拥有丰富的特色资源,其中绝大部分可以提供目录的免费检索,如需深度服务,可通过咨询台直接联系收藏馆。

14.3 超星读秀学术搜索文献传递

14.3.1 超星读秀学术搜索简介

超星读秀学术搜索系统(简称读秀)是超星公司在超星数据库基础上开发的产品之一,是由海量全文数据及元数据组成的超星大型数据库,是一个集图书期刊及外文搜索于一身的一站式搜索平台。它是把所有文献资源打碎,以章节为基础重新整合在一起的海量数据库。所有的图书、期刊、报纸、标准、专利、学位论文、会议论文、视频等变成了一本书,一部最大的百科全书,一部 6 亿页的全文资料。可实现对 300 万种中文图书原文、1.7 亿条中外文期刊元数据、2 亿条目次的检索,通过超星读秀学术搜索平台可直接检索得到原文,或实现区域传递。所以说,读秀是一个 6 亿页全文资料组成的超大型数据库。

读秀实现了电子图书与纸质图书的整合,为用户提供了深入内容的章节和全文搜索,并提供了部分文献的原文试读及文献传递,是一个真正意义上的知识搜索及文献服务平台。

14.3.2 检索指南和文献传递

14.3.2.1 进入途径

通过本校图书馆主页进入超星数字图书馆和读秀图书检索,如图 14-10 所示。

读秀中文学术搜索主页如图 14-11 所示。

14.3.2.2 知识搜索和文献传递

1. 读秀知识搜索

知识搜索为全文检索,为用户提供可打开的文献全文和相关文献列表,如图 14-12 所示。

检索任何词时,同时会得到相关的人物、工具书、图书、期刊、报纸、会议论文、学位论文、网页、图片、视频、专利、标准等信息。

图 14-10　超星检索界面

图 14-11　读秀中文学术搜索主页

单击检出结果列表中的任意文献名,可打开文献的相关部分内容进行试读和下载,如图 14-13 所示。

2. 读秀知识搜索中的文献传递

对于搜索结果页面中没有全文的相关文献,用户可以申请文献传递。例如,选择图书类型中的结果,出现图书"部分阅读"和"图书馆文献传递"界面,如图 14-14 所示。

点击图 14-14 中的"部分阅读",可以试读本图书书名页、版权页、前言、目录页,以及正文的前 15、17 或 21 页和封底的内容,如图 14-15 所示。

除了免费阅读部分,其他内容可以申请文献传递。方法:点击图 14-14 中的"图书馆文献传递",出现文献传递申请界面,如图 14-16 所示。在电子邮箱栏填写自己正确的电子信

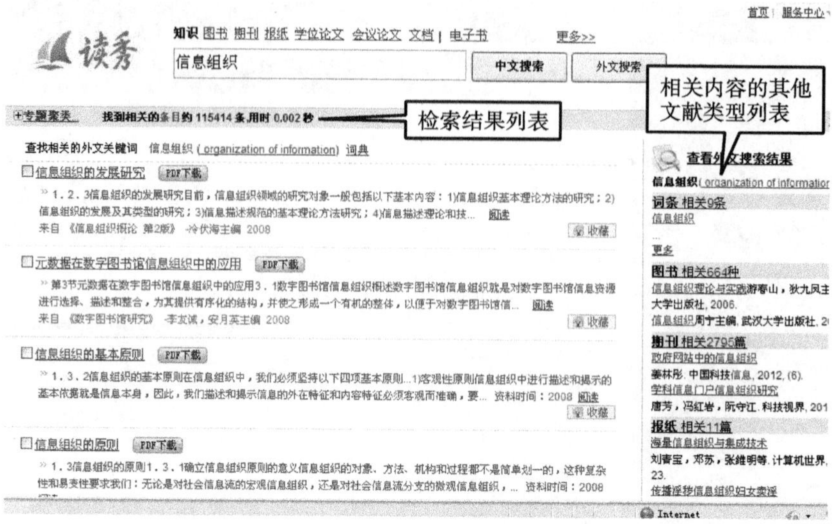

现代信息检索与利用

图 14-12　读秀知识搜索结果界面

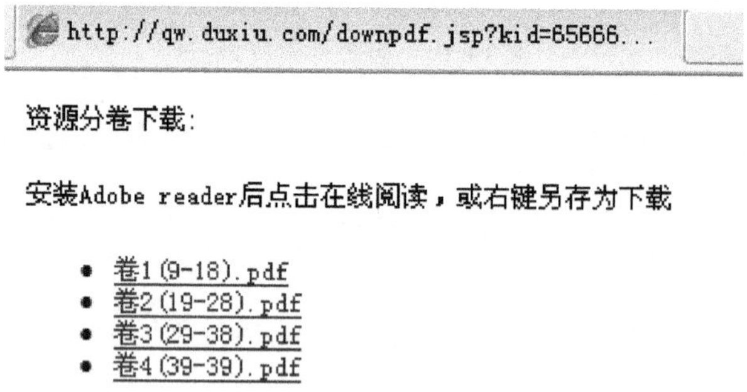

图 14-13　读秀知识搜索结果内容试读和下载界面

图 14-14　部分阅读和图书馆文献传递示例图

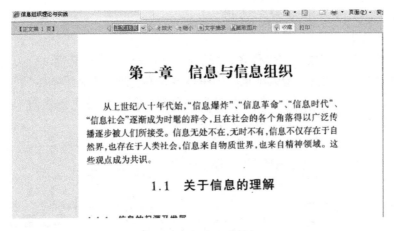

图 14-15　部分阅读界面

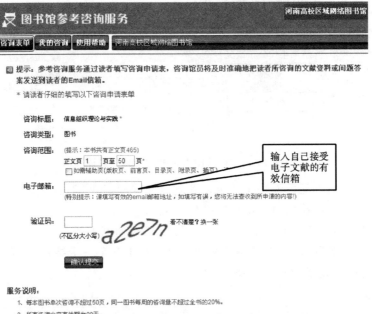

图 14-16　文献传递申请界面

箱进行提交。

　　知识搜索是读秀对所有文献类型进行的元数据搜索,在搜索结果列表中的,都是可以直接得到的、与检索词直接相关的原文;在相关列表中的,如果区域数字图书馆中有电子全文,用户都可以进行文献传递申请。

　　区域数字图书馆是指某一地区高校图书馆的一个联合体,在中心馆领导协调下开展数字资源的共建共享工作,为本区域成员馆用户及其他用户提供优质的信息服务。比如河南城建学院图书馆所属的区域图书馆指的是 CALIS 河南信息中心所有的成员馆的一个联合体,中心设在郑州大学图书馆。

14.3.2.3 读秀图书检索与传递

1. 读秀图书检索

图书检索提供全部字段、书名、作者、主题词检索途径,可检索全部 300 万种中文图书书目、100 万种外文图书的信息,检索结果除图书本身的信息外,还显示本馆购买全文情况、本馆可试读的数量、检索结果年代分布情况和学科分布情况等信息。读秀图书检索的结果示意图如图 14-17 所示。

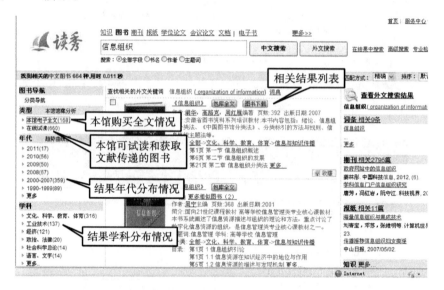

图 14-17 读秀图书检索的结果示意图

在相关结果中,有的是已经购买的可以看到全文并能实现"图书下载",有的只能部分阅读。对于部分阅读部分,我们可以申请文献传递。

单击所选择的本馆购买的电子图书全文,可以链接到电子图书全文。例如,图 14-17 结果列表中有"图书下载"的即为能获得全文的图书。单击其第一个结果,点击"包库全文",可以进行其全文的在线阅读,如图 14-18 所示。

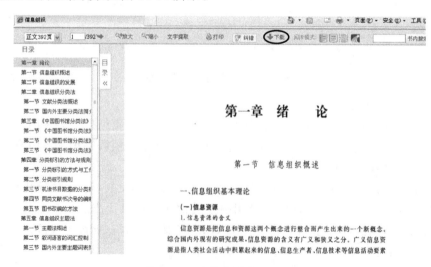

图 14-18 在线阅读全文界面

点击图 14-18 在线阅读全文界面中的"下载",可以下载图书全文。

2. 图书文献传递

对于部分阅读的,或者有"包库全文"却又无法打开的,我们都可以申请文献传递。方法是单击其书名,进入到文献传递选择界面,如图 14-19 所示。

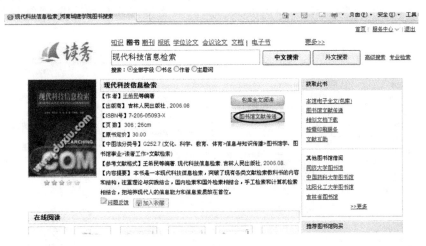

图 14-19　文献传递选择界面

单击图 14-19 中的"图书馆文献传递",进入到文献传递申请界面,如图 14-20 所示。

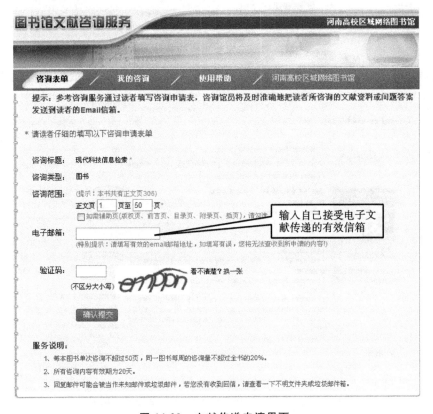

图 14-20　文献传递申请界面

3. 需要注意的问题

(1) 每本图书单次咨询不超过 50 页，同一图书每周的咨询量不超过全书的 20%。

(2) 所有咨询内容有效期为 20 天。

对于只能部分阅读的图书，我们可以看到其免费阅读的部分内容，包括书名页、版权页、前言页、目录页、正文的前 21 页和封底页。图书检索结果中的部分阅读结果如图 14-21 所示。

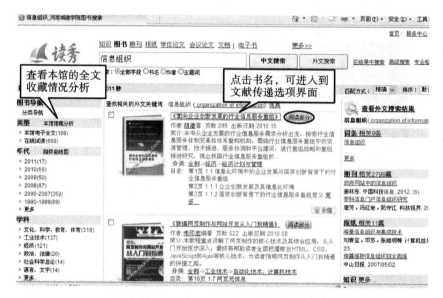

图 14-21　图书检索结果中的部分阅读结果

若想得到除了免费阅读的其他部分，点击其书名，就能看到文献传递选项界面，如图 14-22 所示。

图 14-22　检索结果中的部分阅读和文献传递选项界面

在某一检索结果的右侧，有获得此书的其他渠道，包括图书馆文献传递在内的相似文档下载、文献互助、按需印刷服务等。还可以在其他图书馆借阅，上面列有收藏有此书的图书馆名单。

点击图 14-21 左侧结果分析界面中的“本馆馆藏分析”，可以查到本馆各个大类的全文购买情况和读秀可获得的数量分析表。读秀结果中的本馆馆藏结果分析如图 14-23 所示。

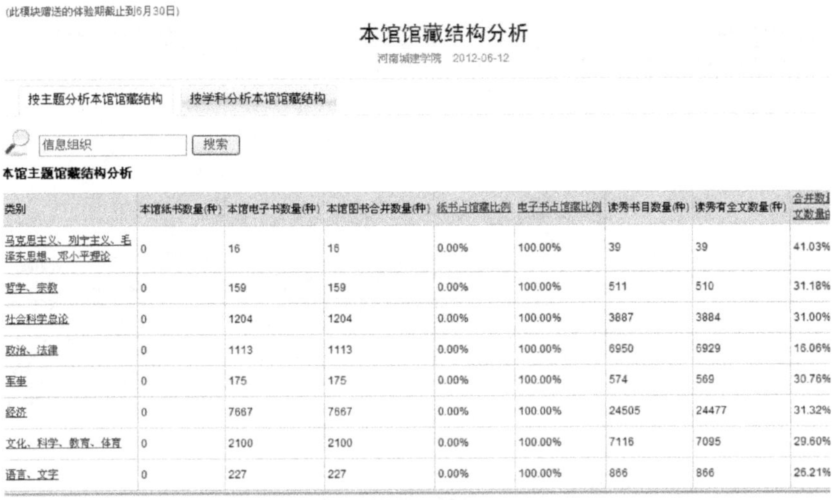
(此模块赠送的体验期截止到6月30日)

本馆馆藏结构分析

河南城建学院 2012-06-12

按主题分析本馆馆藏结构 按学科分析本馆馆藏结构

信息组织 搜索

本馆主题馆藏结构分析

类别	本馆纸书数量(种)	本馆电子书数量(种)	本馆图书合并数量(种)	纸书占馆藏比例	电子书占馆藏比例	读秀书目数量(种)	读秀有全文数量(种)	合并数 文数量
马克思主义、列宁主义、毛泽东思想、邓小平理论	0	16	16	0.00%	100.00%	39	39	41.03%
哲学、宗教	0	159	159	0.00%	100.00%	511	510	31.18%
社会科学总论	0	1204	1204	0.00%	100.00%	3887	3884	31.00%
政治、法律	0	1113	1113	0.00%	100.00%	6950	6929	16.06%
军事	0	175	175	0.00%	100.00%	574	569	30.76%
经济	0	7667	7667	0.00%	100.00%	24505	24477	31.32%
文化、科学、教育、体育	0	2100	2100	0.00%	100.00%	7116	7095	29.60%
语言、文字	0	227	227	0.00%	100.00%	866	866	26.21%

图 14-23 读秀结果中的本馆馆藏结果分析

如果在超星读秀中输入英文检索词，选择“外文搜索”，系统就会自动跳转到“百链”检索界面，也就是我们要讲的第四节的内容“‘百链’文献传递”。

14.4 “百链”文献传递

14.4.1 “百链”简介

“百链”是超星公司继读秀中文学术搜索工具之后推出的外文搜索引擎。“百链”对 125 种外文数据库的数据资源进行了整合，能够同时搜索外文图书、外文期刊、外文论文、外文标准、外文专利等，并可实现与读秀中文资源搜索的自由切换，“百链”与“读秀”结合使用可完成中外文资源的一站式检索。其元数据内容涵盖中外文图书、期刊、论文、报纸、专利、标准、科技成果等。“百链”是新一代的云图书馆，也是图书馆的应用平台及全文传递平台，系统覆盖国内图书馆主要使用的 125 种外文数据库，并以全文保障率高而著称。保证每天都对所有中外文数据库元数据进行更新，可实现区域内资源共享的区域性数字图书馆功能。

“百链”由 1.7 亿条元数据组成，其中外文元数据约 8800 万条，中文元数据约 8200 万条，通过“百链”期刊，能一站式检索到各大数据库(SpringerLink、ProQuest、EBSCO 等几十个外文库和中国学术期刊、万方、维普等中文库)收录的学术资源。“百链”会将检索到的文献按照“年代”“期刊”和“核心期刊”(SCI、SSCI、EI 等)自动进行聚类，方便用户缩小检索范围。中文检索还提供外文扩展和其他文献形式的资源扩展，每条数据都提供获取全文链接和馆藏地信息。“百链”一站式检索整合了网络数字资源，消除了用户在多个数据库重复检索信息的不便，大大提高了用户获取资料的效率。

"百链"云图书馆文献传递系统实现了与 600 多家图书馆 OPAC 系统、电子书系统、中文期刊、外文期刊、外文数据库系统的集成,读者可直接在网上提交文献传递申请,并且可以实时查询申请处理情况,以在线文献传递方式通过所在成员馆获取文献传递网成员单位图书馆丰富的电子文献资源。该系统的服务内容包括文献传递申请、文献传递处理。

访问地址为 http://www.blyun.com,主页检索界面如图 14-24 所示。

图 14-24 "百链"主页检索界面

14.4.2 "百链"检索

"百链"检索主页按钮有两个,一个是"中文搜索",一个是"外文搜索"。如果选择"中文检索",系统会自动跳转到超星读秀学术搜索的检索结果;如果选择"外文搜索",检索结果为"百链"的检索结果。

除了简单的检索方式外,"百链"还提供高级检索方式。

在"百链"检索框中,选择文献类型,输入检索词即可进行检索。

14.4.2.1 输入搜索关键词

1. 简单检索

以期刊频道为例,在搜索框中输入关键词,然后点击"中文搜索",系统将为您在海量的期刊数据资源中进行查找。如果您希望获得外文资源,可点击"外文搜索"。

另外,您可以在搜索框下方选择全部字段、标题、作者、刊名或关键词,还可以通过右侧的高级搜索来更精确地查找期刊。"百链"简单检索界面如图 14-25 所示。

2. 高级检索

"百链"高级检索界面如图 14-26 所示。

在高级检索界面中,您可以通过加、减按钮来增加或删除一组条件框,其中,增加检索框最多到七组。

14.4.2.2 浏览搜索结果

在搜索结果页面(见图 14-27)中,我们可以通过两种方式来缩小搜索范围。

(1)通过左侧的"年代""学科""重要期刊"聚类。

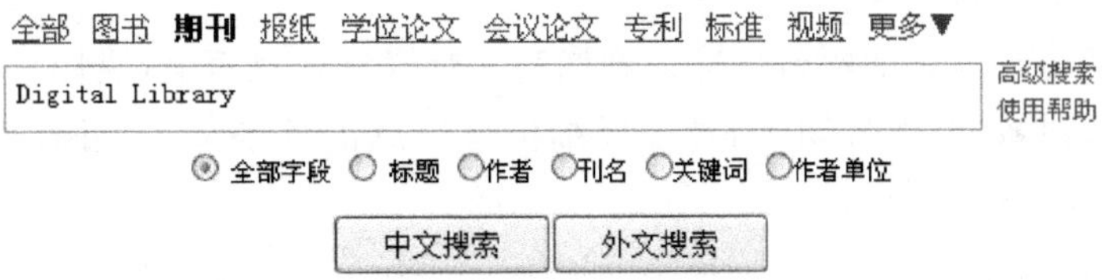

第 14 章 文献传递

图 14-25 "百链"简单检索界面

图 14-26 "百链"高级检索界面

（2）点击右上方的"在结果中搜索"。

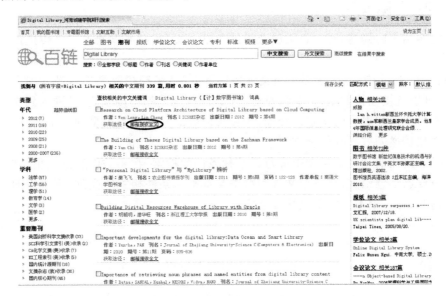

图 14-27 "百链"检索结果浏览

在图 14-27 右侧，您可以通过多面搜索功能选择其他文献类型，还可以按多种方式将结果排序。

14.4.2.3 查看文献详细献信息

从搜索结果页面点击文章题名可进入到期刊文献详细信息页面(见图14-28),可以看到文献的题名、作者、刊名、出版日期、期号等详细信息。点击链接文字,可直接在期刊频道中搜索该文字,以便查找相关期刊。

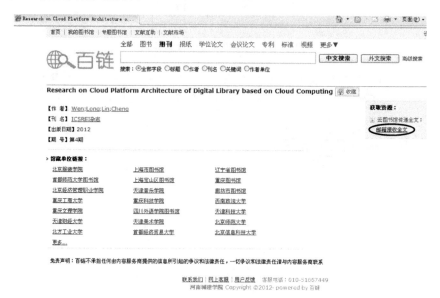

图14-28 文献详细信息界面

用户可以通过"获取资源"板块里的多种方式获取该文献。

14.4.3 文献传递

查看检索结果的详情,对本馆无法获得的文献全文,我们可以通过文献传递的方式获得原文。

例如在图14-28中,点击云图书馆文献传递下方的"邮箱接收全文",进入到文献传递申请界面,也可以直接在检索结果列表(见图14-27)中点击"邮箱接收全文"进入到文献传递界面。除了检索结果列表中的文献以外,右侧相关内容的其他文献类型列表中的其他文献,都可以通过文献传递的方式获得全文。

比如我们是在期刊文献类型中进行的某种条件的检索,在相关内容的其他文献类型中,比如图书、报纸、学位论文、会议论文等类型中与本检索条件相关的文献,都可以通过云图书馆文献传递的方式,用本人的邮箱接收全文。

思考题

1.利用读秀学术搜索检索某一主题的图书,查看本馆的收藏情况,并用文献传递的方式传递本馆没有的任意一种图书的部分章节。

2.利用"百链"检索某一主题的期刊文献,并用文献传递的方式传递本馆中不能获得全文的期刊全文,或者申请传递相关的特种文献。

第 15 章　学术论文写作

15.1　学术论文概述

15.1.1　学术论文的概念

学术论文是某一学术课题在实验性、理论性或预测性上具有的新的科学研究成果或创新见解和知识的科学记录,或是某种已知原理应用于实际取得新进展的科学总结,用以在学术会议上宣读、交流、讨论或在学术刊物上发表,或用作其他用途。

学术论文是对某个科学领域中的学术问题进行研究后表述科学研究成果的理论文章。学术论文的写作是非常重要的,它是衡量一个人学术水平和科研能力的重要标志。在学术论文撰写中,选题与选材是头等重要的问题。一篇学术论文的价值关键并不只在于写作的技巧,而在于你选择了什么课题,并在这个特定主题下选择了什么典型材料来表述研究成果。科学研究的实践证明,只有选择了有意义的课题,才有可能收到较好的研究成果,写出较有价值的学术论文。所以学术论文的选题和选材,是研究工作开展前具有重大意义的一步,是必不可少的准备工作。

15.1.2　学术论文的分类

关于学术论文的分类,不少写作学专著和教材都做出了可贵的探索,提出了一些不同的意见。概括起来,目前大致有以下几种分法。

(1)首先从大的领域把学术论文分为自然科学论文和社会科学论文两大类。社会科学论文又可按表达成果的书面形式的不同,分为学术论文和研究报告两种。

(2)根据适用对象不同把学术论文分为两类:普及性学术论文和专业性学术论文。前者旨在普及某种比较新颖、专门化的学科理论和知识,较为通俗易懂,适合广大读者阅读;后者专业性、理论性很强,只局限于一部分专业人员阅读、参考。

(3)根据作者身份不同把学术论文分为各类专业教学科研人员撰写在报刊上发表的专业论文和攻读学士、硕士、博士的大学生、研究生写作的学位论文、学年论文。

(4)从文体写法着眼,把学术论文分为以下几种不同体式:论、说、谈、议、笔、辨、考、述、记、释、笺。

(5)按性质把学术论文分为专题性学术论文和综合性学术论文两种。前者是对某一学术问题或某一学术问题的某个方面进行分析研究,得出明确结论的论文;后者是把某一学术问题或某一学术问题的某个方面的研究结论加以综合,摆出问题,以引起社会重视,促进对这一问题的探索研究的论文。

（6）从表现形式着眼，把学术论文分为三类：研究报告、调查报告、商榷性论文。

（7）从表达方法角度（或从学术研究的多样性）考虑，把学术论文分为四类。①论证类：摆事实，讲道理，运用推理论证自己的新鲜见解，说服读者赞同或接受。②说明类：学术研究的目标着重在资料的搜集、整理、鉴别、注解和编排等方面时，其表达就偏重于说明方面，如对古籍的钩沉辑佚、校勘注释、择录汇编、综合述评等，都偏重于说明，一般不具有论证关系。③叙述类：着眼于事件或人物发展概况的研究成果，如年谱与大事记，描写性质如说明类，既是学术研究成果，又是资料性成果。④描写类：着眼于事件或人物的动态展开的成果，如人物传记、历史小说等类。描写类与论证类论文写作的不同在于：论证类的事实论据是浓缩了的，而描写类会较详细地展开，论点、论据和论证方式在描写类学术成果中都必须具备。

（8）按不同学科分类，从大的方面把学术论文分为文学论文、语言学论文、历史学论文、哲学论文、经济学论文、教育学论文、心理学论文等。

总括起来，上述几种分法大都能够从不同角度着眼，对学术论文的体式做不同层次的归类，这些不同的归类也都具有各自的价值，能给人以启迪。

15.1.3 学术论文的特征

1. 科学性

学术论文的科学性，要求作者在立论上不得带有个人好恶的偏见，不得主观臆造，必须切实地从客观实际出发，从中引出符合实际的结论。在论据上，应尽可能多地占有资料，以最充分的、确凿有力的论据作为立论的依据。在论证时，必须经过周密的思考，进行严谨的论证。

2. 创造性

科学研究是对新知识的探求，创造性是科学研究的生命。学术论文的创造性在于作者要有自己独到的见解，能提出新的观点、新的理论。这是因为科学的本性就是"革命的和非正统的""科学方法主要是发现新现象、制定新理论的一种手段，旧的科学理论就必然会不断地为新理论推翻"（斯蒂芬·梅森）。因此，没有创造性，学术论文就没有科学价值。

3. 理论性

学术论文在形式上是属于议论文的，但它与一般议论文不同，它必须是有自己的理论系统的，不能只是材料的罗列，应对大量的事实、材料进行分析、研究，使感性认识上升到理性认识。一般来说，学术论文具有论证色彩，或具有论辩色彩。论文的内容必须符合历史唯物主义和唯物辩证法，符合实事求是、有的放矢、既分析又综合 的科学研究方法。

15.2 高校师生常见学术论文类型简述

15.2.1 报刊学术论文

报刊学术论文是指发表在各种报纸学术专版和学术期刊上的学术论文。报刊学术论文与学位论文、学年论文比较，具有明显的特点：一是选题大都比较专深，一篇论文集中解决一个学术问题；二是内容上重点突出，强调提供新见解、新论证、新资料、新方法，不像学位论文、学年论文可以适当重复前人的研究成果，要求全面系统；三是篇幅有所限制，报纸论文一一般限制在5000字以内,期刊论文可稍长些,但大多限制在1万字以内,少数可在15 000字左右。凡学术论文,要进行交流,都必须经过报刊发表,因此,报刊学术论文几乎包括了学术论文的各种体式。

15.2.2 学位论文

学位是授予个人的一种学术称号。要获得学位,必须写作学位论文并通过答辩。学位论文共分三级,即学士论文、硕士论文和博士论文。学位论文是学术论文的一种重要类型,常在通过答辩后汇编成论文集,或删改后在学术期刊上发表,或扩充为专著由出版社出版。

1. 学士论文

学士论文是高校本科毕业生的总结性作业,其目的在于总结在校期间的学习成果,培养学生运用所学基础理论、专业知识和基本技能分析和解决本学科内某一学术问题的初步能力,使之受到科学研究的基本训练。学士论文的基本特点,一是选题较小,提出和解决的问题具体但比较重要,一般要求在前人已有成果的基础上提出新见解;二是由于写作时间有限,篇幅要求短,6000~8000字即可,只要围绕论题,进行必要的论证,得出自己明确的结论,就算达到了写作要求;三是写作中可借鉴前人研究的思路、方法和技巧,但不能单纯模仿。学士论文主要作为对学生授予学士学位的依据之一,大多难以达到在学术报刊上发表的水平。

2. 硕士论文

硕士论文是攻读硕士学位的研究生所写的毕业论文,是硕士研究生获得硕士学位的重要依据,也是全面系统地检验硕士研究生的学习质量、理论素养、学术水平,尤其是从事科学研究能力的重要方式和手段。根据国务院学位委员会《关于进一步做好硕士学位授予工作的通知》的规定:硕士学位论文应在指导教师指导下由研究生本人独立完成,论文应有自己的新见解,要能反映作者是否掌握坚实的基础理论和系统的专门知识及独立从事科学研究的能力。硕士论文对研究的课题应提出新见解,其主要体现在:①利用已有理论和方法解决本专业领域内某个或某些有理论或实际意义的问题,得出新结论;②将其他学科领域的理论或方法引入本学科,解决本学科中有实际意义的问题;③从新的角度或采用新的方法,对已有重要理论、观点给出另一证明;④通过实地考察或调查研究,对某些学科有重要发现。

总之,硕士论文必须在培养方向所涉领域中,有新的见解或创造,对学科的建设有推动作用。硕士论文与报刊发表的学术论文相比,更系统、全面,篇幅不受太大限制,可在2万~4万字之间或更长;前言较长,要求详尽地介绍论题的研究历史和现状,研究的方法和过程,具有完整性。

3. 博士论文

博士论文是攻读博士学位的研究生所写的毕业论文,是我国学位论文中的最高层次。博士论文是全面系统地检验博士研究生的学习质量、理论功底、学术水平,尤其是从事科学研究工作能力的重要方式和手段,也是博士研究生获得博士学位的重要依据。根据我国有关学位条例的规定,博士学位论文应反映出作者对本门学科有坚实宽广的基础理论和系统深入的专门知识及较高的科研工作能力,对本门学科的建设和发展做出创造性贡献。博士论文的基本特点,一是创造性,必须在某个学科或专业领域里有明显的重要突破,在理论上能提出独立的新见解,或发现有价值的新现象、新规律,提出新的观点,建立新的理论,或提出有一定科学水平的新方法,且可以用来解决前人未曾解决的重大理论或实际问题;二是系统性,应充分运用本学科及相关学科的理论、知识对某一问题做出全面、系统、深入的论述,自成体系;三是篇幅较长,一般在5万字以上,现大多都在20万字左右,通过答辩后不少可作为专著正式出版。

15.2.3 学年论文

学年论文是大学三年级学生在学完1~2年级课程,攻读硕士学位、博士学位的研究生在学完一年课程后所写的带有专题研究报告性质的论文,其基本要求分别与学士、硕士、博士论文相近,是为完成学士、硕士、博士论文所做的一种练习。学年论文都要提交指导老师,是老师全面了解大学生、研究生学习情况和研究能力的重要依据。研究生所写的优秀学年论文大都可在学术报刊上发表。

15.2.4 学术研究报告

学术研究报告是对某一研究课题或某项研究工作进展情况或结果所做的文字总结。它的内容一般都较为专深、详尽,也比较系统。按性质学术研究报告可细分为专题研究报告、综合研究报告、可行性研究报告。

1. 专题研究报告

专题研究报告可分为专题研究进展报告和专题研究成果报告两种。前者是科研工作者按研究阶段或时间向上级递交的课题研究工作总结,一般不供发表。后者是课题研究结束时所写的总结报告,其写作格式和要求,基本上和报刊学术论文相差无几,不同之处仅在于专题成果研究报告必须记述课题研究过程,且须列举较多数据,而学术论文侧重专题研究中创造性见解的论述,只列举重要的数据。好的专题研究成果报告可公开发表。

2. 综合研究报告

综合研究报告是在前人研究的基础上,对某一课题已有研究成果进行全面分析、探讨的综合性研究的文章。它可以综合评述某一学科的发展概况、趋势,也可就某一学术专题做完整的评述。其写作的格式基本与学术论文相同,其内容上的独特要求是:①要对课题中的关键问题详加阐释,讲清道理,展开讨论,做出说明;②要对研究方法或得到的研究成果进行科学评价;③要提出研究中存在的问题;④要尽可能指出今后研究工作中需克服的困难、障碍。综合研究报告是一种集叙、议、论、评于一体的学术论文。

3. 可行性研究报告

可行性研究报告是科研人员对某一问题进行了研究之后,就提出的可以实施的某一方案或某一建议写给上级的书面材料。其内容包括:引言,主要说明方案或建议提出的缘由、背景、范围及主要内容;正文,主要对提出的方案或建议做论证,说明其根据、作用,证明其可行性;结论,明确方案或建议的主要内容、实施步骤及可能解决的问题。可行性研究报告的基本特点:一是由于它为说服上级有关部门所写,因此具有较强的论辩色彩;二是行文上比较注重技巧。好的可行性研究报告可在报刊上公开发表,为政府部门决策提供直接参考,促进科研工作和经济建设的发展。

15.2.5 学术类调查报告

学术类调查报告是运用观察、访问等方式对某项课题进行调查研究所形成的一种文献。

它被广泛运用于社会科学领域的研究工作中,是学术论文中富有生命活力的一种体式。以调查对象划分,学术类调查报告大体可分为事物、事实和课题三类调查报告。

1. 事物调查报告

事物调查报告是对有科学价值的事物做实地调查写出的报告。这类调查报告的特点,一是要求细致、准确地描述出被调查事物的原貌,有关内容常需借助于图片来表现;二是要求对被调查的事物做出科学分析,阐明它的科学价值和意义。如经常发表在《考古》《文物》等学术期刊上的有关古代遗址等的调查,即是具有很高学术价值的论文。

2. 事实调查报告

事实调查报告是对某些有科学价值的事实(事件)做实际调查写出的报告。其写作要求基本与事物调查报告相同。如发表在《民间文学研究动态》1985年4~5期合刊上的《淮阳太昊陵庙会考察》一文,共分人祖像和"试心"、拴娃娃、民间杂技和戏曲、羲娲神话群的"语域"中心、传统庙会在新技术革命浪潮冲击下的发展趋势的思考等几个部分,既对传统的太昊陵庙会如实做了描述,又对其发展的趋势做了科学分析,是一篇具有一定学术价值的调查报告。

3. 课题调查报告

课题调查报告是对某一研究课题做实际调查写出的报告。这种调查报告的特点,一是它在内容上是围绕要解决的一个课题展开调查的,必须运用观察、访问、问卷、开调查会等多种方法,进行多方面的广泛调查;二是对调查得来的材料经过分析、综合整理后,必须提出自己的观点,拿出解决课题的意见。课题调查报告多用在教育学、心理学、社会学等学科领域的研究中,其基本的构成包括绪论、方法、调查结果、讨论、建议、参考文献等项目。

15.2.6 演说论文

演说论文是一种用来在学术会议上报告或演讲的学术论文体式。演说论文内容上的要求与一般学术论文相同,其独特点在于,一是要适应演讲的要求,观点要十分明确,重点要非常突出,详略得当,以便在规定时间里把论文中最重要、最有创见的内容讲完;二是要注意提纲挈领,条理清楚;三是语言要形象生动,并注意口语化,少用长句,力戒大段引文。

15.3 学术论文的写作方法

15.3.1 学术论文的结构

就作者的思路与文章的结构之间的关系看,结构是论文作者思路的外在表现。几乎所有的论文,从作者的思路分析,都是遵循着提出问题、分析问题和解决问题而展开的。所谓论点,就是问题的答案;论据,就是问题存在与解决的证据;论证,就是凭借材料对问题所进行的深入分析讨论。

论文结构的组成,从大的方面分为两种,即规范式和自由式。属规范式的如学位论文就有一套固定化的格式。为了考核、评分的需要,国际上通用这一格式。这种论文的结构就像生产过程的"标准化"一样。自由式的论文是指一般个人发表的论文,根据内容的需要和个人的风格不同,行文不受格式的约束,自由度较大。

1. 规范式结构

规范式结构是指标准的社会科学论文,如期刊专业学术论文、学士论文、硕士论文、博士论文的结构,其组成按下列顺序排列:标题(中英文)、署名单位(中英文)、摘要(中英文)、关键词(中英文)、正文、参考文献、致谢。

以上各项目都有具体的写作要求。

2. 自由式结构

自由式结构是与规范式结构相对而言的。这种结构不必遵循固定的格式,行文比较自由,大都有开头、正文和结尾,重点在正文的阐述。各部分的字数和全篇的字数没有任何限制。人们常见的报刊上的社论、评论等大都是自由式结构。

虽然是自由式结构,但在结构的形式上总还有一些要求,比如主旨鲜明、条理清晰、说理透彻、结论圆满等。

15.3.2　学术论文写作的选题

15.3.2.1　选题的意义

具体而言,搞好学术论文的选题工作具有如下重要意义。

1. 妥切的选题是科研工作顺利开展的基础

在掌握一定文献资料的基础上选好论题,是进行科学研究的重要一环,因为选题是科学研究工作的起点,选题是否得当,直接关系着科学研究工作能否顺利展开。提出一个问题往往比解决一个问题更重要,因此,在科学研究中,最重要的是提出恰当的研究课题,确定妥切的研究对象和范围,可怕的是在科学的海洋里发现不了和提不出问题。如果没有研究课题,就如同打靶没有靶子,科学研究也就成了盲人骑瞎马,是无法迈开科研的第一步的。

学术论文的选题,就是选择科研的突破口,它决定了科学研究的主攻方向和前进路线,标志着研究的范围和重点的确定,制约着作者观察、思考问题的角度和重心,影响着资料的搜集和取舍。因此,只有找准了突破口,才能按照科学研究的自身规律,顺利地开展科学研究的一系列工作。

2. 学术论文的选题关系到科学研究及论文写作的价值和成败

选题是否恰当,不仅直接关系着科学研究工作能否顺利开展,而且关系到科学研究的内容是否有价值、价值大小和科研工作的成败。因为,只有选择了一个有意义的题目来研究,才有可能获得令人满意的效果。一项对社会毫无意义的研究,即使花费再大的精力,论文写得再完美,也是没有丝毫价值可言的。从这个层面上说,选题不仅直接影响着科学研究工作的进行,而且可以预示论文的学术价值、社会价值和经济价值。如果选题不当,或者在选题的某一环节出现失误,就必然会导致研究工作和学术论文写作的失败。

15.3.2.2　选题的方法

1. 浏览选题法

这种方法就是通过对所占有的文献资料进行快速的、大略的阅读来选题的方法。其实质是,在比较中确定选题。浏览,既可以在搜集资料的过程中进行,也可以在资料占有达到一定数量时拿出专门的整块时间进行。实践中常用后一种方法来浏览文献资料,因为这样方便对资料做集中的比较和鉴别。

2. 追溯验证法

这是一种先有设想,而后再通过阅读文献资料加以验证来选题的方法。在运用这种方法的时候,学术论文作者要依据自己平时的积累,初步确定研究的方向、选题范围和题目。这种选题仅是事先的设想,没有经过实践检验,常常成功与失败并存。为了验证其是否切实可行,还需要按设想规定的研究方向和范围,积极追溯。追溯时应从以下两方面进行:①了解有关的学术动向;②看自己的设想是否对前人的见解有纠正或补充作用。

3. 根据自己的研究所得,选择别人没有注意的论题

这类选题人们常称之为开拓型的选题,在论文写作中最具有开拓意义,它能发前人所未发、开辟学术研究的新领域。不过,这类选题一般不容易获得,它首先要求作者对自己所在学科的研究状况有一个全面的了解,其中包括某一学科中有哪些基本内容,前人对这些内容的研究成果等。其次,要求作者具有扎实的学问功底及新颖独到的理论思维,要有一双敏锐的眼睛,能从繁杂纷纭的学术问题中发现别人未曾涉及的东西。有了这样的选题,只要作者有足够的材料和完善的表述,就能产生一篇杰出的论文。

4. 选择当前或学术史上有争议的问题

这类选题人们称之为争辩型的选题。在学术领域里,由于个人理论基础和审视角度的差异,对问题的看法也会有所不同,特别是在提倡"百花齐放"的现代,人们更是通过"争鸣"来表达自己的观点,把学术研究推向深入。其方法则有以下三种。

(1)选择从古至今都有所异议,且尚未解决的问题。

(2)选择今人和前人有争议的问题。

(3)选择当代正在争辩和讨论的问题。

5. 选择已经为人所研究但尚有探讨余地的问题

这类问题被人们称之为推展型选题。这种选题方法在学术论文写作中经常运用,尤其适合于初学写作者。因为科学研究是人对客观世界的认识活动,既具有很强的客观规律性,又具有一定的主观能动性。人们对某一问题的认识,都会站在不同的角度得出自己的结论,如果结论相反,则可展开争鸣;如果结论相似,则可加以深化,补充完善他人的观点。前者属争辩型,后者属推展型。推展型选题具有两个优越条件,其一,它一般都是学术上的热门话题,引人注目,容易产生共鸣效果;其二,由于人们关注较多,材料相对集中,便于调整思路,形成文章。

选题的具体方法还有很多。选题的过程是一个学习、消化、运用的过程,选题的方法归根到底是要以知识为前提,以实践为手段,以提高为目的,在适合于主观和客观条件的情况下,尽量发挥主观能动性,使论文选题达到新颖、适度、可行的标准。所以,在实际写作中,选题绝不是一种单纯的选择活动,它是综合能力的集中体现。无论是开拓型、推展型、还是争辩型的选题,都不可能一开始就是明显地呈现出来的,它们隐藏在各种现象中,或只露端倪,或与别的事物联系在一起,只有独具慧眼,才能发现并选定理想的选题。而选题一旦确定,便意味着一篇学术论文已经初具雏形了。

15.3.3 收集、整理、分析资料

作者在选题后,要针对自己所写的主体进行分析,在此基础上收集资料。资料分为第一手资料、第二手资料、第三手资料。

第一手资料是最原始的材料,它们或者是研究者亲身经历的事件,或是实验数据,或是对历史文物的实地考察,或是对社会实践的深入调查,或是最早的文字记载。第一手资料并不等于直接资料,它比直接资料的范围要广泛得多,无论是动态资料还是静态资料,只要是选题范围内时间最早,文字最原始,见证最直接的都可算作第一手资料。第一手资料具有最高权威性和可信性,是学术研究的立足点,是产生论点并证明论点的重要依据,收集材料就应从这里着手。

第二手资料是指通过借鉴他人成果或采取间接方式所获得的材料。如访问当事人和目击者的调查材料、时代相距较近的文献资料、他人实验成功的公式定理等。这类材料虽然不是原始的,但与选题联系较紧,对课题研究有一定参考价值,可以收集备用。不过,在使用这类材料时要特别慎重,注重鉴别材料的真实性和可靠性,尽量求得更多的旁证,避免论证失实。

第三手资料是指从他人文章中引用的材料。这类材料看似较现成,很多初学者也乐于采用,其实这种态度并不可取。因为第三手资料是经别人咀嚼后为自己的观点服务的,难免带有某种倾向性,而且不够全面。研究者如果不加思考地引用这类材料,就有可能出现误用、甚至歪曲原始材料的现象,影响论文的学术质量。如果一定要引用第三手资料,也须找到材料的原出处,弄清其本来面目,再运用到论文中去。

对学术资料的正确分类,对收集资料工作具有很大帮助。研究者确定论文选题之后,就可以根据资料的类别,弄清哪些可以直接获取、哪些可以间接获取,什么是第一手资料,怎样核对第二手和第三手资料等,使资料收集工作有序有效地进行下去。

15.3.4 学术论文标题拟制与作者署名

15.3.4.1 标题拟制

学术论文的篇名,从内容与形式的结合上加以考察,基本有以下三种类型。

(1)问题式篇名。篇名多为论述的问题。常采用"论……""试论……""浅析……""……刍议""……初探"等题式。这种类型的篇名最常用,可视作一般学术论文的常用题式。

(2)结论式篇名。篇名是作者对某一学科专业问题研究的结论,多为肯定句式。如"总体性逻辑是马克思研究社会历史的基本方法""主体文学论战中的骁将""主体性的本质在于对客观规律的认识与利用"等。此类篇名旗帜鲜明,一语破的,在学术论文标题中较为常见,颇受人们欢迎。

(3)范围式篇名。篇名系作者研究的范围,论题大多较为模糊。如"中华文化三题""中西文化问题""关于中国传统文化的一些思考""关于文化学研究的几个问题"等。此类篇名,较前两种笼统,不能引人注目,应尽量少用或不用。

学术论文标题的基本要求如下。①要准确妥帖。准确、妥帖是拟制论文标题时首先要考虑的最基本的要求。所谓准确,主要是指标题要能概括文意,达到文题相符。这其中重要的一点在,标题在概括文章的内容时不能过宽或过窄,既不能把论文未涉及的内容或未得出的结论包容进去,也不能把论文已经论及的内容或已得出的结论摒弃在标题的包容范围之外。②要新颖多样。从本质上讲,学术论文是作者科学研究有所发明、有所创造的成果的文字记录。学术论文内容的创新性必然决定其标题的新颖性、多样性。也只有标题新颖、独特的论文,才能引人注目,成为激发读者关心学术、参与学术的动力。③简洁明了。简洁明了是学术论文标题拟制的一个基本的要求,也是一个很高的要求,是论文标题能够响亮、醒目、引人注意的重要保证。

15.3.4.2 作者署名

作者署名置于题名下方,团体作者的执笔人也可标注于篇首页地脚位置。有时,作者姓名亦可标注于正文末尾。例如(期刊论文):

地方高校图书馆特色数据库建设新探
宋蓓玲,张永军
(淮阴师范学院图书馆,江苏淮安 223300)
Research on the Characteristic Database Construction of Locality University Library
SONG Bei-ling,ZHANG Yong-jun
(Library of HUAIyin Teachers College,Huai'an 223300,China)

15.3.5 学术论文摘要与关键词书写

15.3.5.1 摘要

摘要又称概要、内容提要。摘要是以提供文献内容梗概为目的,不加评论和补充解释,简明、确切地记述文献重要内容的短文。其基本要素包括研究目的、方法、结果和结论。具体地讲,就是研究工作的主要对象和范围,采用的手段和方法,得出的结果和重要的结论,有时也包括具有情报价值的其他重要的信息。例如(期刊论文):

[摘要]分析了特色数据库建设的原则,探讨了现阶段地方高校图书馆特色数据库建设的选题论证与方法,以及涉及的其他问题。

Abstract:This article analyzes the principles of the characteristic database construction,and discusses the selected topic proof and the method of the characteristic database construction in local university library,as well as the other questions.

写作注意事项:

(1)摘要中应排除本学科领域已成为常识的内容;切忌把在引言中出现的内容写入摘要;一般也不要对论文内容做诠释和评论(尤其是自我评价)。

(2)不得简单重复题名中已有的信息。比如一篇文章的题名是"几种中国兰种子试管培养根状茎发生的研究",摘要的开头就不要再写"为了……,对几种中国兰种子试管培养根状茎的发生进行了研究"。

(3)结构严谨,表达简明,语义确切。摘要先写什么,后写什么,要按逻辑顺序来安排。句子之间要上下连贯,互相呼应。摘要慎用长句,句型应力求简单。每句话要表意明白,无空泛、笼统、含混之词,但摘要毕竟是一篇完整的短文,电报式的写法亦不足取。摘要不分段。

(4)用第三人称。建议采用"对……进行了研究""报告了……现状""进行了……调查"等记述方法标明一次文献的性质和文献主题,不必使用"本文""作者"等作为主语。

(5)要使用规范化的名词术语,不用非公知公用的符号和术语。新术语或尚无合适中文术语的,可用原文或译出后加括号注明原文。

(6)除了实在无法变通以外,一般不用数学公式和化学结构式,不出现插图、表格。

(7) 不用引文,除非该文献证实或否定了他人已出版的著作。

(8) 缩略语、略称、代号,除了相邻专业的读者也能清楚理解的以外,在首次出现时必须加以说明。科技论文写作时应注意的其他事项,如采用法定计量单位、正确使用语言文字和标点符号等,也同样适用于摘要的编写。目前摘要编写中的主要问题有:要素不全,或缺目的,或缺方法;出现引文,无独立性与自明性;繁简失当。

15.3.5.2 关键词

国家标准对于学术论文中关键词的描述为:关键词是为了文献标引工作从报告、论文中选取出来的用以表示全文主题内容信息款目的单词或术语。从描述中可见,作为学术论文的关键词必须是单词或术语。这里,有必要对单词或术语加以解释。单词是指能包含一个词素(语言中最小的有意义的单位)的词或语言里最小的可以自由运用的单位,术语则是指某个学科中的专业用语,但许多学术论文作者使用的关键词不仅是单词或术语,还用到许多词组或短语,如杂交/混合有限元法、西北太平洋副热带高压、静态或空载特性实验、多传感器集成和数据融合、BSP 程序性能预测工具等。即使在一些专业性编辑学方面的期刊中,也可以看到诸如"对策与建议""科技编辑结构方法""编排校合一"等形式的关键词。由此可见,关键词的合理使用,不仅编辑在编辑文章时没有太在意,即使编辑自己在写文章时,也没有在意。以上所举例子中的关键词,显然不符合国家标准对关键词的描述,在使用上是不恰当、不合理的。例如(期刊论文):

[关键词]特色数据库;地方高校图书馆;数据库建设

Keywords:characteristic database;local university library;database construction

标引关键词的规则:

(1) 专指性规则。从分析出的论文主题概念中选取最专指的词作为关键词,忌用笼统的、模糊的词作为关键词。

(2) 组配规则。学术论文中的主题概念一般不是单一概念,而是复合概念。但关键词的标引要求是单一概念,应当用多个单一概念的词或词组来反映一个复合主题概念。

(3) 上位标引规则。当某一主题概念过于专指时,可用其上位词标引。

(4) 关键词的数量。一篇论文标注几个关键词为好,这一般取决于论文主题的范围和深度。主题涉及的每一个方面,至少应有一个关键词。每一个关键词就是一个信息点,也是一个检索的入口词。过少,会埋没一些有价值的信息内容,造成漏检率的提高;过多,可能超出主题范围,造成查准率的降低。一般学术刊物对一篇论文关键词数量的规定是 3~8 个。

(5) 关键词的位置。关键词一般安排在论文摘要之后,正文之前,另起一行,前冠以"关键词"字样。每个关键词之间空一格,或加分号。

15.3.6 学术论文中的插图与表格

15.3.6.1 插图

插图是数据或理论的图解和直观表现,是形象化的文字。学术论文常常要借助于插图表述某些文字难以表达的内容。必要而精美的插图与文字一样是表达作者思想的有效工具,是学术论文的重要组成部分。每个图均应有图题(由图号和图名组成)。如果文献由多章组成,图号按章编排,如第 2 章第一个图的序号为"图 2-1"等。图题置于图下。有图注或其他说明时,应置于图题之上。图名在图号之后空一格排写。同时要在文字部分用括号表明,即"(见图……)"。

应注意的问题:

(1)插图应尽量安排在靠近有关文字的附近,使读者看到文字后就看到图,以加深对文字内容的理解。有些成组的插图也可附在文后的专页上(也叫插页)。插图说明应在图下中间位置,多幅图应标明"图1""图2"……。例如:

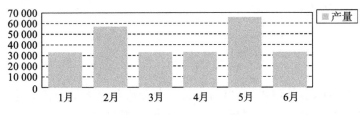

图1　公司上半年产量图

(2)插图表达的内容应与论文论证的中心问题紧密配合,同文字表格有机地构成一个整体,使之紧紧为论文主题服务。每幅插图都要有其独特的论证作用,可有可无者坚决删除。如图与表格文字的内容重复,可考虑合并或删除;如出现矛盾,应细心检查,找出问题加以修改。

(3)图稿的尺寸大小应视图形的繁简程度而定。一般作者提供的图稿应尽量与书刊要求的大小一样,或比之稍大些。图由小放大比例不好掌握,往往会影响质量,因此,作者制图时应避免原图小于书刊要求尺寸。

(4)编制插图应注意做到具有自明性,即只看图和图例,不看正文就可以理解图意。插图中的外文字符一律用印刷体,大、小写,正、斜体一定要符合规范。

15.3.6.2　表格

表格与插图一样是学术论文不可缺少的表述手段。它是研究资料、调查数据、统计分析等简明的数字表达。使用合宜的表格,可以起到文字叙述难以达到的效果。表格由表、表序和表头组成。如果文献由多章组成,则表序按章编排,如第2章第一个表格的序号为"表2-1"。表序与表名之间空一格,表名中不允许使用标点符号,表名后不加标点。表序与表名置于表上,居中排写。同时要在文字部分用括号表明,即"(见表……)"。

表格的用法:

表格都有序号,一般采用阿拉伯数字编码,依照表格在文稿中出现的先后顺序分别标为"表1""表2"……,不称"第1表""第2表"……。并且要把表头置于表格的正上方中间位置。例如:

表1　IFLA29个国家的图书馆员行为道德规范体现出的读者角度的图书馆权利情况表

用户角度的图书馆权利	平等自由地利用信息的权利	机密性与隐私权	咨询权	知情权	借阅权与受尊重权	自主权与受教育权	投诉权
各权利体现的国家数量	24	28	6	5	3	3	1
占调查国家的比例	82.76%	96.55%	20.69%	17.24%	10.34%	10.34%	3.45%

15.3.7 学术论文正文书写格式

(1) 引言:引言又称前言、序言和导言,放在论文的开头。引言一般要概括地写出作者意图,说明选题的目的和意义,并指出论文写作的范围。引言要短小精悍、紧扣主题。

(2) 论文正文:正文是论文的主体,正文应包括论点、论据、论证过程和结论。主体部分包括以下内容:

a. 提出问题——论点;

b. 分析问题——论据和论证;

c. 解决问题——论证方法与步骤;

d. 结论。

为了做到层次分明、脉络清晰,常常将正文部分分成几个大的段落。这些段落即所谓逻辑段,一个逻辑段可包含几个小逻辑段,一个小逻辑段可包含一个或几个自然段,使正文形成若干层次。论文的层次不宜过多,一般不超过五级。例如(期刊论文):

从 IFLA 各国图书馆员职业道德规范中分析图书馆权利
姓名(单位,省份 城市 邮编)

[摘要]本文通过对 IFLA(国际图联)29 个国家的图书馆员职业道德规范进行分析,从图书馆本身与读者两个角度对图书馆权利进行分析并做出阐述。

[关键词]图书馆权利 国际图联 职业道德规范

The analysis of library right from the IFLA's countries code of ethics for librarians
Full name
(address)

Abstract: This article analyzed the code of ethics for librarians from the IFLA's 29 countries, and analyzed library right in two aspects: library and readers.

Keywords: library right; IFLA; code of ethics for librarians

前言

1 图书馆员职业道德规范与图书馆权利

1.1 图书馆员职业道德规范与图书馆权利的关系

1.2 从图书馆员职业道德规范中分析图书馆权利的类型

2 IFLA 各国图书馆员职业道德规范中用户角度的图书馆权利分析

2.1 读者平等自由地利用图书馆信息的权利

2.2 机密性与隐私权

2.3 咨询权

2.3.1 ……………

2.3.2 ……………

2.3.2.1 …………

……………

2.3.2.4 …………

2.4 知情权

……………

3　IFLA各国图书馆员职业道德规范中图书馆和图书馆员角度的图书馆权利分析

4……………

………………

参考文献：

15.3.8　学术论文中引文、注释和参考文献著录

引文，是论文写作中由于论证的需要而引自其他书籍、文章或文件上的语句或段落，亦称引语。引文分直引和意引两种，其基本要求是：征引的资料必须经过严格选择，运用得当，认真核对，准确无误；对于征引的外文，一般都要译成中文；未公开发行的文献资料一般不得征引。不允许有一字一词一符之差。文字不宜过长，一般限定在300字以内，确系重要资料必须超过限定字数者，可放在附录中。

注释，也叫注解，是对文章中有关词语、内容及引文出处等所做的说明。注释的方式分夹注、脚注、章节注、尾注等四种。除夹注要直接在所注词句或内容后加圆括号插入注文外，脚注、章节注和尾注，需在所注词或内容的右上方标示序号（加圆括号的序号），注文依此序号或安排在当页的地脚处，或章节末尾，或文章末尾。注释的作用具体说有四个方面：①解释题目，介绍论文的写作背景及缘由等；②说明引文资料的出处来源；③对正文中表述不完善而又难以进一步做说明的内容加以补充说明；④对正文中艰深、生僻的词句或内容予以解释说明。概括言之，一可使论文的内容言之有据，二可为读者理解提供帮助，三是表明作者对前人成果的尊重。

参考文献也称参考书目，通常置于文末，包含了全文注释中所征引的一切资料，是论文著作所参考的范围与深度的重要标志。参考文献在形式上与引文出处注释大致相似，但两者的性质功能尚存在很大不同。首先，注释是对某一论点、某一资料所做的征引，提供论文论证做依据，必须标明资料的确实出处；而参考文献是对某一著作或论文的整体参考或借鉴，是全文注释所征引资料的来源，无须注明具体出处——页码、章节等。其次，注释根据论文写作的需要可对一份文献多次引用，而参考文献仅在文末做一次性注明。

下面就各类型主要参考文献的著录格式举例说明。

15.3.8.1　普通图书著录格式

主要责任者.题名[文献类型标志].出版地：出版者，出版年：引文页码.

[1]广西壮族自治区林业厅.广西自然保护区[M].北京：中国林业出版社，1993：55.

[2]International Federation of Library Association and Institutions. Names of persons：national usages for entry in catalogues[M]. 3rd ed. London：IFLA International Office for UBC，1977.

[8]O'BRIEN J A. Introduction to information systems[M]. 7th ed. Burr Ridge：Irwin，1994.

15.3.8.2　期刊文献著录格式

文献主要责任者.文献题名[文献类型标志].连续出版物题名：其他题名信息，年，卷（期）：页码[引用日期].获取和访问路径.

[1]李晓东，张庆红，叶瑾琳.气候学研究的若干理论问题[J].北京大学学报：自然科学

版,1999,35(1):101-106.

[2] CAPLAN P. Cataloging internet resources[J]. The Public Access Computer Systems Review,1993,4(2):61-66.

15.3.8.3 论文集、会议录著录格式

主要责任者.题名[文献类型标志].出版地:出版者,出版年:引文页码.

[1]中国力学学会.第三届全国实验流体力学学术会议论文集[C].天津:[出版者不详],1990.

[2] ROSENTHALL E M. Proceedings of the Fifth Canadian Mathematical Congress, University of Montreal,1961[C]. Toronto:University of Toronto Press,1963.

15.3.8.4 科技报告著录格式

主要责任者.题名[文献类型标志].出版地:出版年:引文页码.

[1] U. S. Department of Transportation Federal Highway Administration. Guidelines for handling excavated acid-producing materials, PB 91-194001[R]. Springfield:U. S. Department of Commerce National Information Service,1990.

[2] World Health Organization. Factors regulating the immune response: report of WHO Scientific Group[R]. Geneva:WHO,1970.

15.3.8.5 学位论文著录格式

主要责任者.题名[文献类型标志].毕业所在地:毕业院校,出版年:引文页码.

[1]张志祥.间断动力系统的随机扰动及其在守恒律方程中的应用[D].北京:北京大学数学院,1998.

[2]CALMS R B. Infrared spectroscopic studies on solid oxygen[D]. Berkeley:Univ. of California,1965.

15.3.8.6 专利文献著录格式

专利申请者或所有者.专利题名:专利国别,专利号[文献类型标志].公告日期或公开日期[引用日期].获取和访问路径.

[1]刘加林.多功能一次性压舌板:中国,92214985.2[P].1993-04-14.

[2]河北绿洲生态环境科技有限公司.一种荒漠化地区生态植被综合培育种植方法:中国,01129210.5[P/OL].2001-10-24[2002-05-28].http://211.152.9.47/sipoasp/zlijs/hyjs-yxnew.asp?recid=01129210.5&leixin.

15.3.8.7 电子文献著录格式

主要责任者.题名:其他题名信息[文献类型标志/文献载体标志].出版地:出版者,出版年(更新或修改日期)[引用日期].获取和访问路径.

[1]江向东.互联网环境下的信息处理与图书管理系统解决方案[J/OL].情报学报,1999,18(2):4[2000-01-18]. http://www. chinainfo. gov. cn/periodical/gbxb/gbxb99/gbxb990203.

[2]萧钮.出版业信息化迈入快车道[EB/OL].(2001-12-19)[2002-04-15]. http://www. creader. com/news/20011219/200112190019. html.

文献类型标志与电子载体标志如表 15-1 所示。

表 15-1 文献类型标志与电子载体标志

文 献 类 型	标 志 代 码	载 体 类 型	标 志 代 码
普通图书	M	磁带（magnetic tape）	MT
会议录	C	磁盘（disk）	DK
汇编	G	光盘（CD-ROM）	CD
报纸	N	联机网络（online）	OL
期刊	J		
学位论文	D		
报告	R		
标准	S		
专利	P		
数据库	DB		
计算机程序	CP		
电子公告	EB		

参 考 文 献

[1] 高俊宽.信息检索[M].合肥:合肥工业大学出版社,2011.
[2] 储开稳,朱昆耕.文理信息检索与利用[M].武汉:华中科技大学出版社,2010.
[3] 江镇华.怎样检索中外专利信息[M].2版.北京:知识产权出版社,2007.
[4] 杨雄文.专利代理与检索[M].广州:华南理工大学出版社,2010.
[5] 孟俊娥.专利检索策略及应用[M].北京:知识产权出版社,2010.
[6] 蔡志勇.教你免费查专利[M].北京:化学工业出版社,2007.
[7] 何晓萍.数字文献信息检索与利用[M].北京:机械工业出版社,2010.
[8] 刘二稳,阎维兰.信息检索[M].2版.北京:北京邮电大学出版社,2007.
[9] 袁丽芬,王苏海.实用科技信息资源检索与利用[M].2版.南京:南京大学出版社,2007.
[10] 吉家凡,杨连珍,李明,等.网络信息检索[M].武汉:华中科技大学出版社,2010.